근대 일본의 민중운동과 사상

김필동

Publishing Corporation

왜 민중사상사
연구였는가

 필자가 대학을 진학할 때 일본에의 유학을 결심하고 일본학과를 선택한 이후 대학생활을 하면서 줄곧 관심을 가졌던 분야는 일본의 사회·문화 분야와 일본이라는 나라의 이데올로기였다. 관련서적들을 탐독하면서 이에 대한 관심과 흥미는 점점 깊어져 갔고 급기야 대학을 졸업할 무렵에는 나름대로 일본의 민중사상사라고 하는 연구 분야를 설정하기도 했다. 그리고 그 배경에는 적어도 다음과 같은 두 가지 이유가 있었다.

 하나는 당시 한국의 일본학연구의 저변확대가 매우 시급하다는 인식이었다. 최근 한국에서의 일본연구의 실태를 보면 일본어학이나 문학에 집중되어 있던 종래의 한계를 극복하고 역사학을 비롯해 민속학·인류학·사회학·교육학 등에로 급속히 연구 분야가 확산되고 있다. 이와 함께 연구층도 시간이 흐를수록 두터워지면서 분야에 따라서는 일본의 학자와 대등한 학술교류를 진행할 수 있을 만큼 질적·양적 성장을 이룩하였다. 게다가 과거에는 상상하기 어려웠던 한일공동연구 또한 지금은 거의 일반화되어 있을 정도로 성행하고 있다.

하지만 20여 년 전만 하더라도 공동연구는 시도조차 어려웠고 학계에서 일본학 관련연구논문이나 변변한 저서 한권 제대로 찾아보기 어려웠던 것이 당시의 현실이었다. 필자가 주력하고 있는 일본의 사상이나 문화 분야만 하더라도 현재는 한국일본사상사학회를 중심으로 20여 년째 정기적인 학술세미나를 개최하며 나름대로 각 분야에서(정치사상, 철학사상, 유교사상, 종교사상 등) 다양한 연구 성과를 축적하고 있지만, 그 당시에는 겨우 몇 분에 의한 스터디차원에서 이루어지고 있었을 정도로 지지기반이 취약한 상태였다. 심지어 학과교수님에게 유학을 간다고 인사를 하러 갔을 때 그 교수님께서 "자네 그런거 하면 유학 갔다 와서 취직이 안 될 텐데"라며 충고 아닌 충고를 들었을 정도로 전도가 매우 불투명한 분야였다. 그 만큼 불모지대나 다름없었던 일본사상연구에 대한 현실인식이 무엇보다 필자로 하여금 도전정신을 불태우게 만들었고, 그런 "무모"한 의욕이 일본학(일본사상)연구에 남다른 관심과 애정을 쏟게 만든 중요한 배경이 되기도 했다.

또 하나는 한국의 민주화운동을 통해 확인한 광범한 민중의 변혁에의 에너지와 그 실체에 대한 학문적 호기심이었다.

80년대의 개막과 함께 시작된 "서울의 봄"과 "광주사태"는 한국사회의 민주화에 대한 국민들의 열망이 얼마나 뜨거운 것인가를 전 세계에 확인시켜 주었고, 동시에 자유민주주의의 이념이 얼마나 고귀한 것인가를 한국사회가 스스로 깨우치게 만들었다. 한국사회의 이런 열망과 자각은 신군부에 의한 파행적인 "사회일신"과 그를 지지하며 미화하는 후안무치한 "어용학자"들, 그리고 그들의 기행을 밤낮없이 선전하며 국민들을 현혹하는데 앞장섰던 타락한 방송·언론 등이 위풍당당하게 그 허세를 떨치고 있던 여건하에서도 좀처럼 소멸되지 않았다.

권력을 장악한 자들의 행동은 모두가 정당화되고 그들의 폭거를 비난하는 인사는 모조리 탄압되는 암울한 상황 속에서도 저변의 잠재적 에너지는 내일을 준비하고 있었고, 용기 있는 지식인들은 그런 민중들의 저항에너지를 응집하려는 노력을 아끼지 않았다. 특히 일부의 지식인들은 한국사회에서 민중이 취해야 할 행동양식과 지식인들이 취해야 할 역할이 무엇인가를 역설하며 수면하로 가라앉은 민주화에의 불씨를 지피기에 여념이 없었다. 그 대표적인 인물 중에 한 사람이 한완상교수였고, 그가 쓴 『민중과 지식인』은 대학가의 필독서로 간주되며 널리 애독되기도 했다.

이 책은 결코 학문적인 완성도는 높지 않았지만 일상생활에 매몰되어 있는 민중을 행동하는 민중으로 전환시키는 역할을 지식인들이 담당해야 한다고 주장하면서, 지식인을 엘리트계급이 아닌 "의식화된 민중"으로 간주했다. 한국사회의 민주화가 시대의 사명이고 도달해야할 필연의 사회라는 사실, 그리고 그것을 실천해야 할 주체는 다름 아닌 지식인들과 민중들이라는 그의 논리는 당시의 "젊은 지성"들에게는 하나의 숙명적 과제처럼 여겨질 정도였다.

특히 「이 나라의 민중을 우선 이해하고 오늘과 내일의 한국의 상황에서 민중이 진정한 주인이 될 수 있도록 가슴으로 느끼고 몸으로 행동하고 싶어하는 이 나라의 젊은 지성들을 생각하면서 나는 이 작은 책을 썼다」는 그의 메시지는 당시 학부 2학년이었던 필자에게도 많은 것을 생각하게 만들었다. 한국사회의 민주화라고 하는 지고의 가치로부터 결코 자유스러울 수 없었던 그런 시대적 체험이 시간이 흐를수록 필자로 하여금 학문과 현실의 접점을 추구하게 하였고, 나아가 "민중"과 "사상"이라는 연구테마를 진지하게 생각하게 만들었다(다소 유치하게 들릴지도 모르지만 그 무렵 필자의 느낌은 그러했다). 그리고 이와 관련된 일본의 연구논문들을 잇따라 접하고 학부 졸업논문마저 일본의 「전향(転向)사상」에 대해 정리하면서 필자의 민중사상사연구는 어느새 자신의 확고한 연구테마로 자리 잡고 말았다.

본 연구의 의의와 구성

역사 속에서 생활하는 일반 민중들은 자신들의 오랜 생활사를 통해 구축해온 전통적 습관과 정서에 의거하여 "일상적 생활자"로서의 평화로운 삶을 바라고 있다. 그러나 다양한 정치·경제·사회 환경의 변화로 인해 자신들의 생활기반이 근저에서부터 붕괴되고 스스로의 힘으로는 어찌할 수 없는 극단적인 상황에 빠지게 되면, 때때로 그들은 결연히 사회변혁을 위한 투쟁의 주체로서 새롭게 태어나게 된다. 일상적 생활자로서의 민중이 비일상적 세계인 투쟁의 주체로서 자기 변모를 실현해 가기란 결코 쉬운 일이 아니지만, 스스로의 힘으로 그 길을 선택할 수밖에 없었던 것이 바로 민중의 역사이기도 했다.

특히 근대사회형성기에는 오로지 법과 무력으로 무장한 강력한 국가권력을 상대로 치열한 생존투쟁을 전개하기도 했고, 나름대로 일관된 형태의 「항의 이데올로기」라고 하는 것을 발현시키며 스스로의 존재의미를 역사 속에 각인시키기는 저력을 발휘하기도 했다. 일본근대사회형성기에 발생한 일련의 민중운동을 연속적으로 분석해 보면 이런 실태를 명확히 파악할 수 있다.

이에 본 연구는 전체적으로는 우선 생활자의 입장에서 근대국가권력에 대항하기 위해 투쟁의 주체로서 거듭 태어나는 민중의 자기변모의 과정을 추적하는데 일차적인 목표를 두고자 한다. 이 과정에서 가장 중시한 과제는 역사변혁의 주체로서의 자각과 자기변모를 추구해 가는 민중의 의식세계의 실태(근대라고 하는 실태가 어떠한 형태로 민중의 의식세계를 장악해 가는 가를 포함하여)이고 이를 통해 나타난 민중측의 항의이데올로기의 실체파악이다. 이를 필자는 일본의 전후역사학과 일선을 그으며 새로운 문제의식과 방법론을 갖고 등장한 민중사상사연구방법론에 의거하여 분석했다.

따라서 본고에서 필자가 제시한 「민중상」이라고 하는 것은 항상 투쟁하는 이미지를 강조하는 소수의 유력한 민중도 아니고 항상 수동적인 존재로서 지배이데올로기의 하강으로부터 벗어나지 못하는 무력한 민중도 아니다. 그 보다는 지배이데올로기가 표방하는 당해의 정치적·경제적·사회문화적 제 조건하에서 일정부분 고통을 감수하면서도 끝없이 왜곡되어 가는 사회체제에 대해서는 과감히 저항하며 스스로의 미래상의 제시에 끊임없이 열의를 불태우고 있는 존재를 주목하였다. 그리고 그 실천적 담당자로서는 몰락한 호농·상층을 비롯해 중소농민층, 직인이나 일용직과 같은 임노동층, 그들의 삶과 고통을 공유하려고 하는 일부의 지식인층까지를 포함하였다.

이 다층적(多層的) 세력이 공동의 목표를 향해 의식·사상적으로 일체화한 결합체를 「민중」으로 규정하고, 그들에 의한 사회변혁운동을 필자는 「민중운동」으로 정의하고자 한다. 이 경우 변혁운동을 지탱하는 「민중사상」의 내용으로서는 당해(当該)의 지배적·주류적 사상의 영향으로부터는 얼마간 떨어져 있지만, 자신들의 일상생활과는 미분리된, 체계적으로 사상화되어 있지 않는, 말하자면 형태로서 아직 구체적으로 나타나 있지 않는 「미완의 사상」, 「발전도상의 사상」을 중시했다. 이 같은 문제의식을 통해 창조적이고 역동적인 삶을 영위한 「민중적 개성」과 그 개성이 표출한 역사적 의미를 밝히는 것, 이것이 본 연구의 의의이다.

이를 위한 구체적인 연구대상으로는 일본근대사회형성기의 민중운동으로서는 사상적으로나 규모면으로나 최고·최대를 자랑하는 치치부(秩父)사건을 선택했다. 그리고 총 3장으로 본 연구를 구성했다. 우선 제 1장은 일본의 전후역사학에서 민중사상사연구가 등장하게 된 배경과 민중사상사연구가 분석대상으로 한 민중의 개념이나 사상의 의미, 민중사상의 다이나믹스를 파악하는 연구방법론, 민중사상사연구의 성과와 과제, 그리고 최근의 민중사연구의 동향과 민중운동을 분석하는 본연구의 시점 등을 체계적으로 정리했다. 제 2장에서는 치치부사건이 발생하기까지의 전 단계, 요컨대 양잠제사업을 축으로 전개되는 치치부민중들의 근대화에의 열정, 그 에너지를 떠받친 민중문화의 실태, 디플레이션에 의한 민중들의 근대화의 좌절, 그 과정에서 극렬하게 전개되는 고리대자본과 부채농민들의 대립, 민중측의 인정(仁政)요구와 덕의(德義)관념이「근대」의 논리에 의해 붕괴되어 가는 과정, 이로 인해 지역민중들에게 싹트기 시작하는 반 권력사상과 자생적인 근대사상(민권사상)의 실체, 그리고 이를 통한 지역사회의 독자적인 저항노선의 확립과정 등을 분석하였다.

마지막 제 3장에서는 최후의 수단으로 일제봉기를 선택한 치치부민중들의 봉기에의 조직과정과 혁명본부의 설치과정 그리고 봉기군의 완전붕괴에 이르기까지의 전 과정을 중심으로 민중들의 행동궤적(각 지역의 민중들이 어떠한 입장과 의식으로 가담하여 반권력 투쟁의 전사로서 거듭나고 있는가)과 그들의 의식·사상의 통일과정을 세밀히 분석한 후, 이 과정에서 나타난 운동의 의식세계가 과거의 민중운동과 어느 정도의 내재적 관련성을 갖고 있는가 등을 구체적으로 기술했다. 본 연구가 필자가 의도한 만큼 충분한 성과로 나타나지는 않았지만, 이 분야에 관심을 갖고 있는 많은 연구자들에게 조금이라도 지적자극이 될 수 있는 계기가 된다면 더없는 영광으로 생각할 것이다. 아울러 필자의 일본연구에 대한 독자여러분들의 애정 어린 비판과 격려를 진심으로 기대하는 바이며, 또 다른 모습으로 다시 독자 여러분들을 뵐 때까지 건강과 행운이 함께 하기를 기원해 마지않는다.

2005년 1월
연구실에서

목 차

제 1장 전후 일본의 「민중사」연구

1. 전후역사학에 있어서 「민중사상사」연구의 등장 의미 ·· 18
2. 「민중사상사」연구군(群)의 문제의식 ······················ 24
3. 「민중사상」의 개념 정리와 방법론 ························ 37
   1) 「민중적 제 사상」의 본질 ································ 37
   2) 「민중사상」의 다이나믹스를 추구하는 방법론 ········· 42
4. 「민중사상사」연구의 성과와 한계 ·························· 52
   1) 운동사연구의 활성화에의 모색 ·························· 52
   2) 마이너리티에 대한 인식부재와 반성 ··················· 59
5. 「민중사상사」연구의 발전적 계승과
   근대 민중운동사 연구 ·· 65
   1) 민중사연구에 있어서 문제의식의 전환 ················ 65
   2) 근대사회 형성기의 민중운동의 분석시좌 ············· 72

제 2장 치치부에 있어서 「근대」사상의 문제

1. 치치부(秩父)양잠업의 근대화 과정 ················· 84
   1) 치치부의 풍토와 양잠 ························· 84
   2) 식산흥업정책과 치치부의 근대화에의 개안(開眼) ·············· 89
   3) 치치부민중의 근대화에의 에너지와 민중문화 ·············· 96
2. 치치부농민의 몰락과 「근대」의 논리 ··············· 103
   1) 불경기의 기습과 고리대의 횡포 ·············· 103
   2) 하강하는 「근대」의 논리와 「인정(仁政)」의 요구 ·············· 112
3. 근대사상으로서의 자유민권사상과 치치부 ················· 120
   1) 민권운동가의 「자유민권」관의 성격 ·············· 120
   2) 치치부에 있어서의 자유민권운동의 태동과 한계 ············· 126
4. 치치부에 있어서의 자유민권사상의 재편 ·············· 133
   1) 치치부자유당의 신주류세력 ·············· 133
   2) 치치부자유당의 신주류세력의 사유양식 ·············· 136
5. 치치부자유당의 독자노선과 부채농민과의 조우(遭遇) ·· 144
   1) 치치부에 있어서 「자유곤민당」의 형성 과정 ·············· 144
   2) 「자유곤민당」의 등장 의미 ·············· 151

제 3장   치치부자유곤민군의 무장봉기 과정

1. 치치부자유곤민군의 태동 ························· 159
   1) 무장봉기의 결의 ··································· 159
   2) 「곤민군」의 조직결성과 지원체제의 구축 ············ 163
   3) 부채농민들의 「자유당회의」 ························ 171
   4) 혁명 전야의 기운 ································· 176
2. 일제봉기와 「혁명본부」의 설치 ·················· 180
   1) 「혁명」을 위한 정의의 출진 ······················· 180
   2) 「혁명본부」의 설치 ································ 189
   3) 정부군의 반격태세와 곤민군 지휘체계의 균열 ······· 195
   4) 「혁명군」 본진의 붕괴 ····························· 201
3. 치치부자유곤민군의 최후 ························ 208
   1) 신슈(信州)진군을 위한 지도부의 재구성 ············ 208
   2) 곤민군과 자경단(自警団)의 충돌 ··················· 216
   3) 신슈본진의 설치와 곤민군의 최후 ·················· 220
   4) 치치부민중봉기에 있어서 「자유관」의 실체 ········· 227
4. 치치부민중봉기의 의의와 금후의 과제 ············ 234
   1) 치치부민중봉기의 시대사적 의미 ··················· 234
   2) 금후의 과제 ······································· 244

필자후기 - 한국의 민중사연구의 활성화를 기대하며 ···· 249

제 1장
전후 일본의 「민중사」연구

제 1장
전후 일본의 「민중사」연구

일본의 전후역사학에 있어서 마르크스역사학이 역사 속에서 인간을 주체로 하는 자세가 결여되어 있다는 비판에 직면[1]해 있을 무렵, 또 마르크스주의 역사발전단계설을 부정하며 등장한 미국의 근대화론이 엘리트중심의 역사관을 전개하고 있을 무렵, 양자의 입장을 동시에 비판하는 논문이 야스마루 요시오(安丸良夫)씨에 의해 제기되었다[2]. 이 논문은 인간을 행동에 옮기게 하는 갖가지 동기를 「가능의식」으로 파악, 그로부터 역사를 움직이는 인간의 역할을 적극적으로 평가하려고 하는 논지였지만, 이러한 시점이 종래의 사상사연구의 한계를 극복하려고 하는 사상계 내부의 노력과 맞물

---

1) 이 비판은 亀井勝一郎가 遠山茂樹・今井清一・藤原彰 등이 공동집필한 『昭和史』(岩波新書, 1955)를 대상으로 마르크스주의 역사학의 방법론을 문제 삼은 것으로서 흔히 「昭和史論争」으로 불려지고 있다.
2) 安丸良夫「日本の近代化についての帝国主義的歴史観」『新しい歴史学のために』81・82, 1962

리면서「민중사상사」라고 하는 새로운 연구 분야를 개화시켰다.

일본의 역사학에 있어서 민중의 시점에 선 연구동향과 그 성과는「국민적 역사학」3)의 문제제기를 비롯해 제 연구자들의 뛰어난 업적4)이 축적되어 있었다. 그럼에도 불구하고 민중사상사연구가 주목을 받게 된 것은「문제의식·방법·역사 감각 등에 있어서 어떤 전환이 있고, 그 시점(視点)에서 다수의 사실(史實)이 발견되거나 새로운 빛이 비추어졌기 때문」이다5). 그 공로자로서는 1960년대부터 실질적인 연구 성과를 축적해온 이로카와 다이키치(色川大吉), 가노 마사나오(鹿野政直), 야스마루 요시오(安丸良夫)씨를 필두로 후카와 키요시(布川清司), 하가 노보루(芳賀登), 히로타 마사키(ひろた·まさき)씨 등이 주로 거명되고 있다.

그들의 연구는 변혁주체의 사상사적 특질을 파악하는 제

---

3) 「국민적 역사학」은 구상의 단계에 머물러 열매를 맺지는 못했지만, 민중사에 있어서 투쟁사, 생활사를 제기하고 그로부터 사상사나 여성사를 구상하여, 민중의 입장에 서는 듯하면서도 민중을 역사상상(想像)의 주체로서 묘사할 수 없었던「敎壇歷史学」에 대해, 새로운 역사학=민중사학수립의 방향을 제시한 것으로 평가받고 있다. 阿部恒久「『国民的歷史学』における民衆史構想」『民衆史研究の課題と方法』三一書房 1978、342頁
4) 대표적인 민중사연구자들로서는 西岡虎之介, 和歌森太郎의 民衆生活史研究, 柳田国男의 民俗学研究, 林屋辰三郎의 文化史研究, 笠原一男의 一揆研究 등이 있다.
5) 安丸良夫「『民衆思想史』の立場」『一橋論争』78巻 5号、22頁

연구 가운데 60년대에 있어서 가장 의욕적이고 주도적인 조류로 위치지워지면서6) 70년대에 들어가서는 어느 정도「시민권」을 확보했다는 자부7)와 함께, 그 지지기반의 확대에 힘입어「전후 역사학의 신 지평」8)을 열었다는 평가를 획득하기에 이른다. 그리고 80년대에 이르러서는 일부 역사학계로부터의 비판9)에 직면하면서도 의욕적인 연구 성과를 잇따라 발표10)하면서, 민중사연구에 새로운 활력을 끊임없이 제

---

6) 深谷克己「前近代のイデオロギー研究」『現代歷史学の成果と課題 2』青木書店 1974、174頁
7) 鹿野政直『『民衆思想』研究の成果と課題」『長野県近代史研究』 第5号 1973、1頁
8) 永原慶二 『歷史学序説』東京大学出版会 1978、106頁
9) 예를 들면, 永原慶二, 中村政則 등은 민중사상사연구의 동향과 그 성과를 높이 평가하면서도 한편으로는「민중사상사」연구가 종래의 법칙인식 방법이나 기본적인 계급관계의 추급이라고 하는 시점과 어떻게 접점을 모색할 수 있을까(永原慶二『歷史学序説』107頁), 혹은 역사의 발전법칙이라든가 사회구성체적인 파악을 경시하기 쉬운 경향을 어떻게 극복할 것인가(中村政則『日本近代と民衆』校倉書房 1984, 25頁)라는 지적을 하면서, 주로 마르크스주의 역사학의 입장에서 그 한계를 언급하고 있다.
 또 金原左門 등은 50년대까지의 제 과학의 성과와 분리된 민중사연구의 제창은 무의미하다고 하면서「민중사 연구의 선두에 선 일부의 유력한 기수들은…전형기(轉形期)의 한복판에 있는 일본의 현실이나 세계의 동향이 보이지 않은 듯, "질서의 척도"로 민중사를 구상하고, 이메지네이션을 북돋우고 있는 탓에, 심정적인 민중사관을 만연케하는 나쁜 경향을 보이고 있으며, 따라서 현실의 위기에의 통각(痛覚)을 완전히 결여하고 있다」고 비판하고 있다(『現代と民衆』30号 青木書店 1977、43頁). 60년대의 민중사상사연구가 현실상황을 적극적으로 반영하여 등장했다는 사실을 상기한다면 그의 비판도 일정부분은 의미 있는 지적이라고 생각한다.
10) 주목받고 있는 대표적인 연구 성과로서는 稲田雅洋『日本近代社会成立期の民衆運動』(筑摩書房 1990), 鶴巻孝雄『近代化と伝統的民衆世界』(東

공하고 있다. 본장에서는 우선 일본의 전후역사학에 있어서의 민중사상사연구의 연구사정리를 비롯해「민중사상」연구의 개념규정과 연구방법론, 그리고 그 성과와 과제를 종합적으로 검토한 후, 향후 본 논문의 문제의식과 연구방법론의 시좌를 제시하고자 한다.

1. 전후역사학에 있어서「민중사상사」연구의 등장 의미

1957년도의 『사학잡지·회고와 전망』은 마르크스사학의 융성이 세계사적인 광대한 견지에서 역사발전 법칙과 그 존재의 가능성을 일본의 역사학자에게 가르쳐 주면서 강한 문제의식과 참신한 방법론을 도입한 공적은 높이 평가하지만, 무한한 가능성을 지닌 역사연구를 단지 마르크스주의라고 하는 하나의 방법론에만 의존해서는 안 된다는 주장을 제기하였다. 일본의 전후역사학을 지배해온 사회경제사연구는 사회구성과 그 전개과정을 과제로 하여, 역사전체의 흐름을 체계적으로 분석할 수 있는 장점을 갖고 있었던 것은 사실이다. 하지만 기본적인 문제관심이 계급관계나 계급투쟁의 분석에 집중되어 있기 때문에 역사를 움직이는 원동력인 개개

京大学出版会, 1992), 安丸良夫 『一揆·監獄·コスモロジ-』(朝日新聞社 1999) 등이 있다.

의 인간상을 구체적으로 묘사할 수 없을 뿐만 아니라, 시대와 개인의 관계에 있어서도 항상 시대가 우위개념으로서 작용하고 있어, 민중 측이 제시하는 변혁에의 미발의 계기나 그것이 갖고 있는 역사적인 의미를 구체적으로 파악하지 못한다는 한계도 내포하고 있었다. 전후역사학이 안고 있던 이러한 한계는 1960년대에 들어가서 다양한 문제의식의 출현과 함께 서서히 극복되어 갔지만, 그 가운데에서도 특히 주목을 받았던 연구군(群)이 바로 민중사상사연구였다.

그 대표적 연구자 중의 한사람인 이로카와 다이키치(色川大吉)씨는 자신의 역사학에의 흥미가 소위 「진리나 법칙과 같은 것의 탐구에 있는 것이 아니라, 주로 역사 속에 살아 있는 인간의 운명, 그 한정된 세계에서 상처받으면서도 전력투구하여 살아가는 인간의 건강함, 그리고 그들의 제 개인 관계의 팽대(膨大)한 집적(集積)에 의해 형성되는 비정한 역사의 드라마의 서술에 있다」[11]고 언급하면서, 그들의 민중적 개성이 갖고 있는 역사적 의미의 해명을 자신의 역사학의 주요과제로 설정한다고 했다. 그의 주장은 역사발전의 기본적인 운동법칙의 해명에 문제관심을 기울여온 종래의 마르크스주의 역사학의 문제관심을 계승하기 보다는, 당해(当該)의 역사적 상황(정치·경제·사회적 제 조건) 속에서 활동하고 있는

---

11) 色川大吉 『明治精神史』(上) 黄河書房 1964、序文参照

인간의 라이프스타일을 보다 더 중시한다는 의미였다[12].

이러한 역사학의 입장을 스스로「저변의 시좌」로 명명한 그는, 1) 민중이 갖고 있는 생활상의 원리 같은 것, 그 에토스 같은 것의 규명, 2) 지배사상은(그 시대의 지배사상인 이상) 일정의 깊이까지 민중의 내면을 장악하고 있지만, 어떠한 형태로 민중을 장악하고 있는 것일까, 요컨대 내박(內縛)의 논리가 어떠한 형태로 형성된 것인가를 밝히는 것, 3) 민중의 고유의 사상, 연마하기만 하면 다이아몬드처럼 빛날지도 모를 정신력, 그 가능성을 발굴하는 것 등을 민중사연구의 목적으로 규정[13]하면서, 근대이후의 민중적 제 사상이 잉태하고 있던 가능성과 한계를 구체적으로 분석하기 시작했다.

민중의 삶과 그 사상형성과정을 중심으로 일본의 근대사회를 분석하려고 하는 민중사상사적 발상은 이로카와씨를 필두로, 종래의 방법론에 대한 비판에서 출발하여 사상사를 권력과 민중이라고 하는 2개의 논리의 길항(拮抗)·대항관계의 역사로서 파악하려고 한 가노 마사나오(鹿野政直)씨, 근세 중·후기 이후의 광범한 민중의 일상적 생활규범이었던 통

---

12) 이 경우 그는 분석의 대상을 저변의 민중, 즉 당시의 인민의 대변자 역할을 담당했던 지방의 호농층에서부터 유명무실의 농민전사에 이르기까지 역사의 어둠속에 매몰되어 있던 인민을 중점적으로 발굴하는 노력을 기울였다.
13) 色川大吉『歷史の方法』大和書房 1977、138~139頁

속도덕(근면·검약·화합)론을 핵으로 근대화과정에 있어서 민중적 제 사상의 전개를 구체적으로 추적한 야스마루 요시오(安丸良夫)씨, 문명개화에 대응하는 민중의 다양한 존재형태(호농층·저변민중·나락과 변경)을 통해 근대화과정의 민중의식의 해명에 주력한 히로타 마사키(ひろた·まさき)씨, 농민의 윤리의식을 역사형성의 중요한 요인=「생성의 윤리」로서 파악하여 근대이전의 민중사상의 해명에 몰두한 후카와 키요시(布川淸司)씨 등에 의해 지속적으로 전개되었고, 그들의 연구 성과는 모두 전후역사학의 정체를 극복하기 위한 획기적인 연구로 주목받았다.

혼고 타카모리(本鄕隆盛)씨는 이들 민중사상사연구의 입장과 그 방법적 특징에 대해, 1) 서구근대를 모범으로 우리나라의 역사와 민중의 「정체성(停滯性)」과 「한계」를 단죄하고, 위로부터의 계몽주의를 추진하려고 하는 「근대주의」에 대한 강한 비판이고, 2) 대외침략과 국내민중의 희생위에 구축된 일본의 근대화=자본주의화를 드러내놓고 미화하려고 하는 「현대적」근대화론에 대해 일본의 근대화를 민중의 입장에서 재평가하려고 한 것, 3) 계급투쟁사연구에 대한 비판, 즉 민중투쟁의 정점을 이어감으로써 일본의 혁명적 전통이나 민주주의 성장의 연속적인 발전을 규정하려고 하는 방법이, 일상적인 존재·생활자로서의 민중을 파악하고 있지 않다는 비판적 시각에서「투쟁하는 민중」보다는 일상적·생활자로서의 민중을 대상으로 한 것, 4) 그러한 일상적인 생활자로서의 민중의 의식과 사상의 형성을 권력과의 관계, 권력과의 대항관계로서 파악하려고 한 것 등으로 요약하면서14), 그 성과를 높이 평가하고 있다.

민중사상사연구가 표방하는 문제의식과 분석대상, 그리고 그 방법론의 특징을 이상과 같이 정리한 혼고씨의 견해에 대해서는 필자도 대부분 동감하고 있는 바이다. 하지만 학문적 평가와 함께 한 가지 더 간과할 수 없는 것은, 이러한 역사관의 형성이 60년대의 안보투쟁과 고도경제성장이라고 하는 당시의 사회적 배경과 밀접한 관련하에서 형성되었다는 점이다. 즉 전후 최대의 국민적 저항운동이었던 안보투쟁의 체험을 통해 광범한 민중들이 분출하는 거대한 에너지의 실체와, 일상성으로부터 변혁에의 잠재적 가능성을 확인한 역사연구자들이 새로운 차원의 인민사·저항사의 구상을 인식하기 시작했다는 것이고15), 동시에 고도경제성장의 폐해로서

---

14) 本郷隆盛·深谷克己『近世思想論』, 有斐閣 1981、70~71頁
15) 鹿野政直가 사상을 파악할 경우, 일상적인 생활의식의 차원에서 파악할 때 비로소 감추어진 민중의 변혁사상을 발견할 수 있다는 주장이나, 다양하고 혼돈된 미성숙한 민중의 사상일지라도 일관된 기본적 성격과의 관련에서 역사적인 의미를 가진 것으로 해석할 수 있다는 安丸良夫의 논리 등은, 새로운 차원의 민중사상사연구가 지향하는 문제의식이 어디에 있었는지를 일목요연하게 대변해 주고 있다.

나타나기 시작한 인간존재와 전통문화에 대한 부정, 그리고 정치적 폐해에 의한 인간적 개성의 상실 등이 현대물질문명에 대한 회의감을 불러일으켜 스스로의 역사인식의 변화를 촉진하는 계기가 되었다는 것이다.

민중사상사연구는 이렇게 사회적 배경과 전후역사학의 정체성을 타파하려는 학문적 배경을 등에 업고 등장했기에 60년대 이후 독자적인 연구영역을 구축해 갈 수 있었지만, 종합적으로 보면 1) 국민적 에너지가 결집된 안보투쟁과 거기서 발견된 민중의 변혁에의 잠재력을 배경으로, 정점의 사상에 기초하여 일본의 사상을 재단하려고 하는 종래의 사상사 연구에 대한 비판으로부터 출발하여, 2) 60년대의 일본의 고도경제성장을 찬미하면서 엘리트사관을 전개하는「현대적 근대화」론과, 역사의 주인공으로서 민중이 품어내는 거대한 내면적 에너지를 구체적으로 파악하지 못한 마르크스주의 역사학의 한계를 극복하는 한편, 3) 서구의「근대주의」의 방법으로는 해명하지 못한 민중의 전통적인 토착사상을 중시하여, 거기서부터 변혁의 가능적 계기를 민중들이 어떻게 준비해 가는가를 민중의 일상생활이나 행동양식으로부터 적출하는 방법을 모색하면서, 이를 바탕으로 4) 역사의 주체로서의 민중과 민중적 제 사상이 갖고 있는 역사적인 의미를 보다 더 적극적으로 재구성하려고 했다. 이런 점에서 보면 전후역사학에 있어서 민중사상사연구의 등장과 의미는 실로 크다고 하지 않을 수 없다.

2. 「민중사상사」연구군(群)의 문제의식

전후 일본의 사상사연구에 있어서의 지배적인 문제관심이 주로 「근대주의」의 영향을 받아, 저변에 있는 잠재적 제 사상의 가능성과 그 담당자인 민중의 세계상을 구체적으로 분석하려고 하는 문제의식이 기본적으로 부족하였음은 이미 전술한 대로이다. 예를 들어 사상사를 종래의 학문구분을 초월하는 것으로서 위치지운 마루야마 마사오(丸山眞男)는, 일본 사상사의 과제를 다양한 사상이 잡거하여 반드시 전통으로서 체계화 된 구조를 갖고 있지 않더라도 사상적인 전통을 생산적으로 이끌어 내기 위해서는 「사상이 잉태되어 오는 과정에 있어서의 상반된 가치를 지니고 있을 가능성(ambivalent)이라고 하는 것」[16]을 밝히는 것에 있다고 강조하면서도, 민중사상에의 착목은 그의 연구영역에서는 완전히 배제되어 있었다. 그 이유는 「구극(究極)적 가치이고 목적이고 방법」[17]

---

16) 丸山眞男「思想史の考え方について」『思想史の対象と方法』(武田清子編) 創文社 1961、30頁
17) 丸山眞男「思想としての現代社会科学」『新しい歴史学のために』1960・10

이었다고 일컬어질 정도로「근대주의」의 방법론에 마루야마 자신이 심취해 있었기 때문이다.

그의 명저로 알려져 있는『日本政治思想史硏究』의 후기에는「본서 집필 당시의 사상적 상황을 상기하는 사람은 누구나 승인하는 것처럼 근대의 "초극(超克)" "부정(否定)"이 소리 높이 외쳐지고 있는 가운데 메이지유신의 근대적 측면, 나아가 도쿠가와(德川)사회에 있어서의 근대적 요소의 성숙에 착목하는 것은 나뿐만이 아니라, 파시즘적 역사학에 대한 강한 저항감을 의식한 사람들에게 있어서, 말하자면 필사의 거점이었던 것도 부정할 수 없는 사실이다. 내가 도쿠가와사상사에 주목한 하나의 초 학문적 동기도 여기에 있었다」라고 언급하고 있다. 여기에는 15년 전쟁을「성전(聖戰)」으로서 변호하고, 부국강병・식산흥업적인 일본적 근대화의 파산을 서구 근대 자체의 책임에 전가하는 전전(戰前)의「근대의 초극」론18)을 극복하면서, 동시에 전후의 일본의 제도적 민주화과정에 있어서 근대적=민주주의적 인간상의 창출이라고 하는 국민적 과제에 부응19)하려는 당시의 진보적 연구자들의 고

月号、3頁
18)吉田傑俊『現代思想論』白石書店 1989、3頁
19)本鄕隆盛는, 전후 사상계에 있어서 마루야마사상사의 의의를 논하는 가운데「근대적 사유 혹은 근대적 인간상은 근세사상의 분석시각으로서 유효하였을 뿐만 아니라, 전후의 민주화과정에 있어서 근대적=민주주의적 인간상의 창출을 국가적 과제로 한 전후의 사상계 전반에, 또 전후

뇌에 찬 모습이 엿보인다.

 당시의 사상적 상황을 반영한 「초 학문적 동기」가 진보적 제 연구자의 문제의식의 저변에 흐르고 있었던 점을 감안한다면, 민주주의 발전이나 근대적 자아의 발전을 주제로 한 「근대주의」의 입장이 나름대로의 논리적 우위를 확보하면서 전후사상사 연구의 흐름을 지배하고 있었던 점에는 어느 정도 이해를 표하지 않을 수 없다. 그럼에도 불구하고 근대주의는 각 나라의 역사적 현실로부터 내재적으로 이론을 추상하여 그것에 의해서 각국의 독자적인 역사발전을 추구하기보다는 오히려 서구의 기준이나 초월적 이념에 의한 계몽주의에 젖어 버림으로써, 민족주의적 입장이나 민중의식을 중시하는 측면으로부터 강한 비판[20])에 직면하게 된다. 그 비판적 움직임은 「근대주의」의 방법론에 대치하는 새로운 방법론을 모색하면서 사상사연구의 신조류를 형성한 일군의 연구자들에 의해 구체화되기 시작했다.

 야스마루 요시오(安丸良夫)씨는, 종래의 사상사 연구방법론에 있어서 근대사상의 성립과정이 자연이나 사회에 대해서의 객관적인 인식과 그 인식을 가능하게 하는 사유양식(思惟

의 천황제 국가주의에 대한 비판원리를 제공함과 동시에, 다른 한편으로는 도달해야 할 이념을 제시한 것이었다」라고 언급하고 있다. 本郷隆盛外 『近世思想論』 有斐閣 1981、6頁
20) 本郷隆盛外 『近世思想論』 有斐閣 1981、17頁

様式)의 성립과정으로 분석되거나, 사람들이 인간의 정욕(情欲), 이기심, 자아 등을 자각하여 그것들이 긍정되어 가는 과정으로서 분석되었다고 했다. 이 때문에 민중의 자기형성, 사상형성에의 분석시각을 갖지 못하고, 또 민중적 제 사상을 연구함에 있어서도 주로 자연과 인간의 분열이나 경험적 합리적 인식의 발전, 자아의 확립 등에 분석기준을 두고 있었음을 문제로 지적하면서 그러한 이론의 성립은 이념화된 근대사상상(近代思想像)에 고집하여 그로부터 역사적 대상을 재단하려고 하는 모더니즘의 도그마라고 비판했다[21].

예를 들면 야스마루씨는 마루야마가 사상사 연구에 있어서의 새로운 방법론을 수립한 것, 즉 직접적인 의미에서의 정치사상의 분석이 아니라 그 기초에 있는 인간의 사고방식, 인간의 삶, 존재양식의 전체를 분석하는 방법을 제출한 것은 획기적이라고 평가하면서도, 다른 한편으로는 근대적사유의 분석에 집착한 나머지 근대의 방향으로 진행하는 제 측면이 과대하게 평가되어 있다는 것, 구체적으로는 오규 소라이(荻生徂来)·모토오리 노리나가(本居宣長)·후쿠자와 유키치(福沢諭吉) 등의 계열이 지나치게 평가된 반면, 민중사상이나 민중운동(百姓一揆), 혹은 자유민권파의 평가가 절하되어 있고, 또한 지배이데올로기나 일본사회에 있어서의 전통적인 의식형

---

21) 安丸良夫『日本の近代化と民衆思想』青木書店 1974、8~9頁

태가 분석되어 있지 않음을 문제점으로 지적했다22).

사상사 연구에 있어서의 야스마루씨의 문제제기와 성과는 전후 사상사 연구의 기념비적 노작(労作)으로 평가받은 논문 「日本の近代化と民衆思想」을 핵으로23), 근세중후기 이후의 민중종교의 가능성과 민중운동(百姓一揆)의 사상적 연구를 결집하여 완성한 그의 대표적 명저 『日本の近代化と民衆思想』의 전편을 통해서 확인 할 수 있다. 여기서 그는 민중사상사 연구의 최초의 방법론이자 전후 사상사 연구의 새 장(章)을 연 「통속도덕(通俗道徳)」론을 제창하여, 그 통속도덕의 진지한 실천에 의한 광범한 민중의 자기단련·자기형성이 일본의 근대화 과정에 있어서 중요한 역할을 다하였음을 구체적으로 논증하였다.

나아가 그는 통속도덕을 한 개인의 인격에 비추어 분석함으로써 「일본인의 정신사적 전통에 깊이 파고들어 거기서부터 보편적인 의미를 끄집어내는데 성공」한 것으로 평가받고 있는 『出口なお』를 비롯해, 일본인의 정신적 전통을 근본적으로 바꾸어버린 신불분리(神仏分離), 폐불훼석(廃仏毀釈)을 사상

---

22) 安丸良夫「思想史研究の方法-方法的検討をかねて」『歴史学を学ぶ人々のために』第二集 三省堂、1977 参照
23) 鹿野政直는 安丸良夫의 「日本の近代化と民衆思想」에 대해 「망치로 머리를 얻어맞은 듯한 충격을 받았다」고 술회하면서 사상사연구에 있어서 이 논문의 학술적 의의를 매우 높이 평가하고 있다. 鹿野政直「"近代"批判の成立」『歴史学研究』341号 1968、48頁

사적으로 분석한 『神々の明治維新』이르기까지, 사상사연구에 있어서 주목할 만한 연구 성과를 잇따라 발표하였다[24]. 또 그는 고유의 방법론을 갖지 않고 출발한 민중사상사연구의 방법론[25]을 끊임없이 연마하는 한편, 민중운동사에의 사상사로부터의 접근을 가능하게 하는 방법론적 시점을 제시[26]하는 등, 민중사상사연구의 핵심적 연구자로서 폭넓은 지지층을 형성하고 있다.

한편 에도(江戶)시대에 발아하여 막말(幕末)·유신(維新)기에 전개하는 일본사상의 연구는「사상」을 형성시킨 기본요인으로서의「의식」(보다 객관적으로는「정신」)의 규명이 일본의 경우는 특히 필요하다고 강조[27]한 이로카와 다이키치(色川大吉)씨는, 근대주의의 방법에 의한 무리한 가치의 질서부여만으로는 파악할 수 없는「저변의 민중의식의 동향」을 중시, 그들의 약동적이고 생동감 넘치는 민중사상의 전체성을 "지하수" 혹은 "풀뿌리(草の根)"라는 관점에 입각하여 민중의 변혁사상을 파악하는 시점을 제기했다. 그의 문제의식은 우선 메이지

---

24) 여기서 언급한 야스마루의 주요저서들은 『日本の近代化と民衆思想』(青木書店 1974), 『出口なお』(朝日新聞社 1977), 『神々の明治維新』(岩波新書 1981) 등이다.
25) 예를 들면「思想史研究の方法」(前揭論文),「『民衆思想史』の立場」(一橋論叢 78·5号),「前近代の民衆像」(『歷史評論』 363号, 1980) 등의 논문을 통해 연구 방법론을 끊임없이 제공하고 있다.
26) 安丸良夫「困民党の意識過程」『思想』726号 1984、参照
27) 色川大吉 『新編明治精神史』中央公論社 1973、509頁

10년대의 민권운동과 곤민당(困民党)의 분석을 출발점으로 하고 있지만, 보다 구체적으로는 「일본의 근대사상사 연구에 이제까지 없었던 신풍(新風)」[28]을 불어 넣은 것으로 평가받은 「自由民権運動の地下水を汲んだもの」에 구체적으로 나타나 있다.

이를 바탕으로 그는 근대일본의 격동기에 무수한 가능성을 품고 약동한 인민들의 의식과 다마(多摩)지방의 자유민권운동가들의 사상체계, 그리고 천황제 권력에 대항할 수 있는 일본의 장래상의 제시에 분투한 정점적 사상가들의 사상 등을 종합적으로 분석하여 「근대사상사에 새로운 전체상이 제시되어 사상사연구의 섹트적인 독립성과 정체성을 타파」[29]할 수 있을 것으로 기대를 모았던 『明治精神史』를 완성하였다.

「저변의 시좌」에 의거하여 일본사상의 전체상의 해명에 주력하기 시작한 그의 문제의식은 지배사상과 민중의식과의 전체적인 관련성을 통일적으로 파악하려는 노력으로 확대되어, 사상사연구의 「미답의 영역」으로 간주되고 있던 천황제 이데올로기와 민중의식의 대립관계를 분석하기에 이르렀고, 이를 토대로 "풀뿌리"의 존재로서 살아가는 민중의 문화 창조에의 움직임과 산타마(三多摩)지방이나 치치부(秩父)지방의

---

28) 岩井忠態「書評『明治精神史』」『歷史学研究』301号 1965、49頁
29) 田崎哲郎「書評『明治精神史』」『史学雑誌』第74・2号 1965、90頁

저변민중의「기저의 에너지」를 평가한『明治の文化』를 발표하기도 했다. 특히『民衆憲法の創造』『燎原のこえ』『三多摩自由民權史料集』『民衆史の発見』등, 산타마지방을 중심으로 저변에서 생활하고 있는 민중의 변혁사상의 발굴을 위해 정력적으로 활동하기도 했던 그는, 민중사 연구와 인접학문과의 연계에도 깊은 관심을 표명하여, 예를 들면『日本人の再発見』을 통해서는 민중사와 민속학의 접합을, 그리고『歷史学の方法』을 통해서는 역사학과 문학과의 접점을 모색하는 등 인접학문의 수용에도 상당히 적극적으로 임하고 있다[30].

민중사상사 연구의 또 한사람의 대표적 연구자인 가노 마사나오(鹿野政直)씨는, 종래의 사상사가 대표적 사상가만을 중시함으로써 사상사의 대상을 의식의 정서(整序)된 체계에만 한정해 버린 것과, 자유, 권리, 민주주의, 평화 등의 추상적 이념에 초역사적 가치를 부여한 것에 대한 비판으로부터 출발하여, 사상사의 방향을 체제의 질서의 핵을 이루는 권력의 논리와 반체제의 질서의 핵을 이루는 민중의 논리의 길항(拮

---

[30] 여기서 언급한 이로카와의 주요논문 및 저서는「困民党と自由党」(『歷史学研究』247号),「自由民權運動の地下水を汲んだもの」(『歷史学研究』259号),「天皇制イデオロギーと民衆意識」(『歷史学研究』341号),『明治精神史』(黃河書房 1964),『明治の文化』(岩波書店 1970),『民衆憲法の創造』(評論社 1970),『燎原のこえ』(筑摩書房 1970),『歷史学の方法』(大和書房 1977),『三多摩自由民權史料集』(三一書房 1979),『民衆史の発見』(朝日新聞社 1984),『日本人の再発見』(小学館 1986) 등이다.

抗)・대항관계의 역사로서 구상할 것을 제창하였다. 그는 이의 실현을 위해서는 단순히 질서의식의 정서된 형태만을 대상으로 하지 않고, 민중의 일상적인 생활차원에서부터 파악할 필요가 있음을 역설하여 「일본 사상사의 전체상을 역사구체적으로 파악해 보인 최초의 연구」31)라고 할 수 있는 『資本主義形成期の秩序意識』을 발표했다.

민중을 주인공으로 하여 자본주의 형성기의 역사상을 사상=질서의식의 측면에서부터 구상한 그의 문제의식은 『日本の近代化と民衆』을 통해 보다 더 확고히 나타났고32), 그 이후에는 주로 지배자와 민중, 제국주의와 식민지 인민, 민중 내부의 문제로서의 차별자와 피차별자, 남과 여라고 하는 문제군에 깊은 관심을 기울여 왔다. 이러한 관계에 있어서도 특히 후자의 입장에 입각하여 역사를 응시하려고 했던 그의 역사관은, 예를 들면 『近代日本の統合と抵抗』을 통해서는 천황제 국가권력에 의한 이데올로기적 통합에 저항하는 다양한 민중적 차원에 있어서의 삶, 조직, 운동 등을 구체적으로

---

31) 安丸良夫 「思想史研究の方法」(前揭論文) 35頁
32) 이 책에서 그는 「사람들의 마음 깊은 곳에 질서에의 위화감 내지 변혁에의 의지가 불타고 있는 한, 역사는 끊임없이 전기(転機)의 가능성을 내포하고 있다」는 사실을 거듭 강조하였다. 『日本の近代化と民衆』(研究社 1972). 여기서 언급되고 있는 鹿野의 주요논문과 저서는 『戦前「家」の思想』(創文社 1983), 『近代日本の統合と抵抗』(鹿野政直編 日本評論社 1982), 『「鳥島」は入っているか』(岩波書店 1988) 등이다.

기술하여, 소위 「명시적 국가에의 저항뿐만 아니라 보다 널리 민중의 일상에 있어서의 기본 질서에의 저항」적 측면에까지 시야를 넓혀 갔고, 『戰前「家」の思想』을 통해서는 「家」를 주제로 한 사상형성이라고 하는 측면을 여성을 통해 분석함으로써 남성사 중심의 역사서술을 비판적으로 파악하기도 했다. 또한 『「鳥島」は入っているか』에 있어서는 현대의 모순과 과제인 차별과 인권의 문제를 포함하여 역사학이 역사를 담당하는 주체를 나변(奈邊)에서 구하고 있는가를 자문하는 등, 미래를 향해 역사학이 임해야할 과제를 끊임없이 제기하고 있다.

요컨대 그는 종래 역사학의 중심적 과제였던 역사발전의 법칙성을 규명하기 보다는 역사를 살아온 사람들의 각각의 「질서에의 위화감」을 축으로 하여 역사를 재구성 하는 입장을 관철하였고, 이를 위해서 그는 「질서의 체현자보다는 질서로부터 벗어난 사람들, …그것도 기존의 질서 정연한 혹은 장대한 이론체계의 신봉자로서 스스로를 질서의 외재적 존재로 인정하며, 질서를 비판하는 경우보다는 어찌 할 수 없는 심정에서 질서와의 균열을 가져올 수밖에 없었던 사람들」[33]을 분석의 대상으로 하여, 그러한 사람들이 어떻게 하여 자기변용의 과정을 거쳐 「미래의 가능성을 개척하는」 주체적

---

33) 鹿野政直 『歴史の中の個性たち』 有斐閣選書 1989、6頁

존재로서 성장해 가는 것일까를 역사학의 중요과제로 인식했다. 게다가 그는 1960년 무렵부터 니시오카 토라노스케(西岡虎之介)를 주축으로 발족시킨「민중사 연구회」의 핵심적 멤버로서 활약하고 있으며, 가노씨를 중심으로 하는「연구회」의 활동은 기관지「민중사연구」의 간행을 비롯하여, 다수의 논문집을 출판하면서34) 민중사 연구의 저변 확대에 커다란 공헌을 하고 있다.

민중사상사 연구를 이론적으로 리드하면서 뛰어난 연구성과를 축적해온 3인의 선구적인 업적 이외에도 주목할 만한 몇 개의 연구 성과가 있다. 그 중에서도 야스마루씨의 압도적인 영향하에 연구를 진행했다고 하는 히로타 마사키(ひろた・まさき)씨는 사상사적인 견지로부터 문명개화의 역사적 의의를 문명개화에 대응하는 민중의 다양한 존재형태(호농층・저변민중・나락과 변경이라고 하는 3층 구조론을 전개하고 있다)를 통해서 분석, 그것을 토대로 하여 일본의 근대화 과정에 있어서의 민중의식의 제 형태를 실증 구체적으로 분석한『文明開化と民衆意識』을 발표하였고, 그 이후에는 일본근대사회의 차별구조의 분석에까지 시야를 확대하여 전체상의 해명

---

34)「民衆史硏究会」가 출간한 논문집으로서는『民衆史の課題と方向』(三一書房 1978),『民衆運動と差別』(雄山閣 1985),『民衆史を考える』(校倉書房 1978) 등이 있다.

에 전력을 기울이고 있다35).

또 근세일본의 농민의 윤리의식에 착목한 후카와 키요시 (布川淸司)씨는 종래의 연구사가 근세농민의 윤리를, 봉건적·정체적인 것으로 파악한 것에 대한 비판으로부터 출발하여 윤리를 인간을 속박하는 음울한 이미지로 파악하는 것이 아니라 역으로 인간을 갖가지 속박으로부터 해방시키는 힘, 즉 역사 형성의 중요한 요인=「생성의 논리」로서 파악하였고, 동시에 윤리의 존재에 대해서도 그것은 입장이나 계층에 따라 차이를 보인다고 하는 「계층논리」에 주목하여 선진지역, 중간지역, 후진지역의 농민사상을 분석한 연구 성과를 잇따라 발표했다36).

여기에 프랑스사 연구자이면서 역사연구의 「원(原)체험」이라고 할 만한 것을 자신의 고향의 역사에 응용, 자유민권기의 민중운동(秩父事件)의 분석에 새로운 전기를 마련한 이노우에 코지(井上幸治)씨를 비롯해, 야나기다 쿠니오(柳田国男)의 「상민(常民)」관에 의거하여 막말 소모(草莽)의 국학사상으로부터 「상

---

35) 여기서 언급한 히로타 마사키의 주요논문과 저서로는 『文明開化と民衆意識』(靑木書店 1980), 「日本近代社會の差別構造」『差別の諸相』(近代日本思想大系·22 岩波書店 1990) 등이 있다.
36) 후카와 키요시의 주요저서로는 『農民騷擾の思想史的硏究』(未来社 1970), 『近世日本の民衆倫理思想』(弘文堂 1973), 『近世民衆の倫理的エネルギー』(風媒社 1976), 『近世町人思想史硏究』(吉川弘文館 1983), 『近世農民の意識と生活』(農文協 1984) 등이 있다.

민」적 변혁의 에토스를 발굴한 고토 소이치로(後藤総一郎)씨, 일본근대화의 성립기반을 호농의「자력갱생」의 논리에 의거하여 일련의 성과를 거둔 하가 노보루(芳賀登)씨 등은, 민중사를 지역주의에 근거한, 지역을 위해 노력한 사람들의 역사로서 규정한 대표적인 연구자들로서 주목받고 있다37).

이 외에도 민중사상의 정적 측면의 파악에 몰두하고 있지만 일본의 미륵신앙의 역사적, 민속적 전개를 메시아 신앙을 축으로 체계화하면서, 일본 민중의 정신구조의 일면을 조명한 미야다 노보루(宮田登)와 역사민속학(민중종교사상의 연구를 포함해) 연구로부터의 제 업적38), 주연부(周緣部)의 민중생활사를 주제로 하여 중세민중상의 해명에 주력한 사회사연구의 성과39) 등은, 민중사상의 다이나믹스를 추구하는 민중사상사 연구의 본류로부터는 비록 떨어져 있지만, 각각의 연구영역에 있어서의 방법론을 최대한 살리면서 함께 민중의 의식이

---

37) 여기서 언급된 주요연구자들의 연구 성과로서는 井上幸治『秩父事件』(中公新書 1968), 後藤総一郎『常民の思想-民衆思想史への視角』(風媒社 1974), 芳賀登『民衆史の創造』(NHKブックス 1974),『民衆史観』(第三文明社 1976).『地方史の思想』(NHKブックス 1972) 등이 있다.
38) 주요한 핵심 연구 성과로서는 宮田登『ミロク信仰の研究』(未来社 1975), 村上重良・安丸良夫『民衆宗教の思想』(岩波書店 1971) 등이 있다.
39) 網野善彦『日本中世の非農業民と天皇』(岩波書店 1984),『無緣・公界・楽』(平凡社 1978),『日本中世の民衆像』(岩波新書 1980) 등과, 横井清『中世民衆の生活文化』(東京大学出版会 1975) 등은 사회사연구의 대표적인 연구 성과라고 할 수 있다.

나 사상의 분석에 적지 않은 공헌을 하였다.

3. 「민중사상」의 개념 정리와 방법론

1) 「민중적 제 사상」의 본질

마루야마 마사오(丸山真男)는 『日本の思想』이라는 저서를 통해 자기를 역사적으로 위치지을 수 있는 중핵, 혹은 좌표축에 해당하는 사상적인 전통이 일본의 경우에는 형성되어 있지 않고, 그 대신에 공동체적 「실감(実感)」「심정(心情)」이라고 하는 전근대적 요소가 민중의 정신세계를 강하게 속박하여 그것이 천황제이데올로기의 하강을 용이하게 하였다는 주장을 펼친 바 있다[40]. 그의 주장은 일본의 사상사 연구에 있어서 「고유 신앙」(=「전통사상」)의 존재와 본질, 그리고 그 고유 신앙의 전통적 발원지인 공동체의 존재를 둘러싸고 사상계에 커다란 논란을 불러일으킴과 동시에, 고유 신앙의 직접적 체현자인 민중의 의식연구, 즉 민간신앙, 근대적 민중종교, 민속학의 연구 성과 등을 접목한 「민중사상」연구의 이론적·현실적 필연성을 다시 한번 인식케 하였다.

사상사 연구에 있어서 「지배사상」의 분석으로부터 「민중

---

40) 丸山真男 『日本の思想』 岩波新書 1961、参照

사상」분석에의 이행내지 확대라고 하는 시각은 종래 천황제 이데올로기의 기반으로 간주되어온 공동체에 대해, 역으로 천황제이데올로기의 반역의 기반으로 작용할 수 있다고 하는 새로운 문제의식의 출현을 가능케 하였을 뿐만 아니라, 공동체 속에서 발하고 있는 민중의 토착적인 전통사상의 본질에 대해서도 그것을 정체적인 것으로서 매도하기 보다는 오히려 역사발전에 있어서 긍정적으로 작용할 수 있는 창조적인「민중사상」으로 재조명하는 계기를 만들었다.

그러나 종래의 역사학에 있어서「사상」이라고 하는 것은 마치 지식인의 전유물인 것처럼 인식되어「민중」이라고 하는 개념과「사상」이라고 하는 개념을 결합시킨다고 하는 발상은 상상조차 할 수 없었다고 한다. 그로 인해「민중사상」의 발견과 그 분석에 대해서도「너무나 추상도가 낮은, 사건의 경과기록을 사료로 하면서 어느 정도까지 민중의『사상』을 논할 수 있을까」[41]라고 하는 부정적 견해가 사상계의 지배적인 인식으로 존재하기도 했다. 이러한 회의적인 시각에도 불구하고 민중사상사 연구는 전후역사학의 새로운 이정표를 확립하며 자기단련을 거듭해 갔지만, 여기서 살펴보아야 할 것은 우선 민중사상사 연구가 대상으로 한「민중의 제 사상」이라고 하는 것을 민중사 연구자들은 어떻게 규정

---

41) 丸山真男『日本政治思想史硏究』(新裝版) 東京大学出版会 1983、392頁

하고 있었는가라는 점이다.

이로카와(色川大吉)씨는 「민중의 사상」을 가리켜 생활자로서 모순에 차있고 전통과 습속의 혼돈에 빠져있는 것이라고 하면서, 그것을 「굳이 모더니즘의 무리한 가치의 질서부여를 행하면 당장 그 활력을 잃어버리는 미묘한 사상의 균형과 전체성을 유지하고 있는 것」으로서 규정하였다. 그리고 그 사상의 담당자로서의 「민중」을, 인민의 스폭스맨적인 존재였던 당시의 지방지식인(호농상층)으로부터 유명무명의 농민전사에 이르기까지, 역사의 어둠속에 묻혀 있던 인민을 대상으로 「민중사상」론을 전개했다42). 이에 비해 야스마루(安丸良夫)씨는 근세중기로부터 메이지말기에 이르기까지의 「민중적 제 사상」을 보다 구체적으로 지적하면서 그 내용을 「이시다 바이간(石田梅岩)과 심학(心学), 니노미야 손토쿠(二宮尊徳)와 보덕사(報徳社), 오하라 유가쿠(大原幽学), 나카무라 나오조(中村直三)와 같은 노농(老農), 후기국학, 구로즈미교(黒住教), 곤코교(金光教), 덴리교(天理教), 마루야마교(丸山教)와 같은 민중적 제 종교, 신슈시(真宗史)에 있어서의 묘코진(妙好人) 등이 그것이고, 유명무명의 지방의 지도자, 농민운동이나 민권운동에 참가한 호농이나 민중, 민속학자가 말하는 고로(故老)나 세켄시(世間師) 등의 사상」을 중시하는 관점을 제시했다43).

---

42) 色川大吉 『明治精神史』『新編明治精神史』(前掲書) 参照

또한 가노(鹿野政直)씨는 근세후기로부터 메이지말기에 이르기까지의 「민중사상」으로서 안도 쇼에키(安藤昌益)의 농본주의적(農本主義的)인 평등사상, 막말·유신기의 일련의 민중운동과 민중종교사상, 농촌의 청년회운동, 빈농의 생태와 노동운동의 앙양(昻揚), 지식인들에 의한 근대비판의 사상 등을 들고 있고, 후카와(布川淸司)씨는 참된 윤리사상과 불복종의 행동을 「민중사상」의 주제로, 히로타 마사키씨는 최저변의 피차별민의 행동 형태까지를 「민중사상」의 연구대상으로 각각 흡수하였다. 또 「상민」적 변혁사상의 발굴을 과제로 하고 있는 고토 소이치로(後藤総一郎)씨는 계급사관의 논리 속에 흡수되어 있지 않던 재지(在地)의 지주, 지방명망가를 중심으로 한 소위 재촌적(在村的)지식인 혹은 재촌적지도자의 사상이나 행동 형태로부터 「민중사상」의 실태를 파악했다44). 이들의 연구를 주목해 보면 어느 특정적이고 유력한 일부 상층계급의 사상만이 중요시되는 것이 아니라 보다 다양하고 광범위한 민중계층의 제 사상이 「민중사상」의 연구대상으로 폭넓게 파악되고 있음을 확인할 수 있다.

동시에 「민중상」이라고 하는 것도 항상 정치적 투쟁의 주

---

43) 安丸良夫 『日本の近代化と民衆思想』(前揭書) 11頁
44) 鹿野政直 『資本主義形成期の秩序意識』(前揭書), 布川淸司 『近世日本の民衆倫理思想』(前揭書), ひろたまさき 『文明開化と民衆意識』(前揭書), 後藤総一郎 『常民の思想-民衆思想史への視角』(前揭書)

체로 부상하는 소수의 「인민」의 이미지만을 강조하는 한정적인 민중상도 아니고, 언제까지나 수동적 존재로서 체제이데올로기의 강압에 무력하게 억눌려 있는 무자각적인 민중상도 아니다. 그보다는 일상생활을 영위하면서 스스로의 미래상을 제시하는데 끊임없이 노력하는 존재, 그들을 역사변혁을 담당하는 주체로서 그리고 사상사의 주인공으로서 묘사하고 있는 것이다. 예컨대 사상이라고 하더라도 종래의 사상사가 지향해온 완성되고 체계화된 유력한 사상만을 대상으로 하는 것이 아니라 「생활과 미 분리된, 아직 사상화되지 않는 무드와 같은 것」 말하자면 형성도상의 단계에 있는 「미발(未発)의 사상」을 중심적 과제45)로 하면서, 그러한 사상의 직접적 체현자인 「민중」에 대해서도 「계층구성의 면에서는 상황에 응하여 중간층까지를 포함하고, 기능적으로는 일상적·생활적인 측면과 그 의식형태로부터 시작하여, 역사의 창조=변혁주체로서 정치적인 제 행동에 이르기까지의 폭넓은 제 요소를 미분화된 상태로 함축하고 있는 역사적 범주」46)로서 규정하고 있다. 여기에 저변의 사상인 「민중사상」이라고 하는 개념이 성립하고 있는 것이다.

---

45) 『近代日本思想史講座・Ⅰ』筑摩書房 1959、9頁
46) 永原慶二 『歴史学序説』(前揭書) 284頁

2) 「민중사상」의 다이나믹스를 추구하는 방법론

 야스마루씨는 일본 근대사회 성립기에 있어서의 민중사상 연구의 의의를 첫째, 일본의 근대화를 그 최기저부(最基底部)에서 떠받친 민중의 에너지를 광범한 민중의 내면성을 통해서 파악하기 위해, 둘째, 근대 일본의 이데올로기 구조의 전체를 파악하기 위한 기초 작업으로서(민중의식의 내재적 파악을 통해서 천황제 이데올로기의 내재적 분석을 행한다는 것), 셋째, 민중의 전통적 일상적 세계에 밀착하면서 게다가 그것을 극복해 가는 진정한 「토착적」인 사상형성의 가능성을 밝히는 것 등으로 요약하였다. 이에 의거하여 그는 근세중후기로부터 메이지(明治)에 걸쳐 광범한 민중들 사이에 수미일관(首尾一貫)된 자기규율을 수립하려고 한 구체적 움직임을 근면(勤勉), 검약(儉約), 정직(正直), 효행(孝行)이라고 하는 통속도덕(通俗道德)의 논리로 조명함으로써, 민중사상의 다양성을 일관된 기본성격과의 관련에서 역사적인 의미를 갖는 것으로서 파악하는 방법론을 제시하였다.

 그에 의하면, 일본근대사회에 있어서 가장 일상적인 생활규범이었던 통속도덕은 역사의 특정의 발전단계에 있어서는 광범한 민중의 자기형성·자기해방의 노력이 담겨진 역사적·구체적 의식형태이고, 이것은 지배계급의 이데올로기인 유교도덕을 통속화하면서 촌락 지배자층을 통해서 일반 민중에게까지 하강화(下降化)시켰다고 하는 규정성을 가지면서도, 근대 일본사회에 내포하고 있는 갖가지 곤란이나 모순을 처리하는 가장 중요한 메커니즘이었다고 한다. 뿐만 아니라 통속도덕의 실천이라고 하는 광범한 민중의 자기단련·자기해방의 노력 과정에서 분출한 비대한 사회적 인간적 에너지는, 사회질서를 밑에서부터 재건하는 역할을 다한 일본 근대화의 원동력(생산력의 인간적 기초)이라고 하는 특성을 갖고 있다는 것이다.

그는 이러한 실천도덕을 기초지우고 있는 것은 이시다 바이간(石田梅岩)과 같은 민중적 제 사상가가 주장하는 「심성(心性)」의 철학이라고 하면서, 이 「심(心)」의 철학은 생활실천에 무한한 가능성을 펼치는 것으로서는 매우 강력한 특성을 갖고 있지만, 그것이 극도로 유심론적인 것이기 때문에 대상적 세계의 객관적 인식이나 사회변혁에 있어서는 미력할 수밖에 없고, 나아가 모든 곤란이 자기변혁·자기단련에 의해서 해결할 수 있다고 하는 환상에 사로잡히게도 한다는 것이다. 이것을 「허위의식」으로 규정한 그는, 이러한 허위의식의 침투는 통속도덕을 자명(自明)의 전제로서 받아들여 필사의 노력을 기울였음에도 불구하고, 한편으로는 근대사회의 원축(原蓄)과정에서 몰락해 갈 수밖에 없는 대부분의 민중들에게는 사상적·도덕적으로도 패배감을 안겨주는 결과를 초래하였다는 것이다.

  그럼에도 불구하고 그는 통속도덕의 진지한 실천에 의한 민중의 사상형성이 전부 무의미하게 사장되어 버리는 것이 아니라, 자신들의 사상형성·자기형성의 의미는 끊임없이 추구되고 있었으며, 그러한 과정 속에서 사회비판은 점점 날카로움을 더해가면서 조직성을 획득할 수 있었고 나아가 새로운 변혁적인 사상형성도 가능하다는 사실을 지적하였다(예를 들면, 민중종교의 창성도 그러한 예의 하나라고 한다)47). 요컨대 소상품 생산단계의 생산적 주체에 가장 어울리는 실천윤리였던 통속도덕을 통해, 광범한 민중을 사로잡고 있는 어느 역사적 특질을 가진 의식형태를 발굴하여 거기서부터 민중의 변혁사상을 추출해 내는데 성공함으로써(그것이 비록 극도로 유심론적인 한계를 안고 있더라도) 저변의 민중을 대상으로 한 사상사 연구에 새로운 가능성을 열었다는 것이다.

  근대 사회 형성기에 있어서 특유의 사회의식 형태로서의 통속도덕론의 제창은 다양하고 혼돈한 그리고 미숙한 상태로 존재하고 있었기 때문에, 고유의 연구영역을 초월한 공통의 분석 방법론을 갖지 못했던 종래의 민중의식의 분석에 새로운 전기를 마련했을 뿐만 아니라, 비합리적, 봉건적인 것으로 인식되기 쉬웠던 민중의 의식 속에 일본 근대화의

---

47) 安丸良夫 『日本の近代化と民衆思想』(前揭書) 第 1編의 第 1·2章 参照

원동력이었던 광범한 민중의 에너지를 발견해 내었다는 점에서「전후의 일본사상사 연구에 있어서 획기적인 전환점」48)을 이루었다는 평가를 받기도 했다.

그러나 이러한「역사적 의식 형태론」이라고 하는 방법적 시좌는 외적으로 나타나는 부분에 있어서 민중의 삶을 파악하는 데는 우선 유효하지만, 의식 형태의 내적 구조가 어떠한 억압과 갈등을 잉태하고 있는가라는 문제에 대해서는 구체적으로 파악할 수 없는 방법론이었다고 술회한 후, 그 한계를 극복하기 위해서는 생활이나 문화의 제 양식에 함의(含意)되어 있는 반 감추어진 의식(무의식)의 차원에의 탐구가 필요하다고 역설,「생의 양식의 내재적 분석」이라고 하는 방법적 시좌를 다시 제출하기도 했다49). 뿐만 아니라 그는 사회적 역사적 의식형태론을 분석하는 경우에도 의식형태라고 하는 카테고리에 있어서는 현실의식과 가능의식을 구별할 수 있을 뿐만 아니라, 양자의 다이나믹한 과정으로서 각각의 시대와 계급의 의식 상황을 파악할 수 있고 그것이 역사변혁의 불가결한 요소가 된다는 사실을 입증함으로써, 사상사 연구에 있어서 민중의「가능의식」50)분석에의 방향성을 제시

---

48) 色川大吉『新編明治精神史』(前揭書) 311頁
49) 安丸良夫『出口なお』(前揭書) 254~255頁
50) 예를 들면, 에도(江戶)시대 후기의 민중은 현실적으로는 봉건적인 지배체계를 수용한 의식을 갖고 있지만, 같은 민중이 민중운동(百姓一揆)에

하기도 했다.

 민중사상사 연구에 있어서 방법론의 단련51)과 그에 따른 연구 성과를 통해서 민중의식형태의 분석과 민중사상의 내적변혁과정을 역사 구체적으로 파악해 보인 그는 더욱이 금후의 사상사 연구의 방향으로서, ①근대일본의 지배 이데올로기인 천황제 이데올로기와 민중사상과의 관련을 구체적으로 분석할 것, ②통속도덕적인 민중사상의 수용층보다 훨씬 더 하층에서 통속도덕 등을 수용할 수 없는 광범한 빈곤층의 사상형성의 실태를 구체적으로 밝힐 것 등의 과제를 제시하면서 체계화 된 연구 성과52)를 발표했다.

 특히 80년대 후반부터는 전자의 연장선상에서 천황제 이데올로기의 분석에 주력하고 있고53), 일련의 연구발표를 통

즈음하여서는 현실의식과 다른 사상형성을 보이고 있다는 것이다. 그는 이러한 의식형성을 이른바「가능의식」이라고 규정했다. 구체적인 내용은 『日本の近代化と民衆思想』(前揭書) 第 2編의「民衆鬪争の思想」에 수록되어 있다.

51) 민중사상사연구에 대한 야스마루의 방법론적 시좌는 주로「前近代の民衆象」(前揭論文),「現代における民衆意識研究-その方法と課題」『現代と思想』(24号 1976),「思想史研究の立場-方的的檢討をかねて」(前揭論文), 「『民衆思想史』の立場」(前揭論文) 등에 수록되어 있다.

52) 주요한 연구 성과로서는 『日本ナショナリズムの前夜』(朝日新聞社 1977) 『出口なお』(前揭書) 『神々の明治維新』(前揭書) 등이 있다. 특히 『出口なお』에는 사회의 최저변부의 빈민으로서 비참하고 고통스러운 삶을 영위하였던 "나오(なお)"의 삶과 신내림(神がかり)을 통해서, 일본민중의 삶의 양식의 저변에 감추어져 있는 마음(心)의 비밀과 가능성이라고 하는 것을 밝히려고 노력했다.

해 일본에 있어서 작위(作爲)된 환상상(幻想上)의 천황상(像)이 왜 근대민족국가 형성기에 권위 있는 중심적 존재로서 위치지워지게 되었는가, 그러한 역사형성의 결정적 매체로서 작용한 다이나미즘은 어떠한 것이었는가, 등의 문제제기를 사상사적인 입장에서 분석하는 노력을 기울였다. 그리고 그 결론으로서「형성도상(途上)에 있는 아직 유약(幼弱)한 근대민족국가로서의 일본이 스스로를 심리적으로 방어하고 그 연약함을 대상(代償)하기에 충분한 관념적 구축물을 필요」54)로 했기 때문이었다고 지적했다(그는 이런 연구결과를 통해 일본의 정신적 동태의 해명을 위한 포괄적인 접근을 꾀하고 있다).

이에 비해 이로카와씨는「사상사」를「정신사」로 칭하면서 그 동기에 대해 이미 완성된 작품으로서 우리나라의「사상」에는 흥미가 없고, 아직껏 혼돈한 상태로 끊임없이 격류하거나 역류하기도 하며 완전히 미해결 상태에 있는(우리들 시대에는 잊을 수 없는 굴욕을 안겨다준) 복잡한 일본의 정신의 역사가 문제였기 때문이라고 언급했다. 자신의 정신사연구의 동기를 이렇게 규정한 그는 연구의 목적으로서 1) 지배계급의 사상(그것은 항상 그 시대의 사상의 생산과 유통을 규제하는 지배적 사상인 까

---

53) 주요 연구 성과로서는「近代天皇制の精神史的位相」『天皇と天皇制を考える』(青木書店 1986),「近代天皇制の形成」『歷史評論』(465号),「近代転換期の天皇象」『思想』(789号 1990) 등이 있다.
54) 安丸良夫「近代転換期の天皇象」(前揭論文) 150頁

닭에 마치 전 인민의 사상, 시대사상, 국민의 사상, 도덕사상인 것과 같은 의제를 취한다)을 성립과정에서부터 밝혀 그것이 얼마나 「의제(擬制)」인가를 민중의식과의 대비를 통해서 인식하는 것, 2) 지배계급의 허위의식의 폭로에 그치지 않고 진짜 인민해방을 추구하는 민중자신에 의한 보다 적극적인 사상전통의 재생과 새로운 것에의 창출을 돕는다고 하는 것에 있다고 요약했다.

그의 주장에 따르면 정신사 연구의 목적과 방법론은 기술되고 사유되고 표상(表象)된 상(像)이나 또는 인간의 의식으로부터 독립된 물질적인 기초과정으로부터가 아닌, ① 현실에 활동하고 있는 인간(혹은 인간들)의 행동주체로부터 출발하여, ② 현실의 생활과정, 그 기초적인 인간행동 속에 집약되어 있는 경제적, 정치적, 사회적 제 조건과 행동주체와의 결절점(結節点)에 분석의 메스를 가하는 것이며, 그것에 의해 ③ 다시 그 사상주체의 내부에 도달한다고 하는 방법론이다.

구체적으로는 기타무라 토코쿠(比村透谷)와 같은 인물의 행동주체로부터 출발하여(근본적인 경제문제인 마츠가타재정하의 자본의 본원적축적의 강행에 동반하는), 민중의 생활 파탄이나 사회의 불안, 인심의 동요 등을 기타무라의 내부의 통각(痛覚)·내적 체험에 결절점을 구하여 그의 심리적·언어적·신체적인 전 생활행동의 주요한 계기 속에 시점을 두고 추구하는 프로세스를 취하였다. 이러한 문제의식은 그의 역사관이 역사의 대법칙에 따른 전체상의 서술이라고 하는 방향과는 기본적으로 무관하다는 것을 의미했다. 그 대신에 이로카와씨는 「일회뿐인 개인의 인생 그 자체의 무게에 비중을 두면서 역사의 의미를 재조명 한다」55)는 입장에서 「견실한 실증주의적 수법과 역사학적인 상상력을 결합시켜 역사라고 하는 장(場)에 있어서 사상주체의 체험의 의미를 분석」56)하는 방법론이다.

그러나 이 방법으로서는 청년시대의 기타무라나 호농민권가들의 사상형성과정의 분석, 즉 개개인의 사상가의 의식이나 사상을 규명함에 있어서는 어느 정도 유효성을 갖고 있지만, 자신이 주장하는 「정신사」연구의 중요한 목적의 하나였던 「지배사상의 철저한 규명」이라고 하는 과제에 대해서는 깊이 있는 분석이 이루어지지 못했다고 하는 문제점을 스스로 지적하고 있다. 이에 따라 그는 그 후 「개개의 사상가를 철저하게 규명하는 방법」과 「지배적 사상=사회이데올로기를 규명하는 방법」을 「저변의 시좌」로부터 통일적으로 파악하려고 하는 방법론을 모색하면서57) 사상사의 전체상의

---

55) 安丸良夫「現代における民衆意識研究-その方法と課題」(前掲論文) 8頁
56) 安丸良夫「方法規定としての思想史」『新編日本史研究入門』(石井進外東京大学出版部 1982) 165頁. 이로카와는 이러한 방법론에 의거하여, 근대국가여명기에 격심한 풍파에 휩싸이면서도 자기의 인생을 걸고 분투하는 산타마(三多摩)지대의 무명의 인물들을 잇따라 발굴해 내었다.
57) 色川大吉『新編明治精神史』(前掲書) 535~539頁,「天皇制イデオロギー

해명에 접근하려고 노력했다.

 이어서 그는 대단히 어려운 문제이지만 민중사상사 연구가 그냥 지나칠 수 없는 과제가 바로 민중의식의 「원상」에 접근하는 방법을 발견하는 것이라고 하면서, 이의 실현을 위해서는 한 지역을 엄밀히 한정하여 거기에 있는 전체상을 우선 시야에 넣어, 그 전체상의 하나의 단편으로서의 여러 잔존문서 혹은 민속사료와 같은 사료를 전체상 속에 위치지우고 그 위에 윤리적인 것, 종교적인 것, 혹은 정치적인 것이라고 하는 사료의 성격이나 측면을 파악하면서 각각의 상호관계 속에서 개개의 사료만으로는 논할 수 없는 의미를 발견하는 것, 또 잠재적인 윤리적 동기가 경제적인 동기에 자극되어 민중을 「이상(異常)」한 상태로 움직이게 하는 그 감추어진 동기를 추구할 것 등을 주창하기도 했다[58]. 또 역사서술의 방법으로서 민중의 행동형태의 디테일을 자신의 상상 속에 복원시켜 보는 작업을 통해서 그들의 행동의 동기나 참된 사상을 유추해 간다고 하는 「원풍경론(原風景論)」이나, 인간행동의 「장(場)」에도 일정의 행동이 성립한 때에는 거기서부터 중핵이 될 정치적 에너지나 문화적인 창출력이라고 하는 것이 생겨날 가능성이 있다고 하는 「장」의 이론

と民衆意識」(前揭論文) 參照
58) 色川大吉 『歷史の方法』(前揭書) 152~154頁

등도 제창했다59).

뿐만 아니라 그는 세계 각지의 민중의 의식이나 사상, 생활 등을 적극적으로 거론하면서 일본의 민중사상사를 상대화한다고 하는 비교사적 시점의 필요성을 역설하였고(실제로 그는 스스로의 「생활여행」을 통해서 현지의 민중의 생활상을 체험하는 의욕을 보이고 있다)60), 포크로아(협의의 민간설화)가 민중의 변혁주체의 형성에 유용하게 작용한다고 하는 사실(민화가 집단적 설화로서 자기정화를 이루고, 민화의 견고한 수미일관성을 획득할 수 있다면, 오히려 현세의 사실성보다 훨씬 강하게, 훨씬 첨예하게 문제의 본질을 꿰뚫을 수 있다)을 미나마타(水俣)지역의 사회사를 개관하는 작업을 통해서 확인하는 등61), 끊임없이 민초의 역사를 발굴하여 서술하고 있다. 「저변의 시좌」로부터 역사를 기술하고 있는 그의 이러한 역사관은, 학문의 영역을 초월한 실천적 행동철학으로서도 항상 그를 떠받치고 있다는 점에서 많은 후학들의 귀감이 되고 있기도 하다.

이상 야스마루·이로카와씨를 중심으로 「민중사상사」연구의 방법론을 정리해 보았지만, 이들 이외에도 「질서의식」을 축으로 민중이 주체적 존재로서 자기 변용해 가는 과정을 파악한 가노 마사나오씨와, 민중의 「윤리의식」이 역사형성의

---
59) 色川大吉 『歷史の方法』(前揭書) 參照
60) 色川大吉 『ユーラシア大陸史索行』 中公文庫 1976, 參照
61) 色川大吉 『日本人の再発見』(前揭書) 參照

중요한 논리라고 하는 것을 간파한 후카와 키요시씨 등은, 그 문제의식과 방법론에 있어서 각각 독창성을 갖고 민중사상연구의 방법론 단련에 공헌해 왔다. 이렇게「민중사상사」연구는 종래의 사상사 연구가 뒤돌아보지 않았던「민중의 사상」발굴에 중점을 두면서 그것이 어떻게 역사변혁의 주체적 사상으로서 전환되어갔는가를, 사료의 한계에도 불구하고 연구자 개개인의 문제의식과 방법론에 의거하면서 적극적으로 문제의 본질 파악에 주력해 왔다. 그 결과로서 축적된 연구 성과는 전후역사학에 커다란 영향을 미치며 오늘에 이르고 있지만, 여기서는 우선 그 중에서도 민중운동사와의 관련 속에서 민중사상연구의 의미를 찾아보고 아울러 한계는 무엇인가에 대한 검토를 동시에 해보고자 한다.

4.「민중사상사」연구의 성과와 한계

1) 운동사연구의 활성화에의 모색

 전전・전중(戰中)의 황국사관을 대치하여 등장한 전후역사학에 있어서 이른바 마르크스사학이 웅비할 수 있었던 배경에는, 패전후의 일본사회에 지고의 요청으로서 군림한 일본 민주화의 원칙과 과학존중의 정신이 역사의 연구는 엄밀히 과학적이지 않으면 안 된다는 의식을 낳으면서, 소위 과학적 역사라고 하는 것은 마르크스주의의 입장에 서서 개개의 역사현상의 기저에 있는 역사발전의 원동력을 추궁하고 사회발전의 법칙을 구하는 것에 있다는 논리가 간단히 조장된 것에 최대의 원인이 있었다62). 그로 인해 전후역사학은 사회구성체의 역사적 이행의 제 단계를 변증법적으로 파악하여 어느 사회나 지역에도 적응할 수 있다는 논리가 만연하였고, 그 과정에서 민중사연구도 주로 사회구성체의 이행·발전에 불가결한 역사적 현상이라는 관점에 지배당하고 있었다.

그러나 전후의 민중사연구가 비록 마르크스주의 역사학의 융성이라고 하는 시대적 상황 속에서 출발한 것은 사실이지만, 민중을 주인공으로 하는 역사관의 전개가 사회구성체연구를 주도해 온 흐름보다 우위에 서기 시작하면서 민중사연구는 소위 1) 정치적 지배와 경제적 수탈로부터의 해방을 쟁취하려고 하는 민중과 그들의 동향을 중시하는 투쟁사 연구의 조류와, 2) 민중을 이데올로기의 통합대상으로 간주하고 있던 종래의 사상사 연구의 비판적 검토로부터 출발한 사상사 연구의 조류라고 하는 두 갈래의 물줄기로 양분되기 시작했다. 그 가운데에서도 전후역사학의 일반적 분위기를

---

62) 『史学雜誌·回顧と展望』「日本史総説」 67編 1957、参照

대변하듯, 투쟁사 연구(계급투쟁 내지는 인민투쟁)의 분석시각이 일시적으로는 압도적인 우위를 차지하기도 했다.

 하지만 이를 비판적 입장에서 보면 투쟁사 연구는 계급의식에 자각해 가는 일부의 「인민」만을 취사선택하는 결과를 가져왔을 뿐만 아니라, 그런 입장만을 관철하는 경우는 자칫하면 인민투쟁을 과대평가하는 오류를 범할 수 있고, 다른 한편으로는 생산력과 생산관계의 모순, 계급적 대립, 혹은 수탈관계라고 하는 기본적 계급 모순의 산물로서만 취급하는 경향을 낳아, 역사의 무대에 등장해 오는 인민의 모습을 있는 그대로 복원할 수 없다고 하는 근원적인 문제점을 내포하고 있었다. 동시에 민중운동에 대해서도 그것을 주로 「그 사회구성체에 내재하는 모순의 존재증명의 의미를 갖고 있는」 것으로서 위치지우기 쉬웠고, 따라서 민중운동을 분석하는 경우에도 「민중운동 그것 자체로서가 아니라, 그것에 표현되는 사회구성체의 모순」이 보다 중요시 되는 한계점을 안고 있었다.

 민중운동의 분석에 대한 전후역사학의 문제점을 이와 같이 요약한 시바타 미치오(柴田三千雄)씨는 그 결과로서 「첫째, 민중운동의 연구는, 그 원인의 분석(통상 이것은 오로지 경제구조 속에서 구해진다)과 폭동·운동(一揆)의 서술에 환원된다. 그래서 이 두 가지는 반드시 유기적으로 결합하지 않고 이것이 민중운동 그것 자체의 고유한 분석을 방해하는 결과가 된다. 둘째, 민중운동의 평가가 오로지 생산양식과의 관련에서만 행해져, 새로운 생산양식을 담당하지 않는 운동은 그것이 아무리 기존의 지배체제를 동요시켜 타격을 가하더라도, 장래에의 전망을 가지지 못하는 시대착오적인 것으로 간주」하는 편견을 초래하였다고 한다. 그러나 이러한 인식에 대해 시바타씨는 「전후역사학의 내부로부터 종종 비판이 제출되어 "경제주의" "객관주의"로부터 탈각하여 "주체성"을 주장할 필요성이 지적되어 왔음」을 언급하면서도, 객관적 조건과 운동의 구체적 서술을 결합하는 논리와 방법이 결여되어 있는 한 그러한 비판에도 한계가 있음을 강조했다[63].

사회구성체에의 분석에서부터 「주체성」 중시에의 제창은 그동안 운동사 연구 내부로부터도 적극적으로 제창되어 온 바이다. 예를 들면 후카야 가츠미(深谷克己)씨가 계급투쟁사에 있어서 투쟁주체 자체의 인격적 내용의 연구나 혹은 투쟁주체에 대해서도 정치, 경제, 윤리적 주체뿐만 아니라 문화적 주체라고 하는 각도로부터 「변혁주체」를 파악하여 역사에 있어서의 대항 축을 폭넓고 다양하게 끄집어 내어 동태적인 역사파악을 추구하는 방법의식의 단련을 주장하는 등, 나름대로 적극적인 자기변모를 꾀해 오기도 했다.

---

63) 柴田三千雄『近代世界と民衆運動』岩波書店 1983、20~23頁

하지만 투쟁사연구가 보여준 자기변모에도 불구하고 역사학계로부터 보다 더 구체적인 주목을 받았던 것은 사회구성체의 법칙성의 추구에 매몰되기 쉬운 인간의 삶을 발굴, 그 개성의 역사적 의미를 재조명하면서 「살아있는 인간의 생의 의미」로부터 역사를 재구성하려고 한 민중사상사 연구의 흐름이었다. 시바타씨가 야스마루씨 등의 연구를 「민중운동 내지『민중』의 내면에 파고들어, 이것을『살아있는 존재』로서 파악하는 것을 통해서, 우선 민중을 고유의 문화를 가진 자율적 존재로서 복권하는 것에서부터 시작했다」고 회고하고 있는 것도 민중의 의식이나 행동양식의 고유성의 해명에 뛰어난 분석을 행한 민중사상사 연구의 성과를 높이 평가하고 있기 때문이다.

민중사연구를 둘러싼 시바타씨의 문제제기에 대체로 동감의 뜻을 표하고 있는 야스마루씨도 「전후역사학이 의식·사상의 영역을 이데올로기적 상부구조로서 파악하는 것을 자명의 방법적 전제로 하였기 때문에, 그러한 영역을『살아있는 생』의 내적 구조 그대로 파악하려고 하는 문제의식이 부족」하였다고 지적한 후, 민중사상사 연구는 「방법적 준비에 있어서는 불충분하였다고는 하나 이『살아있는 생』을 하나의 역사성을 가진 내적 구조로서 파악하려고 하는 지향성을 갖고」있었다는 사실을 높이 평가하고 있다.

전후역사학의 문제점과 민중사상사연구의 의의를 이상과 같이 요약한 야스마루씨는, 이러한 민중사상적 발상이 운동사연구에 문제를 제기하고 그것을 활성화할 수 있지 않을까 라는 입장에서, ① 민중의 의식형태, 행동양식을 그 독자성에 의거하여 파악할 것, ② 현실생활에 있어서의 행동양식과 의식형태⇌가능적인 행동양식과 의식형태라고 하는 폭과 교차 속에서 파악할 것, ③ 각각의 사건에 대해서 남아 있는 사료의 성격에 배려하고, 제 운동을 비교하여 "중출입증법(重出立証法)"적으로 운동의 본질규정을 구성해 나갈 것 등의 방법론적 시점을 제출했다(이 가운데 특히 ②의 논점은, 장년에 걸쳐서 그의 민중사상사연구의 중심적 과제로서의 의미를 갖고 있고, 이미 근세의 민중운동이나 근대의 민중운동의 분석을 통해서 그 성과를 축적하고 있다)64).

 즉 민중의 의식이나 행동양식을 그 독자성에 의거하여 파악하려고 하는 문제의식을 운동사의 문제로서 재규정하면, 그것은 「사람들의 일상적인 생활과 생활의식에서부터 출발하면서 운동과 의식에 있어서의 현실적인 것⇌가능적인 것의 폭과 교차의 분석에 중심적인 논점을 구하는」 것이고, 따라서 그러한 경우에 중요시해야 할 것은 「의식이나 행동양식의 전개의 리얼리티에의 통찰이 과제인 것이고, 기성의 정

---

64) 安丸良夫 「困民党の意識過程」(前掲論文) 79~80頁

치 이론적 개념이나 경제과정으로부터의 설명을 선험적으로 도입하지 않도록 주의」할 필요가 있다는 것이다. 그의 지적을 통해 우선 이해할 수 있는 것은, 전후역사학이 의식·사상의 영역을 이데올로기적 상부구조로서 파악하는 것을 자명의 전제로서 하고 있었던 것과, 기성의 정치 이론적 개념이나 경제과정으로부터의 설명을 선험적으로 도입해 온 종래의 민중운동사 연구의 문제점이라고 하는 것이다.

종래의 민중사연구가 안고 있었던 한계에 비해 야스마루씨 등의 사상사연구는, 전후역사학의 방법론적인 테두리 속에서는 흡수할 수 없는 새로운 문제의식에 의거하여 민중의 의식이나 행동양식의 분석에 최대한의 통찰력을 동원해 왔고, 그러한 노력을 통해 운동주체의 일상으로부터 운동과정, 그리고 그 내적 과정 속에 잉태하고 있는 의외의 가능성이나 활력(혹은 모순이나 혼란 등을 포함하여)을 발견하여, 그것을 "살아있는 현실=민중의 역사"로서 파악하려 했다. 요컨대 민중사상사 연구는 이른바 역사라고 하는 광대한 대하드라마를 민중의 역사라고 하는 시점에 입각하여 논술하면서도 「필연의 왕국」을 알고, 그것과 대결하는 인간의 "투쟁"의 역사만을 문제로 하기보다는, 지배체제에 순응하여 일상의 생활에 몰두하고 있는(민속학에서 주장하는 "게(ケ)"의 생활), 일면 무자각하게 보이는 민중이라 하더라도 그들에게 내일을 기대할

수 있다고 하는 확신을 버리지 않고, 처해 있는 민중의 현실적 제 조건으로부터 변혁에의 가능적 계기를 끊임없이 추구하는 문제의식으로 민중사연구를 선도해 왔다.

2) 마이너리티에 대한 인식부재와 반성

역사창조의 주체로서의 자기형성, 자기변모 해 가는 민중상의 발굴이나 그 가능적 조건의 해명에 주력해온 민중사상사연구의 발상은, 전후역사학계에 있어서 사회구성체론에 의지하며 성장한 민중운동사연구의 문제점을 지적하면서 그 한계를 극복하기 위한 방법론을 끊임없이 모색했고, 그로 인해 민중을 대상으로 한 역사서술의 폭도 크게 확대되어 갔다. 이에 대한 평가는 전술한 것처럼 매우 긍정적으로 이루어졌던 것이 사실이지만, 그럼에도 불구하고 「민중사관」의 전개과정에 있어서는 적지 않은 문제점을 노정(露呈)하기도 했다. 그 대표적인 사례가 바로 고타니 히로유키(小谷汪之)씨의 문제제기이다.

그는 이로카와씨가 주장한 「저변의 시좌」는 오로지 「역사발전의 과정에 있어서 의미 있는 운동을 담당한 자들만을 설정한 "저변"일 뿐이다」라고 지적하면서, 본질적으로는 변혁의 시점을 중시한 나머지 「미래를 개척하는 변혁의 계기」와 그에 관여하는 것만을 선별적으로 택일하여 그것을 결합해 가는 방법을 통해 일관된 의미적 맥락을 가진 역사상을 묘사했다는 점을 문제시하고 있다. 이러한 입장은 전후 일본의 역사학의, 적어도 하나의 주류적 성격을 띠고 있던 부분을 공유65)했다는 측면에서 적지 않은 문제점을 안고 있었다. 즉 민중사상사연구가 운동사연구의 한계를 극복하고 동시에 사상사연구의 좌표축을 새롭게 설정했다는 평가는 물론 유효하지만, 결국은 변혁의 주체로 역사의 무대에 등장한 긍정적 민중상에만 주목함으로써, 변혁의 계기를 제대로 확보하지 못했던 최저변의 민중에 대한 분석시각을 포함해 민중내부의 중층적구조의 해명과 그 모순의 산물인 민중의 차별의식, 그리고 근대이후 민중의 대외의식의 실상과 민중의 전쟁책임의 문제에 이르기까지 소위 민중의식의 「부(負)」의 측면에의 분석시각을 갖지 못했다는 것이다. 이 중에서도 특히 차별의 문제는 그동안 민중사상사연구에 있어서는 완전히 사각지대였다고 해도 과언이 아닐 만큼 도외시 되어 있었다.

이에 대해 서구 중세사 연구자인 아베 킨야(安部謹也)씨는 「이제까지의 역사학에서는 눈에 보이지 않는 기반의 연구는 고도한 사상의 분야에서만 이루어졌다. 보통 사람들이 생각하는 보이지 않는 존재는 역사학의 시야에는 들어와 있지 않았다. 그로 인해 역사학은 커다란 문제에 아직까지 충분한

---

65) 小谷汪之 『歷史の方法について』 東京大学出版部 1985、38~45頁

대응을 하지 못하고 있다. 그것이 바로 차별의 문제이다」66) 라고 언급한 바 있다. 그가 역사학계를 향해 지적한 이 문제는 역사학계의 자기태만의 결과라고 할 수 있지만, 민중사상사연구도 바로 민중내부의 갈등과 반목의 상징인 차별문제에 대한 분석시각은 거의 확보하지 못했다. 여기에는 나름대로의 이유가 있을 수 있겠지만, 전체적으로 보면, 1) 과학적 역사학을 표방한 전후역사학의 기반위에 출발한 민중사연구의 주류적 문제관심에서 이 문제가 벗어나 있었다는 것(차별의식은 매우 비과학적이라고 하는 인식이 만연되어 그것을 분석대상으로 거론하려는 문제의식이 부족하였다), 2) 미래의 역사에 대한 새로운 가능성을 발굴하는데 역점을 둔 나머지 역사 속의 마이너리티의 존재를 되돌아 볼 여유를 갖지 못했다는 점 등을 우선 들 수 있다.

그러나 1970년대에 접어들어 이에 대한 민중사연구의 내부로부터의 반성이 조금씩 이루어지기 시작하면서, 차별연구에 있어서 기존의 이론적 실증적 연구 성과를 축적해 온 부락사연구와는 괘를 달리하는 연구 성과들이 나오기 시작했다67). 그 일련의 움직임은 민중사상사연구의 주류적 관심의

---

66) 安部謹也 『逆光の中の中世』 日本データースクール出版部 1986、198頁
67) 이러한 움직임은 1970년대에 민중사연구의 문제관심이 다양화되어 가는 과정에서 등장한 것이지만, 구체적으로는 60년대 말부터 70년대 초에 걸쳐서 「차별」이라고 하는 시점이 하나의 사회적 조류로서 등장해 왔다고 하는 시대적 배경에도 영향을 받았다고 할 수 있다. 그리고 민

이행과 그를 배경으로 등장한 것은 아니었지만, 이 문제를 종래의 부락해방운동이라고 하는 영역에서만 연구되어온 연구사적 한계를 극복하는 단초를 마련했을 뿐만 아니라 소위 인종, 민족, 성, 혹은 사회일반인식으로부터 소외되어 있는 사람들에 이르기까지, 다양한 차별의 문제가 간신히 역사학의 연구대상으로 주목받는 계기를 만들었다는 점에서 그 의미는 결코 작지 않았다. 그 결과 1970년대 후반에 이르러서는 「역사에 있어서 피억압층, 구체적으로는 피차별자층 내지는 여성, 게다가 피억압민족, 요컨대 식민지인민들 및 식민지출신의 사람들의 입장에서의 역사상의 수립을 촉발하고 있다」[68]는 평가와 함께, 이 문제가 민중사연구에 있어서 하나의 중요한 흐름으로 자리잡기 시작했다.

그 후 차별의 문제는 민중상극(相剋)의 현실을 탈출하기 위해서도 「민중상극」의 역사적상황과 그 추이를 밝힐 필요가 있고, 그것이 현실에 존재하는 실체적인 「민중」에 접근하는 지름길이라는 문제의식에 의거하여 상당한 연구 성과를 축적해 갔다[69]. 이와 함께 가노(鹿野政直)씨가 주도하고 있는 「民

중사연구의 내부에서 이 문제에 적극적인 관심을 표명하면서 연구 성과를 정리한 주요업적으로서는 중세민중의 생활문화 및 비농업민에 대한 차별의식의 실체를 규명한 橫井淸의 『近世民衆の生活文化』(東京大学出版部 1975) 등이 대표적이다.
68) 鹿野政直「国民の歴史意識、歴史像と歴史学」『岩波講座日本歴史 24』 1977、239頁

衆史研究会」가 현실의 상황에서 특히 제 모순에 집중하는 다양한 레벨의 마이너리티에 대해 가장 민감하고 동시에 형식에 구애받지 않는 입장에서 다양한 연구 성과를 내 놓았고, 이어서 민중내부의 균열을 방지하고 민중의 연대와 일체감 넘치는 참된 민중의 역사를 구축하기 위해서는 우선 민중이「층으로서 스스로의 내부에 잠재되어 있는 이러한 균열을 재고하여 스스로를 재구축해 가야 한다」는 문제의식으로 접근한 나마세 가츠미(生瀨克己)씨의 연구 성과 등이 잇따르면서, 민중사연구에 있어서 차별의 문제가 본격적으로 시야에 들어오기 시작했다70).

이러한 노력에 힘입어 1988년『歷史学研究』6월호는「역사에 있어서 타자의식」을 특집으로 꾸며 역사연구와 역사학계에 있어서 마이너리티에 대한 인식을 재고하는 계기를 만들었고, 아울러 차별의 문제도『近代日本思想大系』시리즈를 통해『差別の諸相』이 독립적으로 출간되는 상황을 맞이하면

---

69) 대표적인 연구서로서는『差別・その根源を問う』(上・下 朝日新聞社 1977), 八木晃介『差別の意識構造』(解放出版社 1980), 山下恒男『差別の心的世界』(現代書館 1984), 管孝行編『いまなぜ差別を問うかシリーズ・差別構造を読む』(明石書店 1985), ひろたまさき外『近代日本思想大系・差別の諸相』(岩波書店 1990) 등이 있다.

70) 鹿野政直外『民衆運動と差別・女性』(雄山閣 1985), 生瀬克己『近世日本の障碍者と民衆』(三一書房 1989) 등 参照. 제 씨의 연구는 서로의 입장의 차는 존재할지 몰라도 차별의 문제를 현대의 민중의식과 연계하는 문제로 접근했다고 하는 부분에 있어서는 공통성을 갖고 있기도 하다.

서 이제는「타자」에 대한 차별연구가 역사학계의 내부에서 서서히「시민권」을 획득해 가고 있다. 향후 이 문제는 연구자의 지지기반의 확대와 함께 이론적 단련에 보다 더 힘을 기울여야 하겠지만, 이와 함께 민중사연구가 대응해야 할 또 하나의 과제는 바로 민중을 에워싼 현실 문제와 그에 대한 적극적인 발언일 것이다.

구체적으로 보면 60년대 이후 표면화되기 시작한 현실적 비판의식의 쇠퇴를 비롯해, 근대이후 타자의식의 실태를 반영한 것으로서 오늘날까지 일본사회내부의 구조적 모순으로 작용하고 있는 민족차별의식의 실태, 그리고 국제화시대에 역행하고 있는 배타적인 의식구조와 관행 등이다. 이들의 문제에 대해 민중사상사연구가 향후 얼마나 비판적 시좌를 갖고 적극적으로 대응해 가느냐 하는 것은, 현실을 반영한 진정한 민중사연구를 지향하기 위해서도 향후 민중사상사연구가 짊어져야 할 분명한 과제라고 할 수 있다.

5. 「민중사상사」연구의
   발전적 계승과 근대 민중운동사 연구

1) 민중사연구에 있어서 문제의식의 전환

역사에 있어서 마이너리티의 존재를 포함해 종래의 민중사연구에 있어서 한계로 지적되었던 문제의식과 연구영역의 편향성을 극복하려는 의욕적인 노력이 민중사관의 다양화를 통해 잇따라 제기되고 있는 가운데, 1990년대에 들어가게 되면 종래의 민중사연구의 방법론과 그 성과를 계승하면서도 한편으로는 그에 머무르지 않는 새로운 문제의식과 방법론으로 민중사연구를 재구성하려는 움직임이 나타난다. 그 주도적인 인물로서는 이나다 마사히로(稻田雅洋), 츠루마키 다카오(鶴卷孝雄), 그리고 야스마루 요시오(安丸良夫)씨71) 등이었다.

이나다(稻田雅洋)씨는 근대사회를 비판하고 상대화하는 시도는 서양의 경우는 오랜 역사를 갖고 있지만, 일본의 역사

---

71) 민중사상사분야를 개척해온 야스마루는 90년대 후반이후에는, 민중의 일상적 생활세계를 파악하기 위해서도 잇키(一揆)와 요나오시(世直し), 감옥(監獄), 범죄와 형벌, 민중종교 등에 관심을 기울일 필요가 있다는 인식하에, 종래의 민중사영역에서는 그다지 주목받지 못했던, 소위 「주연성(周緣性)의 역사학」의 구성에 힘을 쏟고 있다. 특히 그는 「아우트로적 인물에 사회적 원망(願望)을 위탁하는 민중의 심성」을 중시하면서, 그 무법자적 집단이 초기의 혁명운동의 중요한 구성요소를 형성해가는 계보를 밝히는데 주력하고 있고, 그에 대한 연구 성과도『一揆・監獄・コスモロジー』(朝日新聞社、1999)를 통해 구체적으로 밝히고 있다.

학계를 보면 근대 그것에의 근본적인 비판을 도마 위에 올려놓았던 적이 극히 적었다고 하면서, 그러한 현상이 전후의 부흥과 고도경제성장에 의한 왜곡이 현저하게 나타난 1960년대 후반, 겨우 근대합리주의에 대한 비판과 반성의 목소리가 대두된 시점에서도 정면으로 대응하지 못했다고 한다. 그 이유를 그는 「전전(戰前)의 "비합리"에 대한 경계심이 강한 탓에 현실 문제의 심각함을 꿰뚫어 보지 못하고, 낡은 과제에 고집하며 보다 좋은 근대의 환상에 사로잡혀 있었기 때문이라고 생각한다. 따라서 근대 그것을 묻는 역사적 대상과 마주하면서도 그 문제의 본질을 파악하지 못하고 낡은 시각과 패러다임의 영위에 시종일관 한 부분이 적지 않았다」고 지적하면서, 이러한 문제를 상징적으로 나타내고 있는 것이 바로 곤민당이나 부채농민소요의 연구라고 했다.

나아가 그는 이런 연구들은 오랜 기간 자유민권운동의 범주에서만 인식되어 왔지만, 이제는 그 한계로부터 벗어날 필요가 있다고 주장하면서 「오히려 민권운동을 포함한 일본근대성립기의 국가와 사회에 대한 민중적 세계로부터의 고발이자 자기주장」[72)]이라는 관점에서, 일본근대사회성립기의 민중운동을 재구성 할 필요가 있음을 역설하였다. 근대사회성립기의 민중운동을 자율적이고 고유한 것으로 분석하려고

---

72) 稻田雅洋 『日本近代社会成立期の民衆運動』 筑摩書房 1990、序文参照

하는 문제의식은 90년대 근대일본의 민중사연구영역에서는 비교적 새로운 시각으로 주목받고 있었지만, 여기에 "지역사의 성격"을 가미하여 민중사상사적 과제와 지역민중사의 접합을 통해 지역연구의 창조성을 강조한 츠루마키(鶴卷孝雄)씨의 연구 성과도 예외는 아니었다.

그는 『近代化と伝統的民衆世界』라는 저서를 통해 우선 종래의 민중사상사 연구 성과가 참신하고 중후한 역사연구서로서 던진 충격은 극히 심대했지만[73], 한편으로 지역의 근대민중사연구나 발굴운동의 경우는 일부를 제외하고 자유민권운동사연구의 영역으로부터 탈출하지 못하고, 구태의연한 이론적 틀에 사로잡혀 지역연구의 창조성을 오로지 고갈시켜왔다는 점, 또 「민중의 전통적인 세계로부터 출발하여 내발적으로 전개하는 독자의 사상형성을 그 자체로서 파악하는 문제의식과 방법을 단련해야 한다」[74]는 야스마루(安丸良夫)씨의 민중사상사적 과제를 자각적으로 추구해 오지 못한 채, 지역의 풍부한 역사사상(事象)에 의거하여 그로부터 이론적 틀을 만들어 가고자 하는 의욕이 결여되어 있었다는 점 등을 문제점으로 지적했다.

---

73) 츠루마키가 언급하고 있는 민중사상사연구의 성과는 주로 鹿野政直, 安丸良夫, 色川大吉, ひろた·まさき 등의 연구 성과를 언급하고 있다.
74) 安丸良夫『日本の近代化と民衆思想』青木書店 1974、91頁

비판적 관점에서 종래의 근대민중사연구의 문제의식과 방법론적 한계를 지적한 츠루마키씨는, 이를 극복하기 위해 일본의 민중운동이 유럽의 부르주아혁명기의 민중운동이나 농민운동과 같이 자율적이면서 평등주의적(사회적인 원망이)이며, 이상세계의 구극(究極)의 모습이 공유제(共有制)를 취하고 있고, 차별이나 고통이 없는 행복한 사회를 목표로 하고 있었다는 사실을 주목하는 한편, 민중운동의 역사적 근거를 전통적인 민중세계와 새로운 사회·경제 원리로서의 근대적 원리와의 대항 속에서 분석하고자 하는 시점을 제시했다. 이러한 시점을 구체적으로 논증하기 위해 그는 자유민권기의 민중운동(주로 武相困民党研究를 중심으로)을 분석의 대상으로 하여, 대차(貸借)관계를 둘러싼 대항도식(가혹한 대차와 도덕상의 대차)을 토대로 토지대차의 관행과 공동체적 관계의 실태를 규명했고, 이를 통해 소위 반 근대·반자본주의적인 민중독자의 「유토피아사상」이 존재하고 있음을 밝혀내었다[75].

이나다·츠루마키 양씨는 근대사회성립기의 민중의 의식

---

75) 이 과정에서 그는 중세사회사연구의 충격을 받아 지각변동을 일으키기 시작한 근세사연구의 지배구조·사회구조, 공동체, 민중운동·민중문화 등에 관한 새로운 구체적인 성과와 서구 부르주아혁명기의 복합혁명, 민중운동의 자율성, 모럴 에코노미, 민중문화, 사회적 결합, 사단(社団) 편성적 사회구조 등의 방법적 시점으로부터 많은 것을 배웠다고 언급하고 있다. 요컨대 이러한 제 연구성과 위에 그의 문제제기가 이루어진 것이다. 鶴巻孝雄『近代化と伝統的民衆世界』東京大学出版部 1992, 参照

세계와 저항운동을 당해의 정치적 사상의 흡수나 그 영향하에서 파악하려고 한 종래의 도식적인 접근방식을 비판하면서, 자신들은 "민중의 사상형성의 내재적 파악"이라는 민중사상사연구의 방법론에 의거하여 지역 민중운동의 정당성의 근거를 확보하려 했고, 이를 바탕으로 민중운동의 고유의 창조성과 그 역사적 의의를 평가하려는 자세를 일관되게 유지하려고 했다. 따라서 양씨의 연구는 종래의 민중사상사연구의 성과를 보다 발전적으로 계승하면서, 지역에 있어서 근대민중사연구의 활성화를 꾀한다는 입장으로 이해할 수 있으며, 나아가 곤민당이나 부채농민소요에 있어서의 사상의 전개를 마츠가타(松方)디플레하에서의 농촌불황, 마츠가타재정정책과의 대결, 자유민권운동과의 관련, 자유민권사상의 영향이라고 하는 형태로 밖에 의미지워지지 않았던 종래의 연구사의 한계를 넘어, 근대사회성립기의 고유의 의미를 갖고 있는 민중운동으로서 재평가하려고 했다는 점에서 새로운 문제의식으로 평가하기에 충분하다.

그러나 근대사회의 시대상이나 민중상을 근저에서 재정립하려고 하는 양씨의 노력은 그 문제의식과 방법론의 신선함에도 불구하고, 민중운동에 있어서의 「근대」의 문제에 대해서는 공히 지역민중의 근대와의 대항이나 갈등의 틀 안에서만 파악하고 있다는 비판을 면치 못하고 있다. 이마니시 하지메(今西一)씨는 일본근대사는 정국(政局)정치사와 민중사상사와의 양극분화가 진행되어, 예를 들면 자유민권기의 민중운동만 하더라도 정국사와의 관련에서만 재단하는 논의와, 민중운동을 토착적인「공동체」농민의 저항운동으로서 파악하여 자유민권운동과는 오히려 대립하는 것으로 묘사하는 논의가 있지만, 민중운동사와 결합할 수 없는 정치사, 또 정치사와 결합할 수 없는 민중사가 과연 어떠한 의미가 있는 것일까라는 의문을 제기했다.

그는 야스마루·이나다·츠루마키씨 등의 연구가 민중운동의「자율성」을 주창하며 전후 자유민권운동사연구의 주박(呪縛)이라고도 할 수 있는「지도=동맹」론을 극복한 성과는 평가할 수 있지만, 민중운동의 자율성과 독자적인 사상형성과정을 근세로부터의 공동체의 전통사상의 연속성에서만 추구하여 그것을 근대사상과의 대립적인 측면으로서만 파악하는 것은 일종의「포스트 모던」론이라고 비판한 후, 그 보다는 오히려 민중의 전통문화가 민권사상이라고 하는 새로운 문화와 결합하는 것에 의해 어떻게 민중이 새로운「정치문화」를 생성해 가는가를 분석하는 시점이 보다 더 중요하다고 역설했다. 이러한 방법론적 시점을「복합운동」론이라고 명명한 그는, 교토부(京都部)하의 민중결사의 분석을 통해 민권가와 호농, 그리고 일반 민중들이「결합」하는 모습을 구체적으로 파악함과 동시에 그 과정에서 민중들에게 새로운 정치문화가 생성되고 있다는 사실을 밝혀내었다76).

역사의 변화와 시대의 사상적 상황이 민중들의 일상성에 새로운 정치문화를 발생시킨다는 논점은 마키하라 노리오(牧原憲夫)씨도 적극적으로 공감하고 있는 부분이다. 그에 의하면 민권운동이라고 하는 것은 당시의 민중을 「국민」이라고 하는 동일성에 있어서 파악하려고 하는 운동이고, 국민인 이상 애국심을 갖고 국정에 참여하는 것이 당연하다는 전제에 의거한 운동이었다고 한다. 따라서 그러한 시각에서 보면 민중은 분명 계몽의 대상으로서 객체에 지나지 않거나, 혹은 무지몽매하다고 매도될 수밖에 없는 존재일 수 있지만, 실은 민중들은 언제나 민권운동가들의 활동을 곁눈으로 지켜보면서 그들에게 「기대감」을 갖게 하는 존재들이었다는 사실을 간과해서는 안 된다는 주장이다.

요컨대 근대사회형성기의 민중은 통치되고 계몽되는 이른바 객분(客分)에 지나지 않지만, 그런 신분이기에 항의의 주체로 거듭날 수 있었고, 그것이 객분으로서의 민중의 참모습이었다고 주장하면서, 이 「객분」의 상태에서 형성된 새로운 정치문화가 바로 근대국민국가 형성기의 「국민」의 신분으로

---

76) 今西一가 제기한 복합운동론과 그 여구 성과는 『近代社会成立期の民衆運動』(柏書房 1991)에 수록되어 있다.

거듭날 수 있는 요인이었다고 주장하고 있다. 민중운동의 과정에서 나타난 사상형성으로서의 정치문화에 초점을 맞춘 것이 아니라 생활자로서의 민중이 정치문화의 형성을 통해 스스로「국민」으로 자기 변용의 길을 모색해 간다는 사실에 중점을 두고 있는 것이다. 변혁기에 형성되는 민중 측의 새로운「정치문화」의 형성이 민중들의 의식세계와 사상형성에 중요한 변화를 초래한다는 마키하라씨의 주장은 이마니시씨의 문제의식과 상당부문 공통성을 보유하고 있고, 동시에 필자에게 시사하는 바도 매우 크다고 생각한다[77].

2) 근대사회 형성기의 민중운동의 분석시좌

민중특유의 전통의식을 강조하는 이나다·츠루마키씨의 연구와 전통사상과 근대사상의 통합을 통해 민중문화의 새로운 창조성을 강조하는 이마니시씨의 연구 등은 모두 근대사회형성기의 민중운동의 연구에 있어서는 각각 유효성을 확보하고 있는 시좌라고 할 수 있다. 특히 조지·루데의「항의이데올로기」[78]론에 자극받은 이마니시씨의 문제의식은 자

---

77) 牧原憲夫 『客分と国民のあいだ』 吉川弘文館, 1999 参照
78) 조지·루데는 민중을 운동으로 이끌어 가는 동기, 사상, 이념, 신념, 혹은 심성 내지 집합심성을 총칭하여 전혀 새로운 개념인「항의의 이데올로기」란 개념을 만들어 내었다. 그가 명명한 이 항의 이데올로기란, 그람시 및 톰슨(예를 들면「민중의 문화」나「모럴 에코노미」)이나 아날학파(예를 들면「심성」) 등, 현대의 사회사연구자들로부터 힌트를 얻어, 이

유민권기의 민중운동사를 오랜 기간 민권운동의 틀 안에서, 혹은 그 틀 밖에서만 파악하려고 하는 2분법적 사고방식을 극복할 수 있는 참신한 시좌라는 점에서 금후 지역민중사연구의 활성화를 초래할 수 있는 의미 있는 문제제기라고 생각한다. 필자는 일본근대사회형성기의 민중운동을 분석할 즈음, 조지・루데나 이마니시씨가 제시한 문제의식과 야스마루씨 등의 연구 성과에 의해 축적된 민중사상사연구의 방법론

른바 민중자신이 전통적으로 보유하고 있는「고유의」이데올로기와 민중이 외부에서「수득(修得)한」이데올로기의 결합에 의해 이루어진 것을 말한다.

이 경우「고유의」이데올로기란, 민중자신이 생활체험이나 전승 등에 의해 체득한 "모유(母乳)"이데올로기로서 예를 들면, 농민이 토지를 자신의 것으로 간주하는 권리, 빵 등을 공정한 가격으로 사고 공정한 임금을 받을 수 있다고 생각하는 권리, 영국인들이 말하는「생득권」, 전통적 공동체를 지키고자 하는 입장, 천년왕국적 신앙, 집합심성 등을 말한다. 이를 일본의 민중사 연구사에 비추어 보면 바로「"민중의 세계"에 내재하는 "고유의"」라는 의미로 해석할 수 있다. 이에 비해「수득(修得)한」이데올로기란 민중이 외부로부터 배운 예를 들면, 계몽사상가, 급진주의자, 혹은 사회주의자 등에 의해 체계화된 이념이나 사상으로서, 흔히 이것만이 "이데올로기"라고 불려질 가치가 있는 것들이라는 것이다.

그러나 이 이데올로기는 수용자인 민중이 받아들일 수 있는 토양이 정비되고 정황이 허락되었을 때만 그들의 요구에 합치되는 형태로 받아들여지고, 그 위에「고유의」요인이 가미된다는 것이다. 민중항의의 운동이 자연발생적인 항의의 직접행동, 폭동, 반란에서부터 정치적・사회적・계급적으로 보다 성장한 미래를 기대할 수 있는 변혁이나 혁명의 운동으로 발전할 수 있는 것은 바로 이「수득(修得)한」이데올로기의 요소가 가미되어 비로소 가능하다는 논리이다. 이마니시씨가 제기하고 있는 복합운동론의 이론적 근거도 여기에 기인하고 있다. 조지・루데의 문제제기와 연구 성과는 George・Rude『イデオロギーと民衆抗議』(古賀秀男外訳) 法律文化社 1984、参照

을 발전적으로 계승할 필요가 있다고 생각하지만, 한편으로는 다음의 과제들을 중시해야 한다는 사실도 아울러 강조해 두고자 한다.

첫째, 일본의 민중사연구는 개별사건에 전념하는 문제의식과 그 사건을 유발시킨 개별구체적인 사례의 분석에 지나치게 중점을 둔 나머지 그 사건의 전체상이 명확히 밝혀지지 않는 경우가 많다. 예를 들면, 민중운동의 중요한 전환기적 성격을 보유하고 있는 신정반대운동(新政反対一揆)의 경우는, 개별구체적인 성격을 가진 민중운동으로서는 상세히 분석되어 있고, 연구사적인 관점에서 보더라도 문제의식과 방법론에 있어서는 계급투쟁사연구[79]로부터 민중사상사연구[80]에로 이행하면서 운동의 성격과 역사적인 평가에 있어서 커다란 진전도 있었다고 생각한다. 하지만 동일한 지역에서 발생한 특정의 민중운동이 한편으로는 전혀 다른 관점에서 평가[81]

---

79) 연구사의 관점에서 보면 획기적인 연구 성과로 평가받은 林基의「明治初年の農民闘争」(『続百姓一揆の伝統』所収 新評論 1971)을 필두로 하여, 木戸田四郎의「維新期の農民一揆」(『岩波講座日本歴史』近代2 岩波書店 1966), 後藤靖의「士族反乱と民衆騒擾」(『岩波講座日本歴史』近代1 岩波書店 1966) 등이 있다.
80) 대표적인 연구로는 安丸良夫의『日本の近代化と民衆思想』(青木書店 1974),『神々の明治維新』(岩波新書 1981), ひろた・まさき의『文明開化と民衆意識』(青木書店 1980) 등이 있다.
81) 메이지 초기에 집중적으로 발생한 일련의 신정반대운동(新政反対一揆) 가운데「徴兵令反対一揆」혹은「血税一揆」로 불려지고 있는 민중소요의 경우는, 민중사연구영역에서는 반 권력투쟁으로서 높은 평가를 받고

되고 있는 것은 아이러니라고 생각하지 않을 수 없다. 때문에 신정반대운동은 아직까지 역사적 평가를 둘러싼 합의점을 모색하지 못한 채 논의가 전개되고 있어, 이러한 한계를 어떻게 극복하면서 사건의 전체상의 해명에 도달할 것인가가 과제로 남아 있다.

있는 반면, 부락사 연구 영역에서는 「解放令反対一揆」라고 하는 관점에서 평가되고 있을 뿐만 아니라, 연구의 내용도 주로 민중 측의 차별의식이나 그런 관행의 문제에 중점을 두고 있다. 따라서 양측의 연구 성과는 항상 역사적 평가를 둘러싸고 현격한 인식의 차를 보이고 있다.
예를 들면 민중사연구영역에 있어서 이 분야에 주목할 만한 연구 성과를 잇따라 발표한 茂木陽一의 경우는 이 소요를 분석하면서 처음부터 일반민중의 피차별부락민에의 습격과 차별의식의 문제 등에는 전혀 관심을 기울이지 않거나, 혹은 문제의식을 갖고 있다하더라도 민중들에 의한 부락습격의 실상을 단지 그들이 "반 문명의 대상"이었기에 공격을 가했다는 관점에서만 논의를 전개하는 우를 범하고 있다(「民衆運動の構造-福岡県竹槍一揆を例に」『三重法経』 NO75, 「新政反対一揆と部落襲撃」『部落問題研究』 92輯, 1987 참조). 이에 비해 「解放令反対一揆」의 관점에서 연구 성과를 축적하고 있는 今西一의 경우는 「新政反対一揆는 징병제반대라고 하는 국가권력과의 전면적 대결을 과제로 하는 전진적인 면을 갖고 있으면서도 世直し一揆의 "부(負)의 유산"으로부터 자유롭지 못했다. 오히려 世直し一揆의 해체기에 이르러 소농(小農)의 토지회귀라고 하는 지향이 강화되는 가운데 진행된 투쟁이었다. … 그들이 회귀의 목표로 한 것은 현실에서는 신분제관계하에서의 백성(百姓)일 수밖에 없었다. 소농의 토지회귀는 공동체질서의 재편을 목표로 배외주의나 차별의식을 일층 강화한 것이다. 여기에 解放令反対一揆가 일어날 하나의 역사적 전제가 있었다」고 언급하고 있다.
요컨대 解放令反対一揆는 종래 「"사회 밖의 사회"로 간주되어온 에타(穢多) 등이 사회 속으로 편입된 것에 대한 일반민중 측으로부터의 구관=공동체유지의 투쟁이었다」는 것이다. 今西一「天皇制国家と農民闘争-『解放令』反対一揆の評価をめぐって」『部落史の研究』(部落問題研究所 1984 所収) 참조

둘째, 일본의 민중사연구는 타 운동과의 비교사적 관점에서 분석하려고 하는 문제의식이 매우 부족하다. 예를 들면, 근대사회성립기에 발생한 일련의 민중운동은 모두 국가권력을 상대화하고 있다는 특성을 갖고 있지만, 그 특성에는 커다란 질적 차이가 존재하고 있다. 실제 신정반대운동(新政反対一揆), 지조개정반대운동(地租改正反対一揆), 콜레라소동(コレラ騒動), 치치부사건(秩父事件) 등을 비교 분석해 보면 그 특성의 차이를 명백히 확인할 수 있고, 비슷한 시기에 발생한 동일한 종류의 사건이라도 운동의 전개과정과 특징에 있어서는 천양지차를 보이고 있다(예를 들면, 치치부사건(秩父事件)과 군마사건(群馬事件), 치치부곤민당(秩父困民党) 부소곤민당(武相困民党) 등이 대표적인 사례이다). 그럼에도 불구하고 이들의 운동을 비교 분석하여 민중운동의 내재적 관련성과 민중의식의 성장과정, 그리고 그 특성의 차이가 내포하고 있는 역사적의미 등을 밝히려는 문제의식이 아직까지 형성되어 있지 않다는 점이다.

셋째, 근대사회형성기의 민중운동을 분석할 때, 민중문화의 고유성·자율성을 중시하는 민중사상사연구와 당해의 정치·사상적배경이 민중운동에 미치는 영향을 당연시하려는 정치사연구가 항상 대립해 왔지만, 이것은 어디까지나 배타적 상대주의의 시좌에 지나지 않는다고 생각한다. 신정반대운동이나 콜레라소동에 나타난 민중의 행동양식을 당해의

"문명" 대 "비문명"이라고 하는 관점에서 파악한다든가, 치치부곤민당의 사상적 배경을 당해의 자유민권사상의 영향을 전제로 하는 논리, 그리고 곤민당의 연구를 민중의 전통적 의식세계의 존재양식에만 집착하고 있는 시좌 등이 그 대표적인 사례들이다. 이로 인해 이 시기의 민중운동에 대한 역사적 평가가 문명이라고 하는 관점에서 비교적 낮게 평가되거나 역으로 필요이상으로 높게 평가되는 경우가 왕왕 나타나고 있다. 이러한 연구사적 한계를 극복하기 위해서도 이마니시씨의 「복합운동」론과 같은 시좌는 확대되어야만 하고, 동시에 당해의 사상적·문명적 특성을 민중의식이나 민중운동과의 상관관계를 통해 그 실체를 면밀히 분석한 뒤, 그에 근거하여 근대사회형성기의 민중운동을 연속적으로 파악하고자 하는 문제의식이 필요하다.

넷째, 민중의 의식세계에 있어서 「근대」라고 하는 문제를 어떻게 설정하느냐 하는 점이다. 종래의 민중사연구가 설정해 온 "근대"와 "민중적 세계"의 대립구도라고 하는 방법론이, 민중의 의식세계를 국가가 주도하는 문명개화의 세계에 강제적으로 편입시키려고 하는 강압적인 근대화의 논리를 부정하면서 민중 측의 전통적 관념에 의거한 의식의 주체적인 성장과정을 주목한 사실은 높이 평가할 수 있지만, 한편으로는 민중의 의식세계를 지나치게 "전통"이라고 하는 틀 안에 속박시켜버린 것은 역시 문제라고 하지 않을 수 없다. 이러한 한계는 근대사회의 도래에 즈음하여 처음부터 근대문명에 적극적으로 대응해 가려고 하는 민중 측의 자발적인 "자기근대화"의 과정과 그 자력갱생의 노력이 왜곡된 다양한 근대의 논리에 굴절되고 파괴되어 가는 과정을 간과할 수 있다. 요컨대, 민중의 의식세계를 근대와의 대립구도로서 단순하게 파악할 것이 아니라, 민중의 의식세계가 근대문명을 적극적으로 진지하게 흡수해 가는 과정을 우선적으로 중시하면서 그 과정에서 민중의식의 새로운 가능성의 발견을 주목하는 한편, 그 노력이 극한의 상황에 처했을 때 민중들의 행동양식이 어떠한 방법과 사상에 의거하여 국가권력을 상대화해 가는지를 치밀하게 분석해야 한다는 것이다.

다섯 번째, 자유민권기의 민중운동을 분석할 때 자유민권운동이나 민권사상의 실체가 저변의 광범한 민중들에게 어떻게 인식되고 있었는가에 대한 실증 구체적인 분석이 이루어져야 한다. 이제까지 일본의 역사학계에서 민권운동은 민권파 지식인층이나 호농층을 주요한 담당자로 하는 민주주의 운동으로서 파악되어 왔지만, 이제는 광범한 민중을 흡수한 대중적인 운동으로 파악하는 문제의식을 가져야 한다. 야스마루씨는 이러한 관점에서 일반민중의 반정부적인 기운, 특히 궁핍화한 하층민중의 동향에 주목할 필요가 있다고 하면서, 저명한 민권가의 행동·사상의 분석이나 헌법초안의 분석 등으로부터 벗어나 민권운동의 주요한 활용형태였던 연설회나 운동회, 또 포크로아적 요소 등을 주목하면 민권운동의 대중적인 측면이 바로 밝혀진다는 사실을 강조하고 있다[82]. 그 과정에서 민권운동의 전국적인 정당조직인 자유당은 일반민중의 원망(願望)과 심성에 인증(引証)된 그들의 공동환상으로서의 자유당이고 그런 것으로 선전되었다는 것이 그의 주장이지만, 그가 제기한「환상의 자유당상」이 가장 전형적으로 나타난 사건이 바로 치치부사건이기도 하다. 이에 필자는 본고를 통해 그 실체를 실증적으로 검토하고자 한다.

이상의 과제를 염두에 두고 근대사회형성기의 민중운동을 파악한다면[83] 민중 측에 있어서의 근대의 의미를 포함해, 근대사회성립기에 국가권력과 긴장관계에 찬 민중의 대립구도의 특징, 그 과정에서 국가권력에 결연히 대항해 가는 민중들의 생생한 자기변모의 모습, 민중봉기의 내면적 일관성과 사상적 성장과정, 근대사회성립기의 민중운동을 지지하고 있는 논리 등을 민중의 입장에서 종합적으로 규명할 수 있을 것이다.

---

82) 安丸良夫『一揆・監獄・コスモロジ-』朝日新聞社 1999、162頁
83) 필자가 여기서 제시한 5가지의 과제는 그 동안 일본민중연구사에서 비교적 결여되어 있었던 시점으로서, 향후에는 일본의 민중사연구에서 간과되어서는 안 될 시점이라고 생각하여 정리해 두었지만, 본 논문에서는 특히 세 번째와 네 번째, 그리고 다섯 번째의 과제에 중점을 두고 있다.

제 2장
치치부에 있어서 「근대」사상의 문제

제 2장
치치부에 있어서 「근대」사상의 문제

 메이지유신을 통해 근대국가로의 탈바꿈에 성공한 일본은 천황제이데올로기를 바탕으로 국민들의 사상적 통합을 주도하는 한편, 정부의 강력한 의지아래 부국강병·식산흥업정책을 적극적으로 추진하게 된다. 이러한 정부의 의지는 각 지역에서 정부의 정책을 둘러싼 갈등과 대립을 초래하며 의외의 긴장관계를 높이기도 했지만, 다른 한편으로는 다양한 분야에 있어서 근대화에의 열기를 전파하며 저변으로부터 근대일본을 떠받치는 새로운 동력이 되기도 했다. 그 대표적인 사례가 바로 근대국가의 형성과정에 있어서 일본의 핵심적인 수출상품으로 부상한 양잠·제사업이었다. 양잠업을 둘러싸고 전개된 정부의 정책적 의지와 관동지방의 양잠지대에서 구체적으로 나타난 양잠농가의 자기근대화 과정의 결과는 메이지정부의 정책적 성공사례로 주목할 수 있는 한 분야이기도 하다.

　본장에서는 자연풍토적인 한계에도 불구하고 그 한계를 새로운 지역산업의 특성화로 되살려 일본에서 전통적인 양잠·제사지역으로 명성을 날린 사이타마현(埼玉県) 치치부(秩父)지역을 중심으로, 근대국가의 출발과 함께 양잠·제사업의 근대화에 도전하는 지역민들의 자기혁신에의 노력과 그러한 노력이 사회·경제구조의 왜곡을 통해 좌절되어 가는 실상, 그리고 그 과정에서 전개되는 강력한 「근대사회」의 논리와 민중들의 전통적 가치의 충돌양상 등을 일차적으로 분석하고자 한다. 그 후 사회적 모순이 격화되어 가는 가운데 자신들의 힘으로 도저히 어찌할 수 없는 상황에서 지역의 민중들이 새로운 근대사상의 접목을 통해 마지막 수단으로 국가권력을 상대화해 가는 과정 등을 연속적으로 분석하여, 소위 근대사회형성기에 있어서 저변의 민중들의 사상과 사유양식의 자기변모과정을 종합적으로 해명해 보고자 한다.

1. 치치부(秩父)양잠업의 근대화 과정

1) 치치부의 풍토와 양잠

　치치부는 예로부터 험준한 산지가 많고 평탄한 경지가 적

제 2장 치치부에 있어서「근대」사상의 문제 85

어서 생활조건이 사이타마(埼玉)현에서도 가장 나쁜 지역으로 알려져 있었다. 지금도 이러한 자연조건은 크게 달라지지 않았지만, 1884년에 치치부 민중봉기가 완전 진압되고 난 직후 당시의 언론이 전하고 있는 기사를 보면「치치부군의 지리는 지세는 높고 험하며 사면이 모두 산으로 에워싸여져 있고, 깊은 계곡이 즐비하여 아직 발길이 닿지 않은 곳이 많으며 토지가 메말라 한서(寒暑)가 특히 심하다」[84]고 기록하고 있다. 또 이 지역의 특산물로서는 사견(糸絹), 연초(煙草), 종이, 탄(炭), 검은콩(黑豆), 목재 등이 주류를 이루고 있었다고 한다.

이 기사는 산간벽지에 둘러싸여 생활하고 있는 치치부 촌민들의 생활풍토와 그 실상을 일목요연하게 전하고 있었다. 하지만 이 지역의 특산물은 역시 양잠이었다. 당시 잠사자문위원으로 활동한바 있는 니시자와 신키치(西沢真吉)는 사이타마현과 치치부의 지역적 특징에 대해「사이타마현은 토양이 비옥하여 양잠에 적합하여, 중고(中古)이래 잠업에 종사한 자가 적지 않았다. 그 중에서도 치치부군과 같은 산간벽촌에는 논이 부족하여 대부분의 지역민들은 양잠으로 의식을 해결했다」[85]고 기록하고 있다. 양잠이 치치부경제의 근간이었음

---

84)『自由新聞』明治17年11月11日
85)「明治10年代における蚕糸業の概況」『埼玉県史・資料編 21』所収 1982、

을 한눈에 알 수 있는 내용이다.

치치부민중이 역사적으로 안고 있던 지형적 한계와 그 생활상은 이노우에 코지(井上幸治)의 지적을 통해 보면 더욱 더 확실히 느낄 수 있다. 그에 의하면 치치부군의 총면적에 대한 경지의 비율은 매우 낮을 뿐만 아니라(메이지 10년대에 있어서 치치부의 경작율은 겨우 6.4%에 지나지 않았다), 산간의 벽지는 냉해나 한발을 당하기 쉬웠고, 그래서 지금도 어느 마을 할 것 없이 에도(江戶)시대에 이루어졌던 연공감면의 탄원서가 남아 있다고 한다. 이러한 환경 탓에 치치부민중들은 산촌의 냉엄한 제 조건을 극복하기 위해 에도시대의 초기부터 외부에 팔 수 있는 상품을 생산하지 않으면 안 되었고, 이로 인해 각 농가는 거의 예외없이 양잠·제사(製糸)·견직을 부업으로 하여, 음력 4월에는 누에를 치고 5월에는 실을 뽑고 7월에는 신견(新絹)을 완성했다는 것이 오랜 기간 지역농가의 생활리듬이었다고 한다[86].

그의 지적을 통해 우선 확인할 수 있는 것은 치치부의 민중들이 자연환경과 지형의 한계에 침몰되어 있기보다는 오히려 그 지역적 특징을 살려 일찍부터 양잠업에 눈을 뜨는 주체적인 삶을 살았으며, 그 과정에서 단련된 농민들의 개척

243頁
86) 井上幸治『秩父事件』中公新書 1968、3~5頁

정신은 양잠업을 장려하는 당시의 번(藩)의 정책87)에도 힘입어 양잠을 근간으로 하는 농민들의 삶이 그대로 치치부민중들의 전통적인 삶으로 정착되었다는 것이다. 이를 바꾸어 말하면 옛날부터 치치부는 양잠의 산지로서 매우 적합한 자연환경을 갖고 있었다는 것이고, 이 천혜의 환경조건을 관민모두 힘을 합쳐 주력상품의 개발에 전력을 기울임으로써 치치부의 견직물이 번성할 수 있었다는 것이다. 이러한 전통은 일본의 근대사회이행기에 위력을 발휘하여 치치부민중들로 하여금 자기근대화에의 의욕을 불태우게 만들었다.

특히 개항이후 양잠·제사업이 발전하여 일본의 생사가 세계시장에 본격적으로 진출하게 되자88), 일본에서 역사적 전통을 보유하고 있던 치치부민중들은 근대문명을 앞장서 유입하여 산업기반을 근대화하거나 잡곡밭을 상원(桑園)으로

---

87) 치치부에서 생산되는 견직물이 번성하게 된 것은 근세에 들어서부터이다. 에도시대의 치치부는 天領·旗本領 및 忍藩領으로 분할되어 있었지만, 그 중에서도 忍藩의 양잠장려와 견직물 보호정책이 치치부의 견직물의 번성에 커다란 영향을 미쳤다고 한다.『日本地誌第6』(群馬県·埼玉県) 二宮書店 1968、432頁
88) 개항 직후 요코하마항을 기점으로 하는 무역은 매우 성대했다. 그리고 이 무렵 요코하마항을 중심으로 하는 수출품의 톱은 생사로서, 1860년에는 전 수출액의 49%를 생사가 차지할 정도였다고 한다. 특히 중국에서 태평천국의 난이 발생하여 중국으로부터의 생사나 차의 수출이 대부분 중단되어 버리자 외국의 상인들은 중국 대신에 일본으로부터 생사와 차의 구입에 주력했고, 이로 인해 생사와 차는 일본 수출액의 85%를 차지할 정도로 비약적으로 발전해 갔다.
吉田光邦『お雇い外国人 ②蚕業』鹿島出版社 1968、56頁 参照

전환하는 등, 산간벽지의 산촌마을이었음에도 불구하고 시대의 흐름을 선도해 가는 모습을 보였다.

그 결과 메이지(明治) 10년대에 이르러서는 「지역민이 생계를 이루어 감에 있어 경작에 의지하고 있는 자는 무릇 10분의 1, 2 정도에 불과하고 그 나머지는 모두 잠업에 의지」[89] 하는 형국이 되었다. 근대사회의 출발과 함께 시대의 흐름에 부응하고자 하는 자기혁신의 노력과 양잠업에 대한 치치부 민중들의 각별한 애정, 그리고 역사적으로 축적된 기술적 노하우가 제대로 어우러지면서 치치부는 명실공히 일본의 대표적인 양잠지대로 탈바꿈한 것이다. 이로 인해 치치부는 일본전역으로부터 양잠의 선진지대로 주목받으며 발전을 거듭해 갔고, 세상은 치치부에서 생산되는 생견을 「치치부견」으로 칭하며 특별히 여기기 시작했다. 동시에 그 품질에 대해서도 「실로 폭이 좁지도 않고 길이도 짧지 않으며 부인의 상식으로 생각하더라도 만족한다」[90]고 할 정도로 높은 평가를 받기 시작했다.

치치부의 농민들은 누에를 기르는 것을 통해 새로운 생산기술을 습득하고 그런 실생활을 통해 자연은 변할 수 있는 것이라는 사실과 스스로를 변화시키지 않으면 안 된다는 사

---

89) 「明治16年勸業槪況」『埼玉縣史・資料編 21』 所收 1982、48頁
90) 「明治10年勸業槪況」『埼玉縣史・資料編 21』 所收 1982、43頁

실을 함께 배웠다는 지적도 있지만91), 그런 삶이 바로 근대 사회의 출발과 함께 열매를 맺은 것이다. 치치부사건이 발생한 직후 당시의 한 언론은「파괴는 사회의 공적」이라는 사설을 통해「무지한 빈민은 원래 진보가 무엇인가를 알지 못한 채 항상 오늘의 진보가 빠르다는 사실에만 놀라고 진보에 가장 둔감한 무리들」92)이라고 언급하며 치치부민중들을 경멸한 적이 있다. 하지만 그들의 억압적이고 반민중적인 시선과는 달리 실은 치치부민중들은 지형적 특징을 극복하기 위한 끊임없는 자기단련과 자기노력을 경주해 왔고, 그를 통해「생사의 고향」에 어울리는 명성을 세상으로부터 획득했으며, 그 명예를 자랑스럽게 여기며 힘차게 근대의 문을 열어 갔다.

2) 식산흥업정책과 치치부의 근대화에의 개안(開眼)

개항을 전후로 하여 생사의 수출이 급증하기 시작하자 이에 자극받은 메이지정부는 양잠·제사업의 장려를 포함한

---

91) 中沢市朗에 의하면, 양잠업은 당시 어떠한 산업보다도 인간의 인식을 바꾸어야 한다는 필요성을 요구하였고, 동시에 생산에 즈음해서는 합리적 정신, 실험적 정신을 농민들에게 요구하는 산업이었다고 한다. 이러한 산업적 특성이 치치부민중들로 하여금 자기변화에의 적극성을 도모하게 한 계기가 되었다고 생각한다.『埼玉民衆の歷史』, 新埼玉社. 1974、167~168頁 參照
92)『東京日日新聞』明治17年11月14日

식산흥업정책을 정부주도로 적극적으로 추진해 갔다. 그 정책의 일환으로 당시 신정부는 제사업의 생산기술을 근대화시키기 위해 국가가 솔선하여 구미의 기계와 기술을 도입하여 관영모범공장을 만들었고, 외국인기사(技師)를 초빙하여 민간공업을 일약 기계제 생산의 수준까지 끌어올리기 위한 노력을 전개했다. 그 전형적인 예가 바로 프랑스인 브류나의 지도에 의해 1872(明治5年)년 10월에 조업을 개시한 도미오카(富岡)제사 공장이다[93]. 이를 계기로 메이지정부는 당시 수출품의 핵심이었던 양잠제사와 제차(製茶)업의 개량을 장려하기 위한 권업(勸業)자본 제도를 설치하였고, 실제 1876년부터 본격적으로 권업정책을 실시했다[94].

이러한 정부의 의지는 일찍부터 근대의 물결에 편승하기 위해 자기변모를 모색하고 있던 치치부를 포함해 사이타마현 전체에 더없는 자극제가 되었다. 1873(明治6年)년 10월 사이타마현은 「제사(製糸)관 건축의 설유(説諭)」라고 하는 문서를 현하에 배포하여, 지금 국가가 도미오카에 제사관을 건축

---

93) 당시 정부의 외국인 고용기사였던 브류나는 제사공장 건축에 적당한 땅을 찾기 위해 죠슈(上州)의 다카사키(高崎)와 마에바시(前橋)방면 등을 시찰하였다고 한다. 그런데 제사공장의 건설을 위해서는 향후에도 양잠업의 발전이 기대되는 곳이 아니면 안 되었고, 여기에 용수의 편리함과 증기기관 공장의 연료인 석탄의 확보 등도 고려해야 했기 때문에, 그러한 조건을 모두 충족시킬 수 있는 지역이 바로 도미오카(富岡)였다고 한다. 吉田光邦 『前揭書』 58~59頁 參照
94) 中沢市朗 『前揭書』 163頁

하여 국익을 생각하고 있듯이, 우리도 모두 힘을 모아 제사관 설립을 위한 대의를 결정하자고 하면서, 이는 멀리는 국익을 꾀하는 것이고 가까이는 각 가정의 부를 축적하는 것이니 모두가 이에 동참해 줄 것을 강력히 주창하였다. 특히 이 문서는「우리 지역의 산업종류는 적지 않다고 하지만, 우리 지역의 핵심은 견이 아닌가. 견은 정밀함에 있고 정밀함은 제조자의 기술에 의거하는 것이다. 또 정밀함은 흔히 손놀림에 의지하는 것이 아니라, 무릇 기계의 힘을 빌려 제조하지 않으면 오랫동안 명산으로서의 명예를 유지할 수 없다」95)고 지적하면서, 현이 자랑하는 특산품으로서의 견의 품질을 향상시키고 그 명예를 유지하기 위해서도 근대화된 기계생산의 기술을 도입하지 않으면 안 된다고 역설하였다.

현의 방침은 현민들에게 즉각적인 영향을 미쳤다. 사이타마현 아다치(足立)군의 호시노(星野重選) 같은 인물은「품질을 개선하고 성가를 높여 수출을 번성하게 하는 것은 물산융성의 출발이자 국민의 의무」96)라고 하며, 품질을 높여 이태리와 프랑스와의 경쟁에서 승리하고 안정된 가격을 확보하기 위해서도「공인 모두 지혜를 모아 기계의 이점」을 살려야 한다고 주창했다. 그리고 이를 효과적으로 추진하기 위해서

---

95)「製糸館建築の説諭」『埼玉県史・資料編 21』所収、234頁
96)「埼玉製糸会社禀告書」『埼玉県史・資料編 21』所収、234頁

는 자본금 10만엔과 「사이타마제사회사」를 설립할 필요성이 있다고 역설했다. 이에 그는 회사설립의 규칙이나 주주의 이익들을 상세하게 정리하여 현민들을 설득하는 한편, 우리가 이러한 노력을 기울이는 것은 「부는 사람의 성정(性情)에 의거하는바, 최근 이런 저런 회사가 경쟁적으로 설립되는 것은 모두 국가의 이익을 도모하고자 하는」97)것이라고 주장하며 지역민들을 독려하기도 했다. 일본의 양잠·제사업은 이탈리아·프랑스·청나라로 대표되는 생사수출국을 상대로 격심한 경쟁을 통해서 삼국과 어깨를 나란히 하는데 성공했다는 평가를 받고 있지만98), 그 국제적인 경쟁의식이 이렇게 산촌 마을의 저변에서부터 싹트고 있었던 것이다.

지역의 특산물인 견의 생산과정을 근대화하고자 하는 움직임이 현 당국의 장려정책과 일부 선구자들의 노력에 의해 구체적으로 전개되고 있는 가운데, 고마(高麗)군 가미히로세무라(上広瀬村)의 호농 시미즈(清水宗徳) 등은 가족을 도미오카에 파견하여 제사기술을 습득하게 하고, 본인은 공인들을 데리고 건축이나 기계(器械)의 장치 등을 배워 와서, 1876(明治9年)년 사이타마현에서는 처음으로 제사공장(暢業社)을 설립하는데 성공했다. 정부의 정책적 효과와 저변에서의 경쟁의식

---

97) 「埼玉製糸会社禀告畧」『埼玉県史·資料編 21』所收、235頁
98) 石井寛治『日本蚕糸業史分析』東京大学出版会 1972、22頁

이 사이타마현에서 드디어 열매를 맺은 것이다. 남다른 열정을 바탕으로 한 그의 도전은 매우 성공적이었다. 그가 생산한 제품은 요코하마 시장에서 다른 수공제품보다 몇 배나 비싼 가격에 판매되면서 일약 세인의 주목을 받기 시작했다. 여기서 힘을 얻은 시미즈는 제품의 원활한 출하를 위해 인프라의 확충에도 열의를 쏟았다.

그는 1880(明治13年)년 7월, 당시 평민이었던 하세가와(長谷川五郞平) 등 지역의 유지 13명과 함께 현 당국에 제출한 건의서를 통해「치치부군은 산 사이에 독립하여 거대한 산물(産物)이 있다고 하지만, 운반의 불편함으로 소득을 충분히 올리지 못하고 있다」고 하면서 배가 통하는 곳도 없고 도로는 울퉁불퉁하여 차나 말이 크게 고통스러워하고 있어, 이러한 상황을 개선하지 않는 한 치치부에서 출하하는 생사나 제사, 견직물 등이 도쿄나 요코하마에서 경쟁력을 확보할 수 없다는 사실을 제기 했다[99]. 확실한 인프라의 구축 없이는 치치부에서 생산되는 특산물이, 품질의 보증은 물론이고 시장에서의 가격경쟁력도 확보하지 못한다는 사실을 현 당국에 강하게 어필한 것이다. 이러한 그의 성공과 움직임은 지역민들에게도 커다란 영향을 미쳐「이로 인해 기계의 이점을 확인

---

99)「上州高崎駅に至ル鉄道路線ノ儀」『明治建白書集成』(鶴巻孝雄編 第六巻) 所収 筑摩書房 1984、99頁

한 자가 많았고, 사람들도 그의 제사공장을 모방하여 설립한 곳이 10여 개소」100)에 이르렀을 만큼 지역사회의 관심을 집중시켰다.

정부와 현 당국의 적극적인 권업정책이 사이타마현하의 일부 상부농민층을 포함해 지역사회 전체에 새로운 희망을 품게 하고 있는 가운데, 치치부의 중소농민들도 그 변화에의 움직임에 본격적으로 가담하기 시작했다. 치치부의 중소농민들은 이미 유럽의 생사시장에 진출하기 위해 설립된 도미오카공장의 성공실태101)와 지역유지들의 움직임 등을 비교적 상세히 접하고 있었기에 그들의 생각도 완전히 전향적으로 바뀌어져 있었다. 소위 치치부의 민중들은 양잠이 지형에 맞기 때문에 하고 있는 것이 아니라 수출의 동향이나 시장의 생사가격 등에 보다 많은 관심을 표명하면서 양잠·제사의 국제화를 위한 개량생산에 본격적으로 착수한 것이다. 일반농민들의 현저한 변화의 모습을 당시 사이타마현의 한 관계자는 「민간의 상황을 시찰해 보면 경쟁의 심리가 가속화되어 농산품을 개량하고 성가를 향상시키려고 하는 기상

---

100) 「明治10年代における蚕糸業の槪況」,『埼玉県史・資料編 21』所収, 243頁
101) 石井寛治는 개항이후 기계제사(器械製糸)장이 일제히 설립되기 시작하는 1870년대 후반에 이르는 시기에는 일본의 생사의 주된 수출처는 프랑스를 중심으로 하는 유럽시장이었다고 한다. 따라서 도미오카공장의 설립목적도 유럽진출을 위한 것이 었다고 할 수 있다. 『前掲書』40~42頁 参照

이 매우 충만」102)해 있다고 기록하고 있을 정도였다. 그들은 이제까지 보다 배 이상의 정성을 쏟아 양질의 제품을 출하하여 자신들의 꿈을 달성하겠다는, 이른바 근대자본주의 시장에 있어서 생산자로서의 자기권리를 확실히 인식하기 시작했다.

그 결과 치치부군에서만 미나노무라(皆野村)의 미나노용문사(皆野竜門社)를 비롯해 5개의 회사가 1880년에 잇따라 설립되었고 군내의 관심도 갈수록 증대되었다103). 이때 권업자금을 빌리지 못한 중소농민들은 생산 활동에 필요한 제 경비를 타노모시고(賴母子講)나 상호금융104)을 통해 충당해 갔고, 이 이외에도 100호 또는 200호 정도가 조합을 만들어 제조방법이나 판매에 대한 의견을 모아가면서 소비자의 기호까지 살피는 등의 노력을 아끼지 않았다. 이러한 중소농민들의 열정어린 도전정신을 당시의 현 당국은 「무릇 백의 물화(物貨) 품위를 증진시키고 산액(産額)을 증대시키며 판로를 확대시키고 제품의 성가를 높여 가고 있는 것이 바로 일반의 정황으로서, 오늘날 인심(人心)이 실로 경쟁력을 함양해 왔다고

---

102) 「明治十六年における勧業概況」『埼玉県史・資料編 21』所収、47頁
103) 1881년(明治14年) 무렵에는 사이타마현하에서 기계, 수공제사공장과 생사수출판매소만 하더라도 43개사에 달할 정도로 양잠 제사업에 대한 현민들의 관심은 폭발적이었고 업황도 호황의 연속이었다.
104) 中沢市朗『歴史紀行秩父事件』新日本出版社 1991、12頁 参照

해도 과언이 아닐 것이다」[105]라고 언급하면서 농민들의 자기근대화에의 노력을 높이 평가하고 있었다.

이렇게 치치부의 농민들은 양잠을 매개로 새로운 생산기술을 습득하기 위해 스스로 발품을 팔고 자금동원을 궁리하고 판매활로를 개척하는 등의 노력을 기울이면서 자신들의 생활기반을 향상시키기 위한 열정을 불태워 갔다. 그 과정에서 농민들은 상호간에 경쟁의식을 발동하여 설비를 근대화시키고 생산성을 제고하면서 소득수준을 착실히 높여갔다. 현이나 군 당국도 농민들의 자발적인 자기근대화에의 노력을 평가하면서 적극적인 지원책을 모색했다. 특히 치치부군 당국의 경우는 오로지 운송경로로서 육로밖에 사용하지 못하는 마차도(馬車道)의 한계를 극복하기 위해(기후가 불순한 경우는 며칠 동안 다니지 못하는 경우가 흔히 있었다고 한다), 차도의 확장을 적극적으로 추진하는 등, 농민들의 개량노력을 뒷받침하기 위한 행정적인 지원을 아끼지 않았다. 이러한 관민협력체제의 구축 결과는 바로 지역 경제의 활성화에 박차를 가하면서 치치부산촌을 전례 없는 부촌으로 만들어 놓았다.

3) 치치부민중의 근대화에의 에너지와 민중문화

한편 메이지 10년대에 접어들면서부터는 제 물가가 급등

---

105)「人庶物産改良ニ競奔スルノ概況」『埼玉県史・資料編 21』所收、50頁

하는 인플레현상이 나타나기 시작했다. 인플레 현상은 전국적으로 확대되어 각 지역의 민중들은「하루 세끼 밥만 먹을 수 있다면 우리들은 더 이상 바랄 것이 없다」106)며 저마다의 고통을 호소할 정도였다. 인플레로 인한 사회·경제정세가 매우 급격히 변하고 있었지만, 양잠·제사업의 활황으로 인한 사이타마현하의 농가들은 타 지역의 농가와는 비교할 수 없을 정도로 경제적 풍요로움을 구가하고 있었다. 그 이유는 이 지역의 특산물이「다른 산물보다 다액의 이익을 거두고 있는 까닭에 쌀이나 보리를 생산하는 지방에 비해 한층 이익을 올릴」107)수 있었기 때문이다. 특히 치치부의 경우는 쌀은 생산가의 3.5배, 보리는 3분의 1을 다른 지방에서 수입해야 할 만큼 쌀과 보리의 자급률이 낮아108) 쌀과 제 물가의 가격인상은 커다란 타격이었음에도 불구하고, 그것을 훨씬 능가하는 생사가격의 급등이 치치부농가의 생활기반을 떠받쳐주고 있었던 것이다.

실제 양잠·제사경기가 피크를 맞이한 1881년(明治14年) 전후에는「농가는 미증유의 풍요를 이루어 중등 이상의 자는 주택을 개조하고 창고를 신축하거나 의식의 풍요로움을 구

---

106)『東京日日新聞』明治13年12月6日
107)「秩父郡民生計ノ状況」『埼玉県史·資料編 23』所収 1982, 89頁
108) 井上幸治『前掲書』4頁

가」109)하고 있을 정도였다. 양잠농가의 풍요로움은 치치부뿐만 아니라 당시 관동지방 일대의 양잠농가에 있어서는 매우 보편적인 현상으로서, 그 가운데에서도 여성들의 화려함과 집의 개축은 야나기다 쿠니오(柳田国男)도「무엇보다도 주거의 구조를 바꿔 2층을 만들어 양잠일의 편리함을 도모하고 연기가 빠져나갈 수 있는 창을 설치하였다」110)고 지적하고 있는 것처럼, 양잠농가의 생활환경을 변화시킨 가장 특징적인 현상이었다. 양잠농가의 번성은 특히「타 지역의 세민(細民)들이 활로를 잃고 거의 아사(餓死) 할」상황에 직면해 있을 때도 이 지역의 한 마을 축제의 풍성함과 화려함이 언론을 통해「미증유의 진사(珍事)」로 보도111)되었을 만큼 활력에 넘쳐 있었다. 이런 모습을 당시의 당국자들은「경제사회의 정세가 혼란에 빠져 있는데 여전히 높은 수익을 올릴 것으로 생각하여 분에 넘치는 사치」를 하고 있다고 비난하기도 했다.

분명 이 무렵의 양잠농가들은 행정당국자가 언급하고 있는 것처럼「경제상의 환상」을 깨우치지 못하고 사치스러운 생활을 영위하고 있었는지는 모른다. 하지만 양잠농가의 경제소득의 증대와 그로 인한 생활환경의 변화가 한편으로는

---

109)「民間金融ノ景況及閉塞ノ原因」『埼玉県史・資料編 21』收、51頁
110) 柳田国男『明治文化史・風俗編』洋々社 1954、398頁
111)『東京曙』明治13年9月20日

지역문화행사의 활성화를 초래하여 다양한 전통문화행사가 지역민들의 문화생활을 떠받쳐갔다는 긍정적인 측면도 결코 간과해서는 안 된다. 야나기다 쿠니오에 의하면 생산과 행사에는 불가분의 관계가 있어, 생산력이 변화하면 자연히 행사의 성격도 변화해 갔다고 한다. 농작으로 말하자면 품종의 개량이나 재배법의 변화 등은 당연히 연중행사에도 영향을 미쳤다는 것이다. 그러나 그 이상으로 행사에 커다란 영향을 미치는 것은 새로운 생산의 발흥이고, 그 가장 현저한 예가 바로 메이지시대에 들어 비약적으로 발전한 양잠업이었다고 한다. 그 예를 치치부를 통해 보면 가이고비 마치(여성들만의 행사로서 누에의 신을 모시는 행사)를 비롯한 여성들의 양잠관련 행사의 증대현상이 대표적인 사례라고 한다112). 양잠의 시기에는 특히 여성들의 경우 노동시간이 격증하고 일의 특성상 격심한 노동을 강요받게 되기에 그런 여성들과 양잠업이 결합하여 새로운 문화가 생성되었다는 의미이다.

 이러한 관점에서 접근하면 마을 축제의 화려함이 외부인들이나 식자층에는 「과도한 사치」처럼 비쳐졌을지 모르지만, 실은 민중적 세계관에서 보면 그것은 바로 새로운 민중문화의 발현이었다고 할 수 있다. 양잠농가의 번성이 전술한 것처럼 여성들의 화려함을 가능케 했던 현상도 바로 이런 배

---

112) 柳田国男 『前揭書』 397~399頁

경 때문이었다고 할 수 있다. 그러나 경기의 활황을 반영한 치치부민중들의 문화 활동은 그에 머무르지 않고 주로 연극이나 불꽃축제, 와카(和歌)나 하이쿠(俳句) 대회 개최 등과 같은 전통문화로 이어지며 집중적으로 확산되어 갔다. 당시의 문헌자료 등을 살펴보면 이러한 사례가 다수 등장하고 있는데, 예를 들면 1880년(明治13年)에는 오가노무라(小鹿野村)부근에서 연극회만 8개 마을, 불꽃놀이는 14개 마을에서 실시되었다. 그리고 그 이듬해에는 연극만 11개 마을, 불꽃놀이는 12개 마을에서 성황리에 끝났다고 한다[113]. 치치부는 예부터 각종의 문화행사에는 당연히 불꽃놀이를 개최하는 풍습이 존재하였고, 그때 불꽃이 하늘로 얼마나 높게 치솟는가의 모습을 보면서 행사개최의 성공여부를 판단했다고 하니[114], 치치부에 있어서의 불꽃놀이는 단순히 사치스러운 놀이행사가 아니라 지역민들의 당해의 경제상황여부를 판단하는 중요한 척도였던 것이다.

실제 오가노무라(小鹿野村)를 비롯해 노가미무라(野上村) 시모요시다무라(下吉田村) 오미야쵸(大宮町) 등은 매월 2회씩 생사, 누에고치, 직물 등을 매매하는 시장이 열리고 있었다(표* 참조). 그리고 그 주변에서 불꽃놀이가 빈번히 행해졌다는 것

---

113) 森山軍治郎 『民衆蜂起と祭り』 筑摩書房 1981、23頁
114) 井出孫六編 『自由自治元年-秩父事件資料』 現代史出版社 1975、273頁 參照

은 그 시장이 항상 성황리에 개최되었다는 것과, 생사의 경기가 그만큼 좋았다는 것을 의미하는 것이다. 이러한 현상은 1882년(明治15年)까지도 계속되어 이 해에는 누에가 7, 8부 정도밖에 수확되지 않았음에도 불구하고 8월까지의 단계에서 연극만 15개 마을, 불꽃놀이 13개 마을에 이어 씨름대회도 3개 마을에서 행해졌다고 한다115). 생사경기의 호황과 치치부민중의 자기근대화의 결과가 지역사회에 희망과 자신감을 충만시켜 치치부민중들로 하여금 다양한 축제를 개최하게 만들었고, 나아가 스스로 이룩한 활기 넘치는 경제 환경을 민중문화의 활성화로 승화시키며 그 기쁨을 마음껏 구가한 것이다.

<표* 시장개최 일람>

시장명칭	매매상품	소재지명	개최일
皆野市	生糸・繭・織物	秩父郡皆野村	四・九
野上市	同	秩父郡野上村	二・七
大浦市	同	秩父郡国神村	三・八
下吉田市	同	秩父郡下吉田村	三・八
小鹿野市	同	秩父郡小鹿野町	五・十
大宮市	同	秩父郡大宮町	一・六

*「管内緒市場一覧」에서 작성

---

115) 森山軍治郎『前掲書』23頁

치치부의 민중들은 예로부터 마츠리(축제)를 즐기는 전통을 갖고 있었다. 지역연구자들에 의하면 치치부의 마츠리에는 「다이나믹하고 민중의 창의력이 구현되어 있다」고 한다116). 실제 치치부의 마츠리를 관람해 보면 그 명성이 결코 거짓이 아닐 만큼 스케일이 웅장하고 다이나믹하다는 느낌을 받는다. 이로 인해 치치부는 언제부터인가 「고개의 고향」「생사의 고향」에 이어 「마츠리의 고향」이라는 이명까지 얻었다. 치치부에서 전통적으로 마츠리가 얼마나 성행했는가를 가늠할 수 있는 현상인데, 이러한 역사가 있었기에 생사경기의 호황기에는 특히 마츠리가 성행했던 것이다.

그 이면에는 마츠리를 통해서 양잠의 노동집약적인 고통과 일상의 피로를 해소하고자 하는 치치부공동체의 정서가 반영되어 있었다고도 할 수 있다. 게다가 계곡으로 둘러싸여 있는 자연환경 속에서 외부와의 문화교류나 평소의 문화행사의 즐거움을 그다지 느끼지 못했던 지형적인 특성 등을 감안하면, 치치부민중의 마츠리에는 항상 폭발적인 에너지가 함축되어 있었다는 지적은 나름대로 설득력이 있는 논리일 것이다.

---

116) 井出孫六 『私の秩父地図』, たいまつ社 1979, 34頁

2. 치치부농민의 몰락과「근대」의 논리

1) 불경기의 기습과 고리대의 횡포

한편 메이지 14년(1881)의 정변을 거쳐 대장성장관에 취임한 마츠가타 마사요시(松方正義)는 불환지폐정리와 태환(兌換)제도의 수립을 중핵으로 하는 재정금융부문에서의 개혁정책을 일거에 단행하였다. 인플레의 억제와 통화의 안정을 이룩하겠다는 의지를 갖고 출발한 정책이었는데, 때마침 불어 닥친 세계공황의 여파로 인해 그의 정책은 역으로 일본전역에 디플레이션을 초래하는 상황으로 발전하고 말았다(그의 정책을 세상은 "마츠가타디플레"로 칭하였다).

당시 한 언론은「메이지 15년 이래 외국과의 거래가 거의 이루어지지 않았다」고 하는 요코하마의 예를 들어「내외물품중개」를 하는 요코하마의 불경기는, 일본전체의 불경기를 의미하는 것이기에「당국자가 하루라도 빨리 불경기의 원인을 진단하여 우리의 상업이 파산하기 전에 구해야 한다」고 주장하기도 했다[117]. 불경기의 여파는 일반 민중들의 생활에도 그대로 직격탄을 날려 관동지방의 중심적 양잠지대중의 하나였던 가나가와(神奈川)현의 경우는, 1883년(明治16年)의 신

---

117)『読売新聞』明治18年3月10日

년을 「금융의 폐색상태로 인해 제 상업이 전혀 이루어지지 않고, 어느 촌락이나 할 것 없이 쌀값이 떨어질까 팔지도 사지도 못하는」118)상태로 맞이해야 할 정도였다. 디플레이션이 일본사회의 돈줄을 막아버리면서 소위 일본전체를 일순간에 「사해곤궁(四海困窮)」의 상태로 몰아넣어 버린 것이다. 그만큼 마츠가타디플레의 영향이 심각했다는 것을 의미한다.

이나다 마사히로(稲田雅洋)씨가 1884년의 『朝野新聞』에 게재된 「농가출납계산표」에 의거하여 전국 16개 마을의 상황을 조사한 바에 의하면 마츠가타디플레로 인한 폐해를 한눈에 알 수 있다. 예를 들면, 논(田)의 매매가를 보면 4년간에 4분의 1이하로 떨어진 마을이 전체의 반이 넘는 상태였고(이러한 토지가격의 하락은 훗날 공매처분이나 파산처분으로 이어져 피처분자를 완전히 몰락의 길로 내몰고 있다), 수확된 쌀은 전체의 3분의 2에 해당하는 10개 마을에서 급락을 면치 못했다. 그러나 지조(地租)는 경기에 관계없이 지가의 2.5%선을 유지하고 있었고, 게다가 지방세나 협의비 등이 모두 인상된 상태라 거의 모든 마을이 적자에 허덕였다. 밭(畑)도 전체적으로 논과 같은 경향을 보여 반 이상의 마을이 적자상태였다고 한다119). 한마디로 디플레의 파고가 농촌을 완전히 파탄 상태로 몰아넣

---

118) 『自由新聞』 明治16年1月7日
119) 稲田雅洋 『日本近代社会の民衆運動』 筑摩書房 1990、103~105頁

었다고 해도 과언이 아니었다. 특히 그 직전에 인플레로 생산물가격이 올라 농촌은 어느 측면에서는 호경기를 구가하고 있었기에 그 낙차는 클 수밖에 없었고, 이로 인해 각 농촌도 불황의 강도를 더 일층 강하게 느낄 수밖에 없었다. 사이타마현과 치치부군도 예외가 아니었다.

전국곳곳에서 울려 퍼지고 있던 「불경기의 탄성」은 우선 「치치부의 산물 목재 직물과 같은 것을 구매하려는 자 전무」[120]한 상태로 몰아갔다. 그 가운데에서도 실로 절반까지 추락한 생사가격의 폭락은 지가나 쌀값의 폭락에 허덕이고 있던 다른 농촌과 마찬가지로 치치부의 경제나 사회 환경의 근간을 뒤집어 놓기에 충분했다. 당시 사이타마현의 행정문서를 보면 생사의 폭락(표* 참조)과 그 영향에 대해 「제사장과 같은 곳은 생사가격의 급락으로 인해 도저히 업무를 유지할 방도가 없고, 급기야는 완전히 공장을 폐지하고 사업 방향을 변경해야 하는 상황에 이르렀다」[121]고 기록하고 있다. 특히 치치부군을 포함해 생사나 생견을 주 생산물로 하고 있던 제 군의 경우는 「모두 폐사 혹은 휴업의 운명」에 처해졌고, 그와 관련된 직업군들 예를 들면 「양잠농가에 고용되어 수일간에 임금을 받는 자, 뽕잎매매의 알선을 통해

---
120) 「桐窓夜話」『埼玉県史・資料編 19』所収 1983、420頁
121) 「工業及商業ノ景況」『埼玉県史・資料編 21』収所 51頁

그 이익을 취하는 자, 누에 생사를 매매하여 그 이윤을 취하는 자 등의 부류」122)까지도 생활파탄에 빠졌다. 제사공장의 폐·휴업이 양잠지역에 있어서는 그야말로「불행의 극치」를 초래한 것이다.

<표* 생사가격의 추이>

년 도	생사가격<단위 1근(斤)당)>
1879(明治 12)	4.63円
1880(明治 13)	5.72円
1881(明治 14)	6.92円
1882(明治 15)	7.92円
1883(明治 16)	3.88円
1884(明治 17)	4.12円

*中沢市朗『埼玉民衆の歷史』에서 발췌 작성

이 뿐만 아니다. 일 년 생계의 6할 이상을 양잠업에 의존하고 있던 중소양잠농가들에게는 비상구조차 보이지 않을 만큼 모두「파산의 격변」에 휩싸이게 만들어 군내의 한 두 부호(富豪)를 제외하고는「부채가 산적할 정도로 비참한 상황」

---

122)「埼玉県慘狀視察報告」,『埼玉県史·資料編 23』收所 71頁

제 2장 치치부에 있어서 「근대」사상의 문제 107

에 내몰리게 되었다123). 근대의 물결에 편승하고자 자금의 변통을 통해 자신들의 꿈을 키웠던 농가의 경우는 일순간에 구입한 기계대금마저 갚지 못하는 지불불능 상태에 빠진 데다 「의식(衣食)마저 부족한데 채권자에게 압박」124)을 당하는 이중고에 시달려야 했다. 당연히 자금의 변제에 고통을 느끼지 않을 수 없었다. 저당 잡힌 지가마저 폭락하여 토지나 가옥을 날려버리는 농가도 속출하였다. 그 한파는 잡용일용직에도 영향을 미쳐 당시 농가의 하루 일당이 단지 일금 5전 정도였음에도 불구하고 그런 노동력을 살 수 있는 농가가 전무하였다고 한다125). 생사가격의 폭락이 양잠농가와 일용직을 비롯하여 목공수들에 이르기까지 지역의 경제적 기반을 총체적으로 앗아가 버린 것이다.

경제사회환경의 급변에 갈피를 잡지 못한 농민들은 불꽃놀이는 물론이고 「결혼이나 불사의 행사」마저도 연기하면서 난국에 대처해 보려 했지만, 그들이 할 수 있는 것은 단지 「근로와 절검」126)을 강조하는 것 이외에는 아무것도 없었다.

---

123) 「埼玉郡民生計の状況」『埼玉県史・資料編 23』收所 89頁
124) 『東京日日新聞』明治17年11月5日
125) 『朝野新聞』明治17年11月6日
126) 농촌의 불황이 갈수록 심각해지자 각 마을에서는 궁핍탈출과 지역사회의 질서를 유지하기 위해 촌민들에게 각종의 절검을 강조하는 규칙을 만들어 배포하였다. 치치부에서도 불황이 격해진 明治 17년(1884) 1월경에 호장으로부터 「검약의 규칙」이 배포되어 촌민들의 협력을 요청하였다. 이에 관한 사료는 色川大吉編『三多摩自由民権資料集・下』

그리고는 다시 한번 양잠의 호황기가 도래하기를 기대할 뿐이었다. 원래 양잠은 보통의 다른 농작과 달리 해마다 작황이 현저하게 다른 특징을 갖고 있다고 한다. 누에의 상태나 국제생사가격의 변화에 따라 그 해의 수입이 달라지기 때문에 농민들의 작업으로서는 다소 투기적인 측면이 있었고, 그런 만큼 그해의 운을 하늘에 맡기는 심리가 강했다고 한다[127]. 그로 인해 농민들은 "시대만 좋으면"이라는 희망을 버리지 못했고, 돈을 빌려서라도 양잠업을 계속하고자 하는 유혹에 쉽게 빠져들었다. 사이타마현과 치치부군에서 고리대자본이 활개를 치기 시작한 시기도 바로 이 무렵부터였다. 농민들의 이런 절실한 원망과 고리대업자들의 탐욕이 서로에게 접점을 이루게 만들었던 것이다.

그러나 시대는 이미 불경기로 현내(縣內)에서도 화폐의 유통이 완전히 막혀 있는 상황이라 고리대의 이율은 당연히 높았고, 농민들도 그런 사실을 수긍한 상태에서 돈을 빌릴 수밖에 없었다. 극심한 불경기에 토지를 저당잡혀 높은 이율로 돈을 빌린다는 것이 얼마나 위험한 일인가는 충분히 예

(大和書房 1979, 參照) 다수 소개되어 있지만, 이러한 현상은 난국을 극복하기 위한 저변으로부터의 자발적인 움직임으로서 주목할 수 있다. 요컨대 통속도덕을 진지하게 실천함으로써 그 한계를 극복하려고 한 민중들의 전통적인 가치관이 위기적 상황에서 되살아난 것이다.
127) 柳田国男 『前揭書』, 400頁 參照

상할 수 있는 일이었지만, 농민들의 머릿속에는 불과 엊그제까지만 하더라도 생사의 호경기에 젖어 있었던 자신들의 모습이 남아 있었기에 일단은 타협하지 않을 수 없었다. 또한 농민들의 입장에서 보면 돈을 빌려 농사를 지은 후 수확 때 빌린 돈을 갚는 습관이 오랫동안의 관행이었고, 나아가 「메이지 14, 5년 이래 수확을 통해 지출을 감당할 수 없는 상황」이 지속되어 「빈곤과 부채에 허덕」이고 있었기에[128] 다시 한 번 도박을 걸어 보겠다는 심리 또한 강했을 것이다. 즉 일단 고리대자본을 통해 자신들의 생활기반을 재건해보겠다는 의욕이 다소 모험이었던 것은 사실이지만, 그것이 훗날 「조상 대대로 물려받은 둘도 없는 소유지를 매각하여 유리무산(遊離無産)」[129]의 상태로 전락해 버릴 줄은 꿈에도 생각하지 못했던 것이다.

하지만 유감스럽게도 시대적 상황은 은행이 아직 제대로 자리를 잡지 못하고 그 대신에 「대금영업자가 맹위를 떨치던 시대」였다. 고리대업자들은 우선 날마다 위약금을 물어야 하는 증서를 붙여 돈을 빌려준 후, 그것을 2, 3개월마다 계약 갱신(고리대들은 계약을 갱신할 때마다 2, 3할의 이자를 먼저 지불케 했다)을 하는 「간책(姦策)」을 써 채무자들을 압박해 갔다. 심

---

128) 「埼玉県惨状視察報告」『埼玉県史・資料編 23』収所 72頁
129) 井上幸治外編 『秩父事件資料集成』 第6巻 二玄社 1989、10頁

한 경우에는 일개월 원금 1엔 19전에 25전의 이자를 떼는 악질적인 수법으로 농민들을 괴롭히기도 했다130). 이자에 관한 관련세칙은 정부가「인정(仁政)」을 토대로 제정한「이자제한법」에 의거하여 법률적으로 제한이 정해져 있는 상태였지만, 폭리를 일삼는「탐욕스런 무리」들에 의해 이미 무용지물이 되어 버린 상태였다131).

고리대들의「강욕무자비(剛慾無慈悲)」는 농민들의 입장에서 보면「돈을 빌려주고 고리를 탐하고 타인의 노동력을 짤아 자신들의 생계를 보존하는 것」132)이나 다를 바 없었다. 비록 지역민들이 서로가「임대 및 대차를 통해 생업을 영위하는 것은 아직 어쩔 수 없는 시대적 상황」133)이긴 하였지만, 그 방법이「너무나 잔혹한 형태」로 전개되고 있었기에 당하는 농민들로서는 속수무책이었다. 이 무렵 사이타마현하의 각 지역에서 자행되고 있던 악덕고리대업자들의 만행에 대해서는 당시의 언론들도 적극적으로 관심을 갖고 그 참상을 보도하였는데, 게중에는 불과 20년도 채 안된 상태에서 5만엔이 넘

---

130) 大村進『田中千弥日記』埼玉出版社 1977、586~587頁
131) 당시『山梨日日新聞』(明治17年11月14日)은, 국가의 제도는 어느 시대 어느 나라 할 것 없이「인정」에 의거하고 있는 이상,「이자제한법」도 당연히 그 취지에 맞게 제정되어 있음을 강조하면서, 이 규칙을 지키지 않고 고리를 탐하는「탐욕의 무리」들에 의해 많은 빈민들이 고통을 당하고 있다고 보도하기도 했다.
132)『埼玉県史・資料編 23』93頁
133)『山梨日日新聞』明治17年11月13日

제 2장 치치부에 있어서「근대」사상의 문제 111

는 거부(巨富)를 축적한 고리대업자134)도 있었을 정도였다.

생사가격의 급락과 고리대자본의 횡포는 결국 농민들의 최후의 도박마저 물거품으로 만들어 버렸다. 그로 인해 차입금(借入金)을 둘러싼 농민 측과 고리대업자와의 갈등도 깊어져 갔고, 동시에 각지에서 농민들의 동요도 심해졌다. 이러한 사실은 당시의 언론에도 집중적으로 보도되어, 예를 들면 간라군(甘樂郡)의 스가와라무라(菅原村)에서는 「빈민들이 채주의 독촉에 시달리다 그 고통을 벗어나기 위해 힘을 모아 빈민사(貧民社)를 설립하여 관의 처분을 두려워하지 않고 채주와의 담판을 시도하였지만 관의 엄격한 조사를 받아 해산」135) 하는 상황도 발생했고, 양잠·제사의 근대적 발상지였던 도미오카(富岡)지역에서는 「인민들이 부채로 인해 봉기의 조짐을 보이고 있다」136)는 내용이 크게 보도되기도 했다. 이러한 움직임은 이 무렵 양잠지대에서는 거의 일반적으로 나타난

---

134) 秩父事件 당시 총리의 자격으로 치치부곤민군을 이끌었던 다시로 에이스케(田代栄介)의 심문조서에 의하면 「원래 이나바(稻葉貞助)라는 자는 빈민이었지만, 악덕 고리를 일삼아 불과 20년 만에 5만엔의 돈을 모았고, 이런 자들에 의해 오늘날 빈민들이 발생하게 되었다」고 언급하고 있다. 井上幸治外編 『秩父事件資料集成』 第1卷 二玄社 1984, 41頁. 당시 고리대업자들의 행태가 어느 정도였는지, 또 그들에 대한 일반 민중들의 원망(怨望)이 어느 정도였는지 쉽게 가늠할 수 있는 사실이다.
135) 『郵便報知新聞』 明治16年3月26日
136) 『朝野新聞』 明治16年3月24日

현상이었다. 특히 일본의 근대사에서도 「메이지 17년, 원래 너는 악마인가 아니면 궁핍한 귀신인가」[137]라고 불렸을 만큼 불황이 심했던 1884년에 이르러서는, 농민의 피폐와 고리대의 횡포가 정점에 달해 양자의 대립도 극히 첨예하게 전개되어 갔다.

2) 하강하는 「근대」의 논리와 「인정(仁政)」의 요구

미증유의 물가변동과 고리대의 횡포, 그리고 과중한 각종 세금[138] 등으로 인해 농민 측의 핍박상태는 하루가 다르게 도를 더해 갔고, 각 가정에서는 「부자와 형제자매가 뿔뿔이 흩어져 길거리를 방황」[139]하는 사례가 속출할 정도로 지역사회자체가 붕괴되고 있었다. 하지만 이에 대한 당국의 대응은 의외로 매우 냉소적이었다. 당시 당국의 견해를 보면 「사이타마현하의 서쪽 제 군 가운데 처음부터 양잠 제사업에 종사한 곳은 치치부군 뿐이었다. 그런데 치치부제사업은 오

---

137) 『日本立憲政党新聞』 明治17年12月28日
138) 당시 촌민들은 세금・촌비(村費)・협의비・학교비 등 각종의 세금에 시달리고 있었고, 그 세금의 독촉을 피하기 위해 「백방계획」을 세웠다고 한다. 그 중에서도 세금부과를 피하기 위해 집을 버리고 노숙을 하거나 마을을 전전하며 피해 다닌 농민들이 특히 많았다고 한다.
  『埼玉県史・資料編 23』 74頁 参照
139) 「酒税減額・地租納期改正・紙幣増発の建言」『埼玉県史・資料編 19』 所収、338頁

로지 구관에 집착하여 개량을 제대로 하지 못한 탓에 시장에서 좋은 가격에 팔리지 못했다」140)라는 기록이 있다. 치치부의 양잠농가가 독점적 지위를 구가하고 있다는 사실에 스스로 안주하여 끊임없는 자기혁신에의 노력을 게을리 함으로써 오늘의 사태를 맞이했다는 주장이다. 또 당시 일부식자층에서도 「지난 16, 17년 두 해는 농정이 부실하고 개량하는 기관 또한 갖추어져 있지 않았고 기후마저 불순하였는 데도, 군민의 다수는 메이지 14, 15년 무렵의 생사의 고가에 취해 사치함을 멈추지 않았다. 이로 인해 중류 혹은 그 이하에 이르러서는 생활이 극히 궁핍해졌다」141)고 지적하면서, 농민들의 직접적인 몰락을 초래한 원인을 경제·사회적인 요인에서 찾기보다는 농민들의 검소하지 못한 생활태도에 보다 더 비중을 두고 있었다.

이들 일부 당국자들과 식자층의 견해를 보면 생사(生糸)가격의 급변을 포함한 경제 환경의 변화, 근대적인 금융제도의 미비, 자연조건의 문제, 행정당국의 장려정책의 허실과 위기대응능력의 부재 등, 실질적인 요인들은 거의 도외시 한 채 오로지 곤궁의 원인을 농민 측의 문제로만 간주하고 있었다. 이는 당시 당국자들의 대 민중관의 일단을 엿보게 하는 것

---
140) 『農業顚末』(農商務省編)『埼玉県史·資料編 21』所収、241頁
141) 井上幸治外編『秩父事件資料集成』第6巻、10頁

으로서, 그들이 얼마나 민중들을 우매한 존재로 취급하고 있었는가를 쉽게 느낄 수 있는 사례이다. 이러한 우민(愚民)관의 표출은 행정당국자들에서만 나타난 것이 아니라 대차관계를 둘러싼 고리대와 농민들의 재판과정에 있어서도 그대로 드러났다.

당시 고리대들은 모든 수단을 동원해 부채를 독촉하면서도 더 이상 농민들이 부채를 변제할 여력이 보이지 않으면 즉각 재판으로 몰고 가는 수법을 취했다. 이를 당시 한 언론은 「사방팔방의 압력으로 인해 목조차 돌릴 수 없는」[142] 상황이라고 묘사하기도 했지만, 증거만을 중시한 민사재판관들은 실제 궁민(窮民)들의 숨통마저 끊어버리듯 가혹한 판결만을 내렸다. 재판관들은 이자제한법에 의해 정해져 있는 연리 2할의 규칙이라든가, 고리대의 무자비한 음모, 대차관계에 있어서의 전통적인 관행 등에 대해서는 조금도 고려를 하지 않고 오로지 「일단 승낙하고 나서 빌린 이상 빨리 변제해야 한다」[143]는 명령을 내리거나 혹은 파산선고처분만을 일방적으로 내릴 뿐이었다. 시대는 이미 근대적 사유권의 입장에서 채권자를 옹호하는 방향[144]으로 흘러가고 있었고, 채주들도

---

142) 『絵入自由新聞』 明治17年11月18日
143) 井上幸治外編 『秩父事件資料集成』 第6巻、92頁
144) 稲田는 1884년 사이타마현하에서의 질지(質地)회복소송에 있어서의 대심원판결의 예를 들어, 메이지 전기에 있어서의 소송은 처음에만 관행

그 흐름에 편승하는 민첩함을 보이고 있었기에 부채농민들은 그저 당할 수밖에 없었다145).

농민들에 가해진 난폭한 「근대」의 논리는 소작료 부분에 있어서도 예외는 아니었다. 사이타마현 기타가사이군(北葛飾郡) 마에타니무라(前谷村)의 경우는 작은 마을로서 호수도 17, 8호 정도에 지나지 않았고, 그것도 모두가 근처의 6개 마을의 연합호장(戸長)을 역임하고 있던 무네고로(宗五郎)의 전답을 경작하며 먹고 살았다. 그런데 1883(明治16)년이 되어 지주가 올해는 풍작이니 「종전의 한석(一石)에 한말을 더해 납입하라」는 명령을 내렸다. 그러자 농민들은 놀라움을 감추지 못한 채 「비록 올해는 풍년이었지만 비료 값도 급등하였을 뿐만

을 고려한 판결이 이루어지기도 했지만, 점차 정부가 제출한 토지법령에 따르는 입장이 강화되었고, 1884년을 전후로 해서는 명확하게 그러한 방향으로 전개되었다고 한다. 마츠가타디플레의 시기에 토지를 둘러싸고 종래의 관행과 메이지정부의 근대적 토지법이 격심한 충돌을 일으켰지만, 결국 전자가 후자에 의해 완패를 당하였으며, 그리고 그 드라마틱한 전개가 이루어졌던 곳이 바로 관동지방과 그 일대였다고 한다. 稲田雅洋『前揭書』155~160頁 參照

145) 고리대의 압박과 민사재판을 통해 저당 잡힌 땅을 빼앗기고 그리고 파산선고마저 당한 궁민들의 실태는 사이타마현이나 치치부군만의 문제는 아니었다. 가나가와(神奈川), 나가노(長野), 군마(群馬)현 등 양잠지대에서는 거의 공통적으로 나타난 현상이었다. 특히 가나가와현에서 고리대가 집중해 있던 하치오지(八王子)주변의 미나미타마(南多摩)군의 경우에는 135쵸손(町村) 가운데 121쵸손이 부채를 안고 있었고, 부채 총액은 1,584,507엔에 이르렀다고 한다. 이 금액은 동군의 지가의 57.9%에 해당하는 금액이고, 당시 가나가와현 재정의 약 3배에 해당하는 금액이었다고 한다.『神奈川県史・通史編 4』1980、440~441頁 參照

아니라 쌀 값은 오히려 미증유의 폭락을 보이고 있는데 한 석에 한말을 더해 납입하라면 우리들의 실정을 고려하지 않는 강욕무자비한 처사」146)라고 반발하며 집단교섭으로 이를 돌파하려고 했다. 이들의 움직임은 일단 실패로 끝나고 말았지만, 지주와 소작민들의 관계에 있어서도 사유재산권을 강화한 근대의 논리만이 오로지 횡횡하고 있었다.

고리대의 가혹한 독촉과 민사재판의 일방적인 판결, 그리고 이를 뒷받침하는「근대」의 논리에 속수무책으로 당한 빈민들은 지역의 질서회복을 위해 마지막으로 자신들의 간절한 뜻을 담아 경찰서와 군청 등에 고리대의 설득을 애원해 보았다. 이 선택은 이미 다른 지역에서도 자주 행해지고 있던 방법147)이었기에 치치부의 부채농민들에게 있어서도 마지막으로 시도해 볼 수 있는 합법적인 수단이었다. 그들의 청원은 당국이 더 이상 고리대들의 잔인무도한 악덕행위를 방치하지 말아 달라는 것이었다. 비록 사유재산이 근대 법에 의해 보장되어 있다 하더라도 부정한 방법으로 부를 축적한

---

146)『自由新聞』明治16年12月18日
147) 예를 들어 군마현 기타간라군(北甘楽郡)이나 다코군(多胡郡)과 같은 경우에는「생산회사나 그 외 부채가 있는 자는, 최근 금융압박이 실로 극도의 곤란한 상황으로 치달아, 변제연기를 신청하기 위해 채주에게 수천명이 동시에 몰려가고 싶어도 여의치 않아, 만약 많은 사람이 동시에 가는 것이 바람직하지 않다면 소다이(総大)를 뽑아 연기를 신청」하겠다는 뜻을 촌민들이 군청에 제출하는 등, 각지에서 군청 등에「인정(仁政)」을 요구하는 움직임이 일어났다.『朝野新聞』明治16年3月28日

이상, 그러한 행위는 당국에 의해 제지받아 마땅하다는 것이 농민들의 입장이었다. 이것은 바로 전통적으로 지배계급이 담당해 주었던 인정(仁政)의 관행으로서, 아무리 시대가 바뀌어도 농민들의 의식 속에는 항상 흐르고 있었던 통념이었다. 그러한 관행이 마츠가타디플레라고 하는 최악의 상황 속에서 다시 농민들의 의식세계에서 되살아 난 것은 어찌 보면 너무나 당연한 일이었다.

그러나 부채농민들의 마지막 희망은 당국의 무성의와 억압적 태도로 인해 완전히 물거품이 되고 말았다. 당국자들은 농민들의 애절한 청원을 조금도 헤아리려 하지 않았다. 오히려 부채농민들이 최후의 합법적 수단을 통해 확인한 것은 인정회복에의 희망은 커녕 최저한의 인도적인 희망조차 통용되지 않는, 그리고 자신들의 힘으로서는 도저히 극복할 수 없는 현실적 한계와 왜곡된 사회구조였다. 그것을 뒷받침하듯 채주들은 권력의 힘을 방패삼아「점점 힘을 얻어 멋대로 독촉장을 남발하면서 부채농민들을 압박」[148]해 갔다. 부채농민들은 무원고립의 상태에 빠진 반면, 유산자들은 권력의 비호아래 위세를 떨치고 있는 모습이 역력했다. 선과 악의 분별조차 할 수 없는 난세의 세상이 펼쳐지고 있는 가운데 부채농민들은「굶어죽기를 기다리든지 아니면 나아가 도둑질

---

148) 大村進『田中千弥日記』(前揭書)、588頁

을 하든지 양자택일을 해야 하는 절박한 상황」149)으로 내몰렸다. 이로 인해 일부지역에서는 빈민들의 중론을 모은 경고문이 나돌아 다니기도 했다.

1884년 9월에 「천유문(天諭文)」이라는 이름으로 공개한 그들의 주장은 「너희들 채주들은 들으라, 눈이 있으면 보고 평상심을 갖고 우리가 주장하는 바를 따르라. 너희들은 엄동설한에 발가벗어 보라, 그리고 스스로 그 견디기 어려운 한기를 느껴보라. …그 고통을 알고 타인에게 베풀지 않으면 동포형제의 의무를 결여하는 자라고 할 수 있다」150)는 내용이었다. 「형제동포」의 의무에 호소한 최후의 외침이었지만 채주들의 반응은 꿈적도 하지 않았다. 채주들은 오히려 「천계문(天戒文)」이라는 이름으로 「너희들 우민을 선동하는 수괴들은 들으라, 눈이 있으면 보라, 너희들은 스스로 사치하여 곤궁에 빠졌고 이로 인해 채주를 미워하다 이제는 우민을 선동하여 힘으로 압력을 가하고, 이로써 부채를 해소하려고 하니 이 어찌된 인간들인가」151)라고 반론하면서 부채농민들의 마지막 경고를 일언지하에 묵살하였다. 채주들은 부채농민들의 최후의 호소와 경고의 메시지를 「선동」「우민」「완력」

---

149) 『時事新報』明治17年 11月 21日
150) 『埼玉県史・資料編 23』所収、93頁
151) 『埼玉県史・資料編 23』所収、92頁

등으로 치부하면서 모든 책임을 오로지 부채농민들에게 전가하는 입장을 견지할 뿐이었다.

고리대의 끝없는 탐욕과 그를 뒷받침하는 근대의 논리, 이제까지는 상상조차 할 수 없었던 고통과 고독감을 맛본 부채농민들은 전통적인 공동체의 논리를 지탱해 왔던 「덕의(德義)」의 논리가 이제 더 이상 합법성으로 무장한 「근대」의 논리를 극복할 수 없음을 깨닫기 시작했다. 농민들에게 남은 최후의 선택은 「천하의 정치를 바로잡고 인민을 자유롭게 하는」것, 그리고 「아사(餓死)의 빈민을 황금의 노예로부터 해방」하는 방법을 어떻게 선택하느냐 하는 것뿐이었다. 그리고 궁극적으로는 「가록(家祿)재산을 평균」하여 사회평등을 실현하고 나아가 「자유의 낙원을 지상에 건설」하는 것이었다152). 그 과제를 어떠한 방법으로 이룩할 것인가, 그 처절한 선택만이 남아 있었다. 그 과정에서 당시의 자유민권운동과 그 사상적 배경은 치치부농민들에게 있어 자신들의 억압적 세계를 해소해 줄 수 있는 새로운 희망으로 떠오르며 농민들의 의식세계를 파고들기 시작했다.

---

152) 大村進『田中千弥日記』(前掲書)、579頁 및『秩父事件資料集成』第6巻、231頁

3. 근대사상으로서의 자유민권사상과 치치부

1) 민권운동가의 「자유민권」관의 성격

근대국가의 출발과 함께 서구사회로부터 유입된 자유민주주의 사상이 자유당을 축으로 하는 자유민권운동에 적극적으로 도입됨에 따라 민권운동가들은 언론의 자유, 출판·집회·결사의 자유를 포함해, 다양한 자유의 권리를 청원건백(請願建白)을 통해서 혹은 저작이나 신문·잡지 등을 통해서 폭넓게 주창하게 되었다. 그 과정에서 민권운동은 운동의 담당주체를 달리하면서 전국적으로 확산되어 갔고, 나아가 일본근대국가 형성기의 천황제국가사상체제와는 패를 달리하는 하나의 새로운 사상운동으로 주목받기도 했다.

이 무렵 자유민권운동이 주창한 「사상의 자유」나 「인권의 권리」 등은 그 의미에 대한 각 사회주체의 이해정도와는 상관없이 시대적 조명을 받으며 개명(開明)적 지식인들을 사로잡기 시작했다. 특히 「자유」라는 개념은 메이지 10년대의 후반기에 접어들어서는 시대를 대변하는 사상적 특징으로서 중요한 의미를 갖고 일본사회에 전파되어 갔을 뿐만 아니라, 광범한 민중들에 있어서는 「해방환상」으로서의 특징을 갖고 「법이나 제도의 차원을 넘어 다양한 사람들의 아모르프한 원망에 호소하여 "모든 것이 가능하다"고 선동하는 이 시대의 특유의 선동적 이미지」153)로 받아들여지기도 했다.

실제 일상성에 나타난 자유관과 그에 대한 당시 민중들의 반응을 전하고 있는 신문들의 보도를 보면 민권운동과 그 사상적 영향에 의한 파급효과가 매우 광범위하게 전개되어 있었다는 사실을 확인할 수 있다. 하지만 자유민권운동의 지지기반의 변화와 함께 한 시대를 규정하며 많은 사람들의 의식 속에 새로운 가능성을 안겨주었던 자유민권사상도 그 이해나 실천에 있어서는 민권운동가와 일반민중 사이에는 커다란 인식의 차가 존재하고 있었다. 예를 들면 초기 민권사상을 체현하고 주로 그 운동의 담당자였던 사족(士族)민권가들의 사상의 일단을 보면 「귀천존비」와 같은 봉건적인 관념은 부정되고 있기는 하지만, 인간의 자유평등의 문제나 인간의 자립의 문제 등이 「스스로의 다스림에 의해 시작되고, 이로써 스스로 자립하도록 노력」하는 것이라든가 혹은 「인내하며 좌절하지 않는 것」 「인간은 모름지기 근면」해야 하는 것이라는 등의 매우 정신적·관념적인 형태로 이해되고 있었다.

그들의 관념적 자유관은 민권의 기반이 확대되어 가는 메이지 10년대에 있어서도 그다지 변하지 않았다154). 이 무렵

---

153) 安丸良夫「困民党の意識過程」『思想』726号 1984、92頁
154) 이에 대해서는 1880년(明治13)의 애국사의 기관지로서 자유민권사상을

민권사상의 계몽에 앞장섰던 『愛国新誌』 등의 논조를 보면 (제 8호의 「민권가의 행위를 논한다」), 「백번을 꺾어도 굴하지 않고 오로지 스스로 노력하고 스스로 격려하여 이로써 자유를 획득하라」고 주장하면서도 「자유의 획득」을 자기단련이나 극기에 의해 성취할 것을 주창하고 있다. 또 산타마(三多摩)지방의 자유민권가로서 이름을 떨친 요시노 타이조(吉野泰三)의 경우는 「자유는 하늘이 인민에게 부여하는 것이다. 따라서 인민에게 자유 없는 나라는 망하고, 자유 있는 나라는 흥한다」고 하면서도, 자유의 신장은 「국가의 부강을 확충하여 세계강국과 대치」하는 것이니, 이를 위해서는 「나아가 정부에 청원하고, 다시 한번 스스로의 다스림을 정수(精修)해야 한다」는 논리로 자유관을 설파하고 있다[155].

이들의 논리를 보면 근대국가에 의해 일방적으로 가해지는 다양한 억압에 대해 인간의 자유와 평등을 지키고 나아가 근대국가의 시민으로서 정당한 권리를 주장하면서 자신들의 삶을 올바르게 영위해 가야 한다는 문제의식에는 비교적 철저했던 측면이 있지만, 한편으로는 새로운 질서체제를 저변에서부터 떠받히는 분골쇄신의 인간상을 요구하는 「자

계몽하고 민권가의 결속을 주장하는데 커다란 목적이 있었다고 하는 『愛国新誌』 『愛国誌林』 등을 보아도 그 흐름은 크게 변화하지 않았음을 알 수 있다.
155) 色川大吉外 『三多摩自由民權史料集・上』 大和書房 1979、490頁

기단련」의 논리로서 자유민권을 주장하고 있었던 측면도 부인할 수 없다. 정신의 자유와 사상의 자유라고 하는 관점에서 유럽으로부터 받아들인 자유민권사상이 일본의 봉건적 토양이 해체되어 가는 과정 속에서 광범한 민중들의 사회적 원망(願望)을 흡수한 명실상부한 근대사상의 형태로 발아(發芽)하지 못하고, 오히려 기존의 정신적 내면세계를 보다 억압하는 관념적인 형태로 변질되어 수용되고 있었던 것이다.

이러한 결과는 우선 광범한 민중들로 하여금 자신들의 일상생활에 있어서 자유사상이 내포하고 있는 본질적인 의미를 이해하는데 곤란함을 초래하게 만들었고, 나아가 자유사상을 충분히 이해하여 자신들의 일상성에서 그것을 제대로 살려가지 못하는 민중들에 대해서는, 시대의 낙오자로 추락시키며 그 가치를 자신들만 독점하는 반민중적 지식인상을 노정(露呈)하는 형태로 나타났다. 이로 인해 양자는 자유민권사상의 실질적인 가치를 공유할 수 있는 기반을 확보해 가지 못한 채 서로간에 매울 수 없는 골만 형성해 버렸고, 그 폐해는 실제 메이지 10년대 중반 이후의 곤민당(困民党)사건 등에 그대로 반영되어 나타나기도 했다. 이 무렵 민권사상에 심취해 있던 지식인이나 민권운동가들에게 나타난 이러한 사상적 한계는 산타마(三多摩)지역의 언론가이자 민권운동가로서 활약한 스에히로 시게야스(末広重恭)의 사상을 통해서도 우선 확인할 수 있다.

그가 당시 신문에 기고한 「자유의 설」에 의하면 「자유라고 하는 것은 우리가 이루고자 하는 것을 이루는 것이고, 행하고자 하는 것을 행하는 것이며, 타인으로 인해 방해받지 않는 것을 말한다」고 하면서, 「자유의 권리」에 대해서는 「재산 권리를 공고히 하지 않는다면 우리의 행복은 과연 무엇이겠는가. 그런 까닭에 우리는 말한다. 우리의 최대의 행복은 자유를 외면하는 자 없이 자유롭게 행동하고 자유롭게 토론하고 자유롭게 숨쉬며, 이것을 타인으로부터 방해받지 않는 것」이라고 언급했다. 여기서 그는 인간으로서 살아가는 권리를 향유함에 있어서 「재산권리」를 확고히 하는 것이 얼마나 중요한 일이며, 이를 위해 자유 권리를 확보하는 것이 얼마나 긴요한 사항인가를 역설하고 있다.

그럼에도 불구하고 그는 자유의 권리를 향유하고 민권의 신장을 가능하게 할 수 있는 자는 「신체의 중요함을 알듯이 재산을 존중할 수 있는 자」들이고, 그런 자격을 보유하고 있는 자만이 「사회의 사업을 담당하고 인민의 권리를 확장」할 수 있다고 주장하였다. 따라서 「가난한 서생」들이 아무리 「국회를 일으키고 자유는 선혈로 얻지 않으면 안 된다」라고 주장하더라도, 그것은 오로지 「기아를 면하는 것을 기뻐할 뿐」이고 「신체자유의 귀중함」을 모르는 자들의 「부심객기(浮心客

氣)」에 지나지 않는다는 것이다156).

 영국의 사상가 러스키는「원래 자유는 민중의 경의에 의해 비로소 그 존재를 완수한다」157)고 언급했지만, 산타마(三多摩)지역에 있어서의 민권의 서곡은「자유를 중시하는 감정은 결코 빈민사회와 동일하지 않다」는 난폭한 논리로 시작되었을 뿐이다. 후쿠시마(福島)현의 평민 시토미 신타로(師富進太郎)가 1882년(明治15) 12월에 제출한 건백서에서 민권가들이 「자유를 존중해야 함을 알면서 민의의 중함을 모르고, 민권의 확장은 알면서 민의를 알기 위해 노력해야 한다는 사실은 모른다」158)고 지적하고 있는 것처럼, 이렇게 민권가들의 민권사상은 언제나 민중들과의 일선을 그은 상태에서 전개되고 있었다. 민권운동가들이 주장하는 사상체계를 저변의 민중들이 있는 그대로 이해하기는 어렵다하더라도, 대다수 민중들의 지지에 의한「민권운동」으로 승화되지 않는다면 근대 시민사회에의 전망이나 성숙 또한 쉽지 않은 현실이었다.

 게다가 인간에 있어서 자유권리의 획득이 "유산자"만의 것이라는 논리로는 광범한 민중과 함께 전제정부에 대항하는 강력한 대중정치투쟁으로서의 민권운동의 생명력도 결코

---

156)『朝野新聞』明治13年 10月 20日
157) 飯坂良明訳『近代国家における自由』岩波文庫 1974、35頁
158)『三多摩自由民権史料集・下』(前掲書) 999頁

확보할 수 없는 일이었다. 그로 인해 민권운동은 담당주체의 변화로 인한 지지기반의 확산에도 불구하고 광범한 민중들을 결집할 수 있는 정치목표를 제시하는데 실패했을 뿐만 아니라, 민중들의 현실적 원망을 반영하여 그것을 실천하려고 하는 정치운동으로 발전하는 데도 한계를 드러내고 말았다. 이러한 한계는 치치부(秩父)지역에 있어서 초기단계의 민권운동가들에게서도 예외없이 나타난 사유양식이었다.

2) 치치부에 있어서의 자유민권운동의 태동과 한계

 치치부군에 있어서 초기단계에서의 민권운동은 「국회개설」 「지조(地租)경감」 등과 같은, 비교적 정치적 요구를 실천하려고 한 군마(群馬)현 미나미간라군(南甘樂郡)의 자유당원 아라이(新井愧三郞)의 영향에 의해 시작되었다. 그리고 그의 영향에 의해 탄생한 치치부군의 최초의 자유당원은 1882년(明治15) 11월에 입당한 시모히노자와무라(下日野沢村)출신의 나카니와(中庭通所)와 가나자와무라(金沢村)출신의 와카바야시(若林真十郎)였다. 나카자와 이치로(中沢市朗)씨의 조사에 의하면 아라이(新井愧三郞)라고 하는 인물은 군마현 미나미간라자유당의 영수로서 그의 본가는 지역의 명문 호농(豪農)가이고, 치치부군의 나카니와(中庭通所)일족과는 혈연적인 관계였다고 한다[159]. 초

---

159) 中沢市朗 『自由民權の民衆像』 新日本新書 1974, 88頁

기단계에서의 치치부자유당은 바로 이런 혈연적·지연적 관계를 바탕으로 형성되었다.

아라이(新井愧三郞)의 영향으로 인해 치치부산촌에도 겨우 자유민권의 사상이 흘러 들어왔지만, 이 무렵 자유당에 입당한 치치부군의 자유당원들이 각자 어떠한 목적으로 입당했으며 무엇을 이곳에서 실천하려 했는지, 그에 대한 결과를 구체적으로 검토할 수 있는 사료는 현재 전혀 남아 있지 않다. 하지만 그 가운데에서도 「어려서부터 나카니와에게서 공부를 배우고 메이지 16(1883)년에 몰락한 은사님의 의지를 받들어 자유당에 입당했다.」160)고 하는 무라카미(村上泰次)의 경우161)를 보면, 이 무렵 치치부자유당원들의 의식세계의 일단을 엿볼 수 있을 듯하다. 치치부사건에 참여한 시모히노자와무라(下日野沢村)의 농민 가토(加藤団蔵)의 신문(訊問)조서에 의하면, 무라카미는 「자유당에 가맹하여 그 후 무라카미가 말하기를 전국에서 자유당원을 모집하고 세력을 확장하여 지조경감을 정부에 강력히 촉구할 방침」162)으로 치치부자유당을 이끌어

---

160) 土居昌造 『秩父事件を歩く―困民党の風土と人』 新人物往来社 1978、100頁
161) 그는 1883년(明治16)에 입당하여 초기 치치부자유당의 리더격으로서 활약했다.
162) 加藤団蔵訊問調書 『秩父事件資料集成』(井上幸治外編)第二巻、二玄社 1984、641頁、이하 『秩父·集成』으로 표기.
 그러나 무라카미는 자유당의 당세를 확장하기 위해 당면의 정치투쟁목표를 설정하여 치치부지역에서의 투쟁을 조직화하려고 했지만, 그

갔다고 한다.

그러나 무라카미는 유감스럽게도 젊은 투사로서의 정치적 역량을 제대로 발휘하지 못하고, 자유당내에 잠입해 있던 밀정(密偵) 테라야마(照山峻三)의 살해용의자로 지목되어 아라이(新井愧三郎) 등과 함께 체포되어 버린다163). 그의 체포는 치치부 자유당의 존재기반을 붕괴시키는 것이나 마찬가지였다. 치치부사건(1884년)에 참여한 농민들의 신문조서를 보면 그의 체포를 계기로 치치부군에서의 자유당의 움직임은 「불꽃이 꺼진 것처럼」 완전히 사라져 버렸다고 한다.

무라카미가 치치부자유당의 당세확장을 위해 동분서주한 것은 분명하나, 한편으로 그를 비롯한 자유당원들이 당세확장을 위해 지역민중들과의 교감을 확대하고 그들을 지지기반으로 지역농민들의 정서와 요구에 밀착한 형태로 정치투

의 주장에 대해 다수의 농민들은 「평소 농촌마을에는 어울리지 않은 자유를 외치고 있었」던 것으로 받아들이고 있었다.
163) 1883년(明治16) 4월에 발생한 이 사건은 군마자유당의 괴멸적 타격을 가하기 위한 정치적음모라는 설이 일반적인 견해로 남아있지만, 어쨌든 아라이(新井愧三郎)와 무라카미(村上泰次)의 체포로 인해 양 지역의 자유당은 와해상태에 빠지게 된다. 특히 무라카미가 체포될 무렵에는 치치부자유당이 때마침 오이 켄타로(大井憲太郎)의 치치부에서의 최초의 연설회가 개최되고 그 영향으로 치치부자유당의 당세가 팽창할 수 있는 초석을 다질 무렵이었다. 게다가 당원의 면면도 이제까지의 「지역유지」의 성향과는 질을 달리하는, 이른바 중·빈농층의 농민들이 다수 입당하면서, 치치부자유당이 실질적으로 지역민중의 지지를 기반으로 하는 정치단체로서 발돋움 할 수 있는 가능성이 대두된 시점이라 아쉬움이 컸다고 할 수 있다.

쟁을 단행할 가능성은 그다지 높지 않았다. 현실인식에 있어서 그들의 사유양식과 일반 민중들의 사유양식 사이에는 상당한 괴리감이 존재하고 있었기 때문이다.

무라카미는 1884년(明治17) 1월에 자유당에 입당하기 위해 자신을 찾아온 오미야고(大宮鄕)의 다시로(田代榮助, 그는 훗날 치치부곤민군의 총리를 맡게 된다)라는 인물과의 대화에서 다음과 같은 입장을 보이고 있었다. 우선 다시로가 「자유당의 주의가 무엇이냐」고 묻자, 힐끗 쳐다보며 한마디로 「자유당의 주의는 없다」고 잘라 말하면서 그를 문전박대하듯 대하였다. 이에 다시로가 불쾌감을 억누르며 「주의는 없어도 나는 자유당에 가맹하고 싶다」는 뜻을 거듭 밝히자, 무라카미는 「큰소리로 시를 두 수 읊고 나서 이것이 자유당의 주의이다」라고 대답했다164). 무라카미의 안하무인의 태도에 다시로가 격분하여 자리를 박차고 일어나면서 그의 입당은 무산되는데, 이렇게 처음부터 무라카미는 철저하게 일반민중들에 대해서는 무시하는 자세로 일관했다.

또 치치부군 사카모토무라(坂本村)의 호장으로서 무라카미와 동시기에 입당한 후쿠시마(福島敬三)165)의 견해를 보더라

---

164) 田代榮介訊問調書『秩父·集成』第一卷 1984, 44~45頁
165) 치치부의 자유당입당자의 대부분은 아라이(新井愧三郎)와 무라카미(村上泰次)와의 연에 의해 입당절차를 밟았고, 그 연장선상에서 당세의 확대가 이루어 졌지만, 후쿠시마의 경우는 예외였다고 한다. 若狹藏之

도 예외가 아니었다. 그는 마을사람들로부터 평소「대체로 자신들과 함께 생활할 자」로 비쳐지지 않았고,「부자(父子)가 굴지의 인물로서 촌민들은 부자에 좌우」166)될 정도로 학식과 명망을 갖춘 인물로 알려져 있었다. 그는 우선 민중들의 자유당입당에 대해「정치사상을 보유하고 있지 않는 자는 아무리 많아도 쓸모가 없다」고 비난한 뒤, 민중들의 정치적 세력화에의 움직임에 대해서도「적어도 귀중한 자유의 두 글자를 덮어쓰고 있는 자가 차금당(借金党)과 같은 당파에 속아 넘어 간다는 것은 우리 당의 가장 부끄러워해야 할 일이 아니겠느냐」167)고 하면서, 민중들의 정치적 집단움직임을 근본적으로 부정하고 있다. 그의 견해는「정치사상」의 보유가 무엇보다도 자유당입당의 기본조건이고, 이것을 보유하고 있지 않으면 아무리 정치적 세력화를 꾀한다고 하더라도 그 집단은「오합지졸」에 불과하다는 것이다.

이 무렵 재지(在地)자유당원의 정치이념과 민중관은 대체로 이러한 범주를 벗어나지 않았다고 보면 무난할 것이다. 신슈(信州)현 미나미사쿠군(南佐久郡) 기타아이키무라(北相木村)의 자유당원 다카미자와(高見沢薫)의 경우도 마찬가지였다. 그는 동

助「秩父事件における自由党・困民党の組織過程」『歴史評論』260号 1972、31頁
166) 田代栄介訊問調書『秩父・集成』第一巻 1984、124頁
167) 福島敬三訊問調書『秩父・集成』第一巻 1984、109頁

군에서는 비교적 빠른 1882년(明治15) 10월에 자유당에 입당하여, 중앙자유당의 정책방침에도 적극적으로 호응하였고 지역에서도 지조경감(地租輕減)의 청원건백을 행했을 정도로 지역의 자유당원으로서는 남다르게 활약한 인물이었지만, 민중들에 의한 정치적 세력화에는 철저하게 선을 긋고 있었다. 1884년(明治17) 11월, 치치부지역에서 민중봉기에 참여한 농민들이 신슈(信州)로 퇴각한 후 자신들과 함께 행동해줄 것을 그에게 요청하자, 그는 「자신은 자유당원임에는 틀림없지만, 그러한 난폭한 행위를 하는 자들과는 함께 할 사람이 아니며 자유당주의라고 하는 것도 그런 것이 아니다」168)라고 하면서 빈농들의 요구를 일언지하에 묵살하였다. 특히 농민들이 다급한 상황에서 거듭되는 협력을 요구했음에도 불구하고 끝까지 「자유당주의」와 빈민들의 주의 주장이 다르다는 것을 역설하며 자신을 그들과 동일시 할 수 없는 인물로 규정하고 있다. 이러한 사례들은 이 무렵 지역 자유당원들의 민중관이 얼마나 고압적이고 차별적이었는가를 여실히 증명해주는 일례라고 할 수 있다.

1883~4년 단계에서 지역 자유당원들의 주된 문제관심은 국회개설이나 지조경감 혹은 전제정부 전복이라고 하는 주로 정치적 과제에 집중되어 있었기에, 그 정치적 민권사상을

---

168) 高見沢薰訊問調書『秩父・集成』第三卷 1984、1042頁

일반 민중들이 이해하기는 사실상 어려웠을 것이다. 그러기에 그들은 항상 일반 민중들과 일선을 그을려고 하는 의식에 사로잡혀 있었고, 그것이 그들과 일반 민중들 사이에 서로 메어질 수 없는 인식의 갭을 낳게 된 원인이었다고 볼 수 있다. 그러나 1884년(明治17) 무렵이 되면 상황은 크게 변하기 시작한다. 소위 몰락한 중·빈농 가운데 차금거치(借金据置), 학교비폐지, 조세경감 등 민중의 일상생활과 밀접한 관련성을 맺고 있는 제 요구들을 적극적으로 반영하고자 하는 "민중적자유당원"이[169] 치치부지역에서 등장하기 시작한다.

---

[169] 牧原憲夫는 민권운동기에 민중 속에서 특정의 사상·이념에 공명하여 운동에 몸을 던진 사람들을「정치적 중간층으로 이행한 자」들로 규정하면서, 그들은 국가나 지역의 현상을 우려하여 어떻게든 민중들과 함께 하고자 하는 의식을 갖고 있었다고 한다. 하지만 그렇다고 해서 그들을「단순한 민중」으로 치부해서는 안 된다고 주장하고 있다. 또 지속적이고 조직적인 "운동"도 그들에 의해 주도될 수 있었다고 하면서 이들의 존재와 자기변화의 과정을 중시해야 한다는 시점을 제시하였다(『客分と国民のあいだ』 吉川弘文館 1999, 参照). 이러한 시점의 제시에 필자는 전적으로 동감하는 바이며, 아울러 이 무렵 당해의 정치적 상황에 대한 이해와 함께 민중들과의 일상적 가치를 공유하면서 민중들의 요구를 조직화해 가는 행동양식을 보이고 있는 인물들을 필자는 "민중적 자유당원"으로 규정하고자 한다.

4. 치치부지역에 있어서의 자유민권사상의 재편

1) 치치부자유당의 신주류세력

1884년(明治17) 3월 13일, 도쿄에서 개최된 자유당 춘기대회에 사이타마(埼玉)현에서는 8명의 자유당원이 출석했다. 이 가운데 치치부자유당원의 자격으로 참가한 자는 무라카미 타이지(村上泰次), 아라이 젠파치(新井源八), 다카기시 젠키치(高岸善吉), 가토 젠조(加藤善蔵) 등 4명이었다. 이 춘기 대회 이후 치치부자유당의 당세는 급속히 확산되어 갔다(표①②참조*).

[표① 사이타마(埼玉)현의 자유당 입당자 현황]

入党時期 \ 郡名		秩父	北埼玉	北足立	榛原	入間	北葛飾	南埼玉	旗羅	大里	児玉	小計
明15年 11月頃	士 族	0	0	0	0	1	0	0	0	0	0	1
	平 民	2	15	17	15	1	9	3	0	0	0	62
明16年	4月	7	0	0	0	3	0	0	0	0	1	11
	10月	1	1	0	0	0	1	4	0	1	0	8
明17年 5月頃		20	0	0	0	0	0	0	5	0	0	25
不 明		0	4	0	1	7	0	0	1	0	0	13
寄 留		0	0	1	0	0	0	0	0	0	0	1
合 計		30	20	18	16	12	10	7	6	1	1	121

[표② 치치부(秩父)자유당원의 입당순서]

입당년원일	성 명
明治 15年 11月 9日	中庭通所、若林真十郎
明治 16年 3月 2日	福島敬三
明治 16年 4月 6日	村上泰次、小暮和十郎、若林哲三、若林仙太郎、若林よね、新井うめ
明治 16年 6月20日	設楽嘉市
明治 17年 3月20日	斎藤準次
明治 17年 3月23日	高岸善吉、坂本宗作、落合寅市、加藤善蔵
明治 17年 5月18日	新井蒔蔵、若林栄蔵、新井源八、加藤角二郎、新井紋蔵、田村喜蔵、田村竹蔵、小暮中次郎、柳原類吉
明治 17年 5月20日	新井寅五郎、田村喜重、竹内吉五郎
明治 17年 5月22日	新井国蔵
明治 17年 5月28日	井上伝蔵、新井吉太郎

* 본 표는 『自由党員名簿』(明治史料研究連絡会, 1955)에서 발췌작성

그 배경에는 물론 대회에 참가하고 돌아온 그들의 적극적인 조직 활동에도 큰 영향을 받았지만, 한편으로는 1884년(明治17) 2월에 열린 오이 켄타로(大井憲太郎)의 치치부에서의 최초의 연설회가 적지 않은 영향을 미쳤을 것으로 여겨진다. 자유당좌파의 대표격인 오이의 연설내용은 기록으로 남아

있지 않지만, 당시의 연설회 장면을 보도한 신문에 의하면 각 지역에서 많은 민중들이 참가하여 경청한 것으로 기록하고 있다. 당시 산타마(三多摩)지역에서는 연설회가 자주 열려 일반 민중들의 정치의식을 고양시키는 중요한 역할을 담당했다. 특히 연설회를 둘러싸고 국가권력과 연설자나 일반 민중들 사이에는 엄청난 긴장관계가 형성되어 연설회장은 언제나 독특한 긴장감이 감돌고 있었다고 한다170). 연설회를 통해서 확산되는 민권운동의 전개는 정부 측의 엄격한 감시와 탄압에 직면하게 되지만, 연설회장에서 양성되는 독특한 분위기는 정부 측의 철저한 감찰과 탄압에도 불구하고 「전국 어디서나 지방을 불문코, 어떤 집회를 불문코」171)민중들

---

170) 安丸는 자유민권운동의 정치사상을 언론이라고 하는 수단을 통해서 실현하려고 했을 경우, 그 주요한 운동형태가 연설회였다고 지적하면서 이 연설회가 일반민중으로부터 새로운 정치문화를 잉태시키는 중요한 장(場)이었음을 밝혔다. 그의 분석에 의하면, 연설회라고 하는 것은 국가권력과의 대립과 긴장의 관계가 연설을 중지시키는 권한을 갖고 있는 경찰관의 임감(臨監)이라고 하는 형태로 구현하는 장이었기 때문에, 참가한 사람들이 경험하려고 하는 것은 반드시 연설자의 논지 그것이 아니라, 그 대립과 긴장의 장에서 양성되는 연극적 흥분이었다고 한다. 따라서 연설회에서는 임감경찰관의 중지명령을 최대한 피해가면서 연설을 행하는 것이 요구되어졌고, 혹은 외국의 사례를 인용하거나 비유나 은유를 통해 전제정부를 비판하는 웅변이 필요 하였다고 한다. 이런 형태가 참가자들로 하여금 갈채를 받게 만들었고, 그것이 다시 연설자를 격려하는 형태가 되면서 연설회의 독특한 분위기가 형성되었다고 한다. 安丸良夫「民衆運動における『近代』」『民衆運動』(安丸良夫・深谷克己編) 所収 岩波書店、1989 参照
171) 末広重恭の演説文「民情の如何を知れ」『民衆運動』(前掲書) 所収、187頁

로부터 많은 갈채를 받았다고 한다.

　실제 당시 연설회장의 상황을 전하고 있는 신문보도 내용을 보면「어느 곳에서나 박수갈채가 산을 무너뜨릴 정도」,「박수소리와 함성이 장 내외에 울려 퍼지고」,「남녀노소 구름처럼 모이고」 등의 기사들이 줄을 잇고 있다. 연설회에 참여한 민중들은 연사들이 토로하는 압제정부에 대한 강한 비판적 내용들을 들으면서 간접적이지만 정부비판에의 퍼포먼스에 취하기도 하고, 혹은 대리만족을 얻기도 하면서 나름대로의 흥분을 만끽할 수 있었던 것이다. 연설회장에서 축적된 민중들의 이러한 다채로운 경험은 당시 일반 민중들에게 있어서는 사회정세판단에 대한 가치기준을 제시하면서, 권력기관에 대한 저항의식을 싹트게 하는 중요한 전기를 마련하는데 일조했다고 볼 수 있다. 그런 가능성이 바로 치치부에서의 현실로 나타난 것이다.

2) 치치부자유당의 신주류세력의 사유양식

　전술한 표에서도 확인할 수 있듯이 1884년 3월과 5월 사이에 치치부자유당에는 전례없이 대거 20명의 자유당원이 새롭게 탄생했다. 불과 두 달 사이에 잇따라 입당한 이들 자유당원들은 이전의 자유당의 주류를 이루고 있던 호농이나 지주층과 같은 지역의 명망가들이 아니라, 마츠가타(松方)디플레하에서 경제적 궁핍에 허덕이고 있던 중·빈농 출신자들이 대부분이었다는 점에서 치치부자유당의 칼라를 급변시키는 전기가 되었다. 이들 가운데 사카모토(坂本宗作)는 농촌의 불황이 극심한 상황에서도 고타마경진사(児玉競進社)가 주최한 사립공진회(私立共進会)에 자신이 생산한 고치를 출품하여 가미요시다무라(上吉田村)에서는 홀로 우등상을 수상하였고, 다카기시(高岸善吉)의 경우는 견사 가운데에서도 가장 상등품이라고 하는 산고치의 생산기술을 배우기 위해 직접산지를 방문하여 기술습득에 도전하는 등 지역에서는 매우 훌륭한 양잠농민들이었다[172].

이들의 사상이나 사고방식, 그리고 행동양식 등은 여타 양잠농민들과는 남다른 데가 있었다. 사회정세에 대한 나름대로의 분석능력도 있었고 문제해결에 대한 행동방식도 매우 실천적이었다. 예를 들어 다카기시(高岸善吉)의 경우는, 사카모토(坂本宗作), 오치아이(落合寅市) 등과 함께 1883년(明治16) 12월에「빈곤을 구제하기 위해 치치부 군청(郡役所)에 고리대영업자에 부채 거치 연부 상황의 청원」[173]을 행하면서 농민들이 처해있던 고통을 해소하기 위한 구제활동을 전개하기도 했다. 군청이나 재판소를 상대로 한 그들의 청원활동은 모두

---

172) 中沢市朗『前掲書』37頁
173) 坂本宗作訊問調書『秩父・集成』第二巻 1984、365頁

무위로 끝나고 말았지만174), 이미 그들은 지역의 농민들의 실정을 정확히 파악하여 자신들이 해야 할 가장 중요한 현안이 무엇인가를 인식하고 있을 만큼, 지역민들의 현실적 문제에 깊은 관심을 표명하면서 그것을 실제 행동으로 옮기는 모습을 보이고 있었다. 오랜 기간 지역의 민중과 밀착된 생활을 보내고 있었던 만큼, 농민들의 고통스런 생활상을 접하면서 그들 나름대로의 민권사상, 예를 들면 "부채로부터의 자유" "중세(重稅)로부터의 자유" "압제정치로부터의 자유"라고 하는 사상적 실천을 중시하고자 하는 의지가 매우 강한 그룹들이었다.

이 무렵부터 그들은 부채에 허덕이고 있는 농민들을 구제하기 위해서는 지금의 사회정세가 어떠한 형태로든 변해야 한다는 사실과 함께 그 변화의 흐름을 자신들이 주도해야 한다는 생각을 하기 시작했다. 그 배경으로 이로카와 다이키치(色川大吉)씨는 그들이 통속도덕(通俗道德)의 진지한 실천자였다는 사실에 주목하여 「민중의 모럴=통속도덕을 누구보다도 충실히 엄격히 실천해온 자기규율을 갖고 있는 사람들이었기 때문에 자신의 밖=사회에 대한 확신을 갖고 날카로운 비

---

174) 이로카와의 연구에 의하면, 이들의 청원활동은 계속되었지만 호장이 날인을 거부하는 방식으로 방해를 하였기 때문에 정식 청원절차를 밟지 못한 채 모두 기각되었다고 한다.
色川大吉 『明治の文化』 岩波書店 1970、186頁

판자」175)가 될 수 있었다고 지적하고 있다. 변화를 위한 구체적인 움직임이 형성되기 시작한 상황에서 그들의 눈앞에 등장한 것이 바로 자유당의 강렬한 메시지였다. 반체제의 상징적 존재였던 자유당과 그들의 활동 및 연설회 등에서 체험한 전제정부에 대한 비판적 언설 등이, 자신들의 움직임에 스스로의 정당성을 부여할 수 있는 계기로 작용했던 것이다. 다카기시(高岸善吉) 등의 움직임을 구체적으로 추적해 보면 이러한 추측을 뒷받침 할 수 있다.

다카기시가 자유당에 입당한 것은 정식으로는 1884년(明治 17) 3월 23일로 기록되어 있다. 하지만 그는 이미 3월 13일에 개최된 자유당 춘기대회에 치치부자유당의 대표로서 참석하고 있다. 이것은 다카기시가 공식적인 입당발표를 하기 이전부터 자유당의 중요당원으로서 활동을 시작하고 있었다는 것을 의미한다. 그렇다면 그의 자유당입당의 계기는 오이 켄타로의 치치부에서의 연설회 전후나, 혹은 전년도의 12월에 시작한 지역에서의 청원활동의 전후라고 할 수 있다. 그가 입당을 결심하게 된 동기와 시기를 명확히 확인할 수 있는 근거는 남아있지 않지만, 그가 춘기대회를 마치고 돌아와서 오치아이(落合寅市), 사카모토(坂本宗作), 이노우에(井上善作), 아라이(新井悌次郎), 가게야마(影山久太郎) 등과 함께 춘기대회의

---

175) 色川大吉『前揭書』18頁

보고를 겸한 비밀회의를 열어, 동지들과 혈판맹약(血判盟約)을 교환하며 새로운 결의를 다진 것만 보더라도 그가 자유당에 입당하고자 하는 뜻을 갖고 있었던 시기는 비교적 이른 시기였다고 할 수 있다176). 동기와 시기는 어쨌든 그들이 혈판맹약의 비밀회의를 개최한 것은 일단 자유당원이라는 이력을 획득한 이상, 정의사회의 구현을 위해 그에 걸맞는 책임 있는 행동을 하고자 하는 결심을 굳혔기 때문이다. 이 비밀회의에서 결의된 맹약은 다음의 5개조로 되어 있다177).

一 우리들은 일본국에 있는 압제(圧制)관리를 처단하고 바른 사람을 세울 것을 노력한다.
二 우리들은 전조의 목적을 달성하기 위해 사랑하는 친자형제처(親子兄弟妻)와의 관계를 끊고 생명재산을 버린다.
三 우리들은 상담을 통해 모든 것을 결정한다.
四 우리들은 밀약을 발설하는 자는 살해한다.
五 위의 계약은 우리들의 정심(精心)으로서 하늘에 맹세하고 생사를 걸고 지킨다.

---

176) 다카기시가 자유당입당에의 뜻을 품기 시작한 것은 비교적 이른 시기였다고 할 수 있지만, 그 직접적 계기가 된 것은 1883년 12월의 청원활동의 경험과 그리고 오이의 치치부지역에서의 연설회의 영향이 결정적이었다고 볼 수 있다.
177) 井出孫六『秩父困民党群像』教養文庫 1986、45頁

제 2장 치치부에 있어서 「근대」사상의 문제 141

 여기서 주목하고자 하는 것은 이 비밀회의에서 결정된 사항 가운데, 특히 제 1조의 「압제관리를 처단하고 바른 사람을 세울 것을 노력한다」라는 내용이다. 「압제관리」의 처단을 이들이 제 1의 적으로 설정하고 있는 것은 농민들의 고통을 해소하고 농민들의 입장을 보호해 주어야 할 관리들이 오히려 농민들의 고통을 가중시키는 주역이라는 사실을 공통적으로 인식하고 있었다는 의미이다. 이것은 치치부자유당의 신주류들의 당면의 투쟁목표 내지는 자신들의 사상의 실천목표가 어디에 있었는지를 일목요연하게 보여주는 부분이기도 하다.
 그리고 그들은 이 투쟁목표를 실현하기 위해 형제자매와 재산은 물론이고 목숨마저 던질 각오를 혈서로 서약한 것이다. 치치부자유당의 행동강령이 신주류의 등장에 의해 완전히 새로운 형태로 전개되기 시작했음을 시사하는 부분이고, 동시에 중앙자유당과의 연관성도 이 무렵부터는 완전히 단절되어 버렸음을 확인시켜주는 부분이다. 중앙자유당의 춘기대회에서 결의된 내용과 이들이 대회를 마치고 돌아와서 지역에서 결의한 내용이 근본적으로 다르다는 사실만 보더라도 그러하다. 당시 중앙자유당의 춘기대회에서 결의된 내용은 다음과 같다[178].

---

178) 井出孫六『前揭書』 43~44頁

一 자문 약간명을 두고, 총리의 참여를 위해 그 선임은 총리의 지명에 위임할 것.
二 총리에 특권을 부여하여 당무를 관장하게 할 것.
三 문무관을 설치하여 활발하고 뜻이 있는 자를 양성할 것.
四 각지에 순회원을 파견할 것
五 회의의 총대(総代)를 선출하는 구획 및 그 인원을 정할 것.
六 금년 4월의 예회를 열지 말 것.
七 총리를 개선할 것.

등이었다. 요컨대 춘기대회에서 논의된 내용은 총리의 권한의 문제를 포함해, 자유당의 지도체제를 어떻게 강화하느냐, 전국적인 지지기반을 어떻게 확대해 가는가 등, 주로 지도체제의 문제와 그에 동반하는 자유당조직의 개혁의 문제가 중점적으로 다루어졌다. 이 결의사항을 보고 있으면 다카기시 등이 춘기대회에 참여하여 견문한 결의내용과 자신들의 뜻을 모아 결의한 맹약의 내용과는 어떠한 연관성도 없음을 쉽게 확인 할 수 있다. 그렇다면 다카기시 등은 치치부자유당의 대표로서 춘기대회에 참여했음에도 불구하고 왜 중앙자유당의 결의 내용과는 전혀 다른 맹약을 지역에 돌아와서 서약했을까. 그 이유를 다음의 두 가지로 요약해 볼 수 있다.

첫 번째는, 평소 자유당원들이 반정부적인 태도를 견지하며 외치는 주장들이 지역의 빈농의 입장에서 들어보면 자유당에 대한 희망을 품게 할 수 있는 이미지를 제공하였지만, 실제 자유당에 참여하여 그들의 움직임을 보니 평소 생각하고 있던 환상적 이미지와는 전혀 다른 실상이었던 것이다. 자유당 본부에서 언급하고 있는 사안들은 자신들이 생각하고 있는 현실적인 문제나 혹은 빈농들의 고통스런 입장을 대변해 줄 강력한 우군으로서의 기대감을 갖게 하는 내용이나 집단이 아니라, 자신들의 입장에서 보면 전혀 이해하기 어렵고 도저히 동조할 수 없는 다른 차원의 세계라는 사실에 커다란 실망감을 느꼈다는 것이다.

두 번째는, 비록 중앙자유당의 움직임이 자신들의 기대감과는 동떨어진 세계라는 사실에는 실망했다 하더라도, 한편으로 자유당춘기대회에 직접 참가하여 현장의 독특한 분위기와 이제까지 한 번도 경험하지 못한 조직의 논리를 체험함으로써 자신들의 사상적 개화를 일층 심화시킬 수 있는 가능적 계기를 확보했다는 점이다. 여기서의 체험을 통해 다카기시 등은 스스로의 움직임을 조직화해야 한다는 현실적 필요성을 느꼈고, 이를 통해서만 자신들의 목표를 달성할 수 있다는 사실을 확인할 수 있었다는 것이다. 요컨대 그들은

이 춘기대회를 통해 커다란 실망과 새로운 가능성을 동시에
체득했다고 할 수 있다.

5. 치치부자유당의 독자노선과
   부채농민과의 조우(遭遇)

1) 치치부에 있어서 「자유곤민당」의 형성 과정

 자신들의 현실적 원망(願望)과 중앙자유당의 노선사이에는
서로 융합할 수 없는 크나큰 괴리감이 존재한다는 것을 직
접 눈으로 확인한 치치부자유당의 신 주류들은, 자유당과 그
들의 주장에 대한 미련을 완전히 차단하고 자신들이 설정한
당면의 투쟁목표를 향해 본격적으로 움직이기 시작했다. 그
구체적인 움직임은 우선 전술한 표에서 확인할 수 있듯이
자신들과 뜻을 함께하는 민중적자유당원의 확보였고, 또 하
나는 악덕 고리대업자들로 인해 하루하루를 고통 속에 살아
가고 있는 부채농민들의 슬픔을 해소하기 위한 청원(請願)활
동이었다.
 특히 청원활동은 다카기시 등이 자신들의 민권사상을 실
천하면서 아울러 농민들의 힘을 조직적으로 결집시킬 수 있
는 매우 효율적이고 합법적인 수단이었기 때문에 전년도에

이어 수차례에 걸쳐 지속적으로 실시해 갔다. 하지만 청원활
동은 언제나 실패로 끝나고 말았다. 그 이유는 악덕 고리대
업자와 부패관리와의 유착 때문이었다. 당시 치치부지역의
유지로서 지명도가 높았던 다나카 센야(田中千弥)라는 인물은
그 실상을 다음과 같이 기록하고 있다[179].

> 「채권자들의 절금(切金)압박의 실정을 신고하여도 일단
> 승낙한 뒤에는 빌린 돈은 빨리 갚아야 한다는 권고만 있
> 을 뿐. 민사는 증거재판이어서 권면(券面)을 증거로 하고,
> 절금압박의 내용은 문제시 하지 않고, 채권자의 음모는
> 응징하지 않은 채, 통상 대금(貸金)만으로 심판할 뿐이었
> 다. 그런 까닭에 관리들은 고리대업자로부터 와이료를
> 받은 자들이라는 악설(惡說)이 있었다.」

요컨대 시대적 상황을 이용하여 악덕고리대업자들이 관리
들을 매수하여 농민들의 피를 빨아먹고 있는 상황이 치치부
에서 지속적으로 전개되고 있었던 것이다. 따라서 치치부자
유당의 신주류들은 악덕고리대업자들로부터 고통 받고 있는
부채농민들을 구제하는 것은 바로 자신들의 민권운동을 지
역에서 실천하는 것이었고, 나아가 지역농민들의 평화와 안

---

179) 『田中千弥日記』埼玉新聞社出版局 1977、587頁

녕을 보장하는 것이라고 생각했다. 특히 궁민(窮民)의 구제에 전력을 기울이고 그들 농민들의 입장에서 행정을 펼쳐야 할 관리들이 부채농민들의 슬픈 현실을 철저히 외면한 채, 오히려 자신들의 청원활동을 각하하며 고리대업자와의 유착을 통해 농민들을 파산의 상태로 몰아가고 있는 「압제관리」들을 응징하지 않고서는 지역의 평화와 안녕도 보장받을 수 없다는 인식을 갖고 있었다. 그러나 이 압제관리들을 응징하기 위해서는 국가권력에 대항하는 것이기에 주저할 수밖에 없었지만 마침 그 무렵에 자유당의 존재가 그들 앞에 나타난 것이고, 이것이 그들의 저항의식에 새로운 가능적 계기를 부여하며 그들로 하여금 맹약을 맺고 움직이게 한 것이다.

어쨌든 합법적인 청원활동은 관리들의 부패와 억압으로 인해 모두 실패로 끝났지만, 청원활동을 통해 그들은 부채농민들과의 연대감을 강화하는 소득을 올렸고 부채농민들의 적극적인 지지를 확보해 가는 성과를 올렸다. 그 후 그들의 활동은 농번기로 인해 수개월간 잠시 중단되지만 1884년 8월부터 다시 활동을 시작하였다. 여전히 움직임의 중심에는 다카기시(高岸善吉) 사카모토(坂本宗作) 오치아이(落合寅市)가 있었고, 여기에 새롭게 가세한 이노우에(井上善蔵) 등을 포함해 13명 정도가 모임의 주축을 이루었다. 다카기시의 주창에 의해 이이다무라(飯田村)의 와다(和田)산에서 소위 「산림집회」를 여는 형태로 시작된 이 집회의 내용은「차입금을 연부로 해 받기 위한 것」이었다.

수개월 간의 침묵 끝에 겨우 다시 시작된 집회였지만「채주와의 논의가 필요하다」는 경찰의 압박에 의해 집회는 강제해산의 명령을 받게 된다. 하지만 이 무렵부터 치치부지역에서는「차금당(借金党)」이라든가「곤민당(困民党)」이라는 이름이 부채농민들의 입에서 흘러나오기 시작했고, 아울러 후푸무라(風布村)의 오오노(大野苗吉)를 비롯해 가미히노자와무라(上日野沢村)의 가도히라(門平惣平) 등이 지도부에 이름을 올리면서 지도부의 수도 30여명으로 증가하기 시작했다. 그들은 한결같이 악덕 고리대업자에 대한 규탄을 퍼부으며「세민(細民)구제」에의 결의를 다졌고, 동시에 부채농민들을 조직적으로 규합해 적극적으로 대응해야 한다는 데도 의견일치를 보았다.

하타자와(挨沢)군 오카무라(岡村)의 부채농민 가와타(川田庄八)에 의하면「8월 15일 같은 마을의 오노(大野苗吉)가 와서 이번에 곤민당이라고 하는 당이 생겼으니 가입해라, 그럼 차금(借金)은 연기될 수 있다」180)고 하여 바로 날인을 하고 가맹했다고 한다. 또 이사마무라(石間村)의 아라이(新井武平)의 경우는「차금이 있는 자는 채주(債主)에의 연부(年賦)를 위한 교섭을 행하려고 하니 가입하라」181)는 권유가 있어 자신도 나아

---

180) 川田庄八訊問調書『秩父・集成』第二巻 1984, 932頁

가 가입했다고 하며, 가미히노자와무라(上日野沢村)의 기무라(木村又吉)의 경우는 「8월 20일이 지나 같은 마을의 다케우치(武内吉五郎)가 와서 이 마을의 고리대는 모두 규칙외의 금리를 탐하는 무리들이기에 변제하지 않아도 괜찮다, 너희들도 동의한다면 우리들의 동지가 되어야 한다」182)고 하면서 동의를 구하기에 자신도 하는 수 없이 동의했다고 한다. 부채농민들의 조직화가 각 마을에서 매우 구체적으로 이루어지고 있었음을 반증하는 사례들이다183). 이러한 과정을 통해 다카기시 등의 지도부들은 9월 말에는 28개 무라(村)의 대표자로서 오미야(大宮)경찰서에 위임장을 지참하여 고리대에 대한 설득을 청원하면서 동시에 당면의 투쟁목표를 다음과 같이 새롭게 설정했다184).

一 고리대로 인해 파산을 당하여 생계에 어려움을 겪는 자가 많다. 따라서 채주를 압박하여 10년 거치 40개

---

181) 新井武平訊問調書 『秩父・集成』 第二卷 1984、88頁
182) 木村又吉訊問調書 『秩父・集成』 第二卷 1984、480頁
183) 이것은 곤민당의 조직화가 초기단계에서부터 부채연기를 슬로건으로 농민들의 적극적인 호응에 힘입어 비교적 체계적으로 이루어지고 있었음을 의미한다. 요컨대 오치아이를 비롯한 지도부는 산림집회를 열어 당면의 행동방침을 정하고 이를 실현하기 위해 지도부는 각 마을의 조직책을 결정하였다. 그리고 그들이 부채가 있는 농가를 개별적으로 접촉하여 저변의 조직 확대를 꾀하는 전술을 구사한 것이다.
184) 小柏常次郎訊問調書 『秩父・集成』 第三卷 1984、176頁

월 연부의 연기를 요청한다.
一 학교비를 줄이기 위해 3년간 휴교를 현청에 요청한다.
一 잡수세(雜收稅)의 감소를 내무성에 요청한다.
一 촌비의 감소를 촌리에게 요청한다.

지역농민들이 절실하게 요구하는 있는 사항들을 거의 모두 반영한 내용들이었으며, 매우 실천적이고 현실적인 사안들이었다. 특히 고리대의 횡포와 함께 학교비, 잡수세, 촌비 등의 과도한 부담[185]은 지역농민들의 생존권을 근본적으로 위협할 정도였기에 이러한 결의사항에 대한 촌민들의 지지는 급속히 각 마을로 확산되어 갔다. 당면목표의 설정과 함께 다카기시 등이 군청 등에의 청원활동에 이어 부채농민들의 연명을 받아 경찰서 등에도 조직적으로 청원활동을 전개

---

185) 당시 농민들에게 가해지고 있던 세금은 1884년 단계에서는 国税(地租)를 비롯해 地方税・営業税・雑種税, 町村協議費등으로, 크게 나누어 3종류였다고 한다. 그런데 町村協議費의 경우는 학교비가 약 50~60%를 차지하고 있었다고 한다. 따라서 학교비가 농민들에게는 엄청난 부담이 었음을 알 수 있다. 또 실제 자유곤민당에 가담한 小柏常次郎의 경우를 보면, 地租 17銭3厘, 地方税・協議費・教育費・社倉儲貯金 등이 2円85銭, 여기에 그가 職人이었으니까 営業税・工税 6円, 그리고 山林借伐 그 외 手続費 혹은 경찰의 建築・학교건설관계의 활부금 등의 합계 8円20銭을 더하면, 총합계 17円 81銭을 납부해야 하는 형국이었다. 그는 일반적으로 보면 2円 정도의 세금만 내면 되는 상태였지만, 실제로는 그보다 8배나 많은 세금을 내고 있었던 것이다. 이런 과도한 세금이 농민들의 생존권을 위협하고 있었던 것이다.
江村栄一「自由民権と秩父事件」『文芸秩父』30号 1980、6~8頁

해 가는 노력을 꾀하자, 이들의 움직임에 대한 부채농민들의 신뢰와 지지는 거의 절대적인 형태로 나타났다. 그 결과 1884년 9월에 접어들면 극한의 상황에 내몰린 부채농민들의 지지에 힘입어 무릇 수백명의 부채농민들이 고리대업자와의 집단적인 교섭을 벌이기 위해 결집하는 등의 세를 과시하는 현상도 나타났고, 아울러 치치부자유당원들의 움직임에 동조하는 부채농민들과 빈농들의 수도 갈수록 늘어났다.

특히 후푸무라(風布村)의 오노 후쿠지로(大野福次郎)같은 인물은 불과 2, 3일에 2~30 여명의 부채농민들을 조직화하여 지도부에 자료를 넘기는 등186), 각지에서 활발한 조직화가 전개되어 부채에 허덕이는 농민들을 흡인해 갔다. 이로 인해 치치부자유당은 농민들의 적극적인 호응에 힘입어 어느 사이에 치치부자유당과 부채농민들의 결합체인「자유곤민당」의 형태로 발전해 가고 있었다. 그 배경에 대해 와카사(若狹蔵之助)씨는「차금변제에 절망적이었던 농민들에게 그것이 사회적 문제, 사회관계(정치·경제관계)의 반영이라는 것을 설명하고 그것이 사회적으로 해결해야할 과제라는 것, 이를 위해 지도부가 있다는 것을 설명했을 때 농민들도 그에 적극적으로 지지했다」187)고 언급하고 있다. 그의 지적대로 부채농민

---

186) 大野福次郎訊問調書『秩父·集成』第一卷、345頁
187) 若狹蔵之助「前揭論文」39頁

들은 비로소 이 문제가 사회적 문제임을 인식하고 조직적으로 힘을 결집하기 시작한 것이다. 바야흐로 치치부에서의 민권운동이 치치부자유당의 신주류의 등장과 그들을 통한 부채농민과의 결합으로 인해 완전히 새로운 형태로 전개되어 갔다.

2) 「자유곤민당」의 등장 의미

다카기시 등을 중심으로 빈농출신이 중심이 되어 새롭게 탄생한 치치부자유당은 평소 지역에서 전개되고 있는 악덕 고리대업자와 부패관리들의 횡포 및 과도한 중세에 대해 이 파멸적인 현상을 어떻게든 타파해야 한다는 시대적 사명감을 갖고 있었다. 그러던 차에 이 무렵 그들의 시야에 들어온 자유당의 이미지는 당시 강렬한 반체제의 상징적인 이미지로 전파되고 있었던 만큼, 산촌의 농민들에게는 신선한 형태로 전달되었을 가능성도 없지 않았다. 게다가 자유당 유지의 힘을 빌려 지역 민중들의 암울한 현상을 조금이라도 개선할 수 있다면, 혹은 자유당유지들이 궁지에 몰린 부채농민들의 원망을 받아들여 자신들의 입장을 대변해 줄 수 있다면, 등의 원망들이 그들의 마음속에서 일고 있었을 것이다. 이러한 자유당에의 이미지와 기대감이 산촌의 중·빈농들로 하여금 자유당에 경사하게 하는 계기로 작용하게 하였음은 미루어

짐작할 수 있다.

 하지만 자유당의 노선이 자신들이 기대한 이미지와 근본적으로 다르다는 사실을 확인하자, 그들은 미련없이 자유당에의 환상을 버리고 스스로 지역에 밀착한 형태의 민권운동을 실천하는 용기를 발휘해 갔다. 즉 자유당이데올로기를 흡수하여 그것을 지부의 차원에서 열심히 전파하는 정치적 민권운동의 주체로서 활약한 종래의 민권운동가들과는 질을 달리하는, 이른바 저변의 민중들을 지지기반으로 하면서 사회경제적평등과 정의 구현의 첨병으로서 스스로를 위치지우며 등장한 것이다.

 이러한 움직임에 민중들이 적극적으로 호응한 것은 그들이 종래의 지역민권운동가들과는 차원이 다른 「생활보존의 권리=생존권」에 근거하는 노선을 걷고 있었는 데다, 그들이 자유당원이라는 경력을 유지하고 있는 한, 그들의 이미지는 자유당이 갖고 있는 반체제의 환영(幻影)은 그대로 유지되고 있었기 때문이다. 그 연장선상에서 형성된 특이한 권위와 사명감은 부채농민들에게 자신들의 리더로서의 신뢰감을 부여하기에 충분했고, 이것이 결국 치치부에 있어서의 민권운동의 질적 전환을 초래하게 되는 계기가 되었다.

 치치부에서의 자유당원과 부채농민들의 결합으로 인한 움직임이 심상치 않게 돌아가자 국가권력기관들의 대응도 강도를 더해갔다. 경찰서는 농민들의 움직임을 파악하여 모임이 있으면 즉각 해산을 명하는 강제조치만 동원하였고, 군청은 청원서를 모두 각하하면서 무조건 농민들을 억압하는 자세로 나왔으며, 고리대업자들은 권력의 비호아래 오로지 농민들의 수탈에만 전력을 쏟았다. 이로 인해 고리대의 횡포는 조금도 개선되지 않았고, 아울러 당국에 대한 농민들의 불신도 갈수록 증폭되어 갔다. 고리대와 결탁한 국가권력과 민중들의 긴장관계가 고조되면서 양자의 관계가 더 이상 대화로 풀 수 없는 상황으로까지 발전해 가자, 치치부지역에서는 결국 고리대의 응징과 국가권력을 상대로 한 대규모 민중봉기에의 조짐이 구체화되기 시작한다.

제 3장
치치부자유곤민군의 무장봉기 과정

제 3장
치치부자유곤민군의 무장봉기 과정

 부채변제를 위한 농민들의 자발적인 움직임이 구체적인 세력화를 통해 전개되고 있는 가운데 이에 동조하는 빈민들의 수도 시간이 지날수록 급격히 증가하기 시작했다. 그 세력을 배경으로 농민들은 각 지역에서 고리대와의 집단교섭을 진행하거나 당국에 청원을 하거나 하면서 어떻게든 난국을 극복해 보려고 했다. 이러한 부채농민들의 노력은 10월 중순까지 계속 이어졌지만, 채주들의 대응은 부채농민들의 기대와는 완전히 상반된 형태로 나타났다. 채주들의 극악무도한 행위는 멈추지 않았고 이대로 가면 전술한 것처럼 마을 전체가 파산에 직면하게 될 것은 불문가지였다. 자신들의 정당하고 합법적인 대응수단이 모두 수포로 끝나자 부채농민들을 조직화하며 난국타개에 앞장섰던 지도부들은 위기감과 허무감 그리고 적개심을 동시에 안고 새로운 대안을 모색하기 시작했다. 부채농민들도 더 이상 이대로 당하고 있을 수만 없다는 사실을 폭넓게 공유하게 되었고, 실제로도「완력」에 의한 집단적 실력행사 이외에는 다른 대안이 없었다.

이미 이 무렵 치치부군이외에서도「차금당」「곤민당」「궁민당」이라고 하는 빈민들의 조직체가 결성되어 각지에서 소요가 잇따르고 있었다. 특히 치치부의 인근지역인 부소(武相)지역에서 발생한 수천명의 빈민들에 의한 봉기는 치치부의 부채농민들에게도 적지 않은 자극이 되었다. 게다가 9월에 접어들어 산타마(三多摩)지방의 33개 무라(村)의 농민 수백여명이 하치오지(八王子)경찰서에 난입하여 대부분 체포된 것을 비롯해, 이 지역에서 연속적으로 발생한 부채농민들에 의한 집단소요는 치치부군민들에게도 실력행사를 하기 위한 공감대를 형성하기에 충분했다.

이에 본 장에서는 치치부군의 부채농민들이「일제봉기」이외에는 대안이 없다는 절박한 인식하에 후푸무라(風布村)를 기점으로 메이지국가와의 무장대결을 감행한 치치부자유곤민군의 조직·봉기과정과, 봉기이후에 수립한「혁명본부」의 설치 및 그 붕괴과정[188] 등을 체계적으로 분석한 후, 마지막

---

[188] 특히 치치부곤민군의 봉기과정에서 드러난 부채농민들의 행동양식, 예를 들면 수천여명에 달하는 부채농민들의 치밀한 조직과정, 군청·재판소·경찰서·고리대라고 하는 국가권력과 명확한 공격 대상의 설정, 엄격한 군율의 제정, 혁명본부의 설치 등과 같은 현상은 근대사회형성

으로 치치부민중봉기의 시대사적 의미와 금후의 과제 등을 논하고자 한다.

1. 치치부자유곤민군의 태동

1) 무장봉기의 결의

 부채농민들의 합법적인 청원활동이 한계에 부닥치자 곤민당의 간부들은 1884년(明治17) 10월 10일에 회의를 열어 「오늘날까지 고리대금업자들에게 여러 차례 탄원을 해 보았지만 우리가 납득할 만한 목적은 전혀 이루지 못했다」고 하면서 이 상황을 어떻게 할 것인가에 대한 토의를 하였다. 이 회의는 이제까지의 곤민당의 움직임을 총괄하고 한계에 부딪친 금후의 진로를 모색해 보겠다는 의도에서 개최되었다. 그러나 회의의 결과는 「다시 한번 경찰서에 탄원」하는 방향으로 의견이 모아졌다.

 거듭된 합법적인 탄원행위가 모두 실패한 상태에서 게다

기의 여타 민중운동 가운데에서도 그 예를 찾아볼 수 없는 가장 조직화되고 무장화 된 민중봉기였다. 따라서 치치부민중봉기의 조직과정과 그 투쟁이 갖고 있는 역사적인 의미를 분석함에 있어, 조직형태의 전통 계승, 광범한 부채농민들의 봉기에의 사상적 일체화 과정과 그 역사적 배경, 그리고 사상의 일체화과정에서 나타난 근대사상과의 결합형태 등을 구체적으로 분석하는 것이 매우 중요하다고 생각한다. 본 장에서 그 전 과정을 심층적으로 분석하고자 한다.

가 불과 2일후에「일제봉기」이외에는 대안이 없다는 결정을 내린 곤민당의 지도부가 왜 이 시점에서 이런 결정을 내린 것일까. 그들의 탄원결정은 실행되지 않았지만 그 배경에는 우선 1) 합법적인 청원은 부채농민들을 결집시킬 수 있는 가장 용이한 방법이었다는 것과, 2) 곤민당의 내부의 조직화를 강화하여 좀 더 강력한 투쟁방법을 강구하기 위한 전략적 목적이 내포되어 있었다고 생각한다. 어쨌든 이 회의 이후 곤민당의 지도부는 본격적으로 무장봉기를 위한 준비에 착수했다.

한편 사카모토(坂本宗作)는 이틀 후인 12일, 다시로 에이스케(田代栄介)[189]의 집을 방문했다. 그리고 이틀 전의 회의내용을 전달했다. 이를 접한 다시로는 최종적인 결단을 내려야 할 시점이라고 생각하고 사카모토를 대동하여 이노우에(井上

---

[189] 이노우에를 비롯한 당시 일부 곤민당의 지도부들이 그를 곤민당의 실질적인 리더로서 초빙하기 위해 접촉을 시도했던 시기는 8월 하순이었다. 평소 지역사회에서 의협심이 매우 강하고 지역민들의 신망이 두터웠기 때문에 그를 지도자로 추대하게 되면 곤민당의 움직임이 보다 더 조직화 될 수 있다고 믿었기 때문이다. 게다가 그는 이미 1884년 2월에 치치부자유당에 입당하기 위한 움직임도 보이고 있었던 인물이었다. 그 후 간부들은 몇 차례의 접촉을 통해「빈민을 구하기 위해 일신을 던질 생각이 있다면 부디 찬성해 달라」는 요청을 수차례 했다. 이에 다시로도「만민을 구하겠다는 정신이라면 즉각 진력하겠다」는 뜻을 표명했고, 간부들은「모든 것을 다시로의 지휘에 따르겠다」고 약속하면서, 다시로의 영입이 결정되었다(田代栄介訊問調書『秩父・集成』第一巻, 34頁). 이후 곤민당은 다시로를 정점으로 하는 지도체제를 확립하면서 노선의 변화를 도모하게 된다.

伝蔵)의 집으로 향했다. 이미 이노우에의 집에는 곤민당의 핵심멤버인 가토 오리헤이(加藤織平), 이노우에 젠사쿠(井上善作), 오치아이 토라이치(落合寅市), 다카기시 젠키치(高岸善吉), 오가시와 츠네지로(小柏常次郎), 가도히라 소헤이(門平惣平), 그리고 이날 다시로와 처음으로 대면한 아라이 슈사브로(新井周三郎) 등이 집합해 있었다. 그들은 이제까지 부채농민들을 조직화하여 곤민당의 움직임을 주도해 왔던 핵심적인 간부그룹으로서 향후 일신을 던질 각오가 되어 있었던 인물들이었다. 특히 이 회의에 처음 참가한 아라이의 경우는 다른 간부들과는 달리 당시 교원의 신분이었음에도 불구하고 「불경기가 극에 달해 있는 지금의 세상을 어떻게든 바꾸지 않으면 안 된다」는 일념으로 「교원의 념(念)을 끊고 오로지 세민(細民)의 구제에 진력」하겠다는 결심하에 이 회의에 참가했을 정도로 투쟁심이 강한 인물이었다[190].

---

190) 아라이는 당시 간부들 가운데는 가장 젊은 22세의 나이였음에도 불구하고 봉기시에는 갑부대의 대대장이라는 중책을 역임했을 정도로 대담한 젊은 투사였다. 그가 이 회의에 참가하게 된 것은 9월에 이사마무라(石間村)의 소학교에 부임해 왔을 때부터이다. 이사마무라에 와서 잠시 동안 그는 가토의 집에 머무르게 되는데, 이때 가토와 오가시와 등으로부터 곤민당의 움직임을 접하게 된다. 여기서 그는 평소에도 사회의 왜곡된 모습에 분노를 표하고 있었던 터라 쉽게 「촌민의 곤란을 접하고 그냥 방관 할 수」 없어 이 회의에 참가하게 되었다고 한다(新井周三郎訊問調書『秩父·集成』第二卷、973頁). 이 회의 이후 그는 상당한 활약을 하게 되고 그 활약상을 인정받아 중책을 맡게 된다.

이 회의에서 간부들은 이구동성으로 「고리대의 가옥을 파괴」하고 「완력에 호소하자」라든가 「일신을 던져」 궁민들을 구하자는 등의 강경발언들을 쏟아 내었다. 곤민당의 최고지도자로 추대된 다시로도 더 이상 물러날 수 없다는 간부들의 분명한 의지를 확인하고 스스로도 결의를 다졌다. 약 2개월 간의 합법적인 투쟁노선이 벽에 부닥치자 「일제봉기」 이외에는 대안이 없다는 사실을 이 자리에서 서로의 의지를 통해 확인한 것이다. 이에 간부들은 다가올 봉기를 준비하기 위한 작업에 바로 착수했다. 정보수집과 자금조달, 그리고 조직정비 등을 집중적으로 논의했다. 그 가운데에서도 그들이 가장 먼저 중점을 두고 착수한 것이 바로 군자금조달 건이었다. 아라이와 다시로 그리고 가토의 판결기록문을 종합적으로 검토해 보면 「준비금강차(強借)」는 13일 밤 가토의 집에서 계획되고 다시로의 「교령(教令)」에 의해 실행에 옮겨졌다. 비록 「강차」를 해서라도 군자금을 모아야 한다는 데 의견일치를 본 것이다.

그들은 우선 치치부군 요코세무라(横瀨村)에 살고 있는 미야다(宮田源之助)의 집을 습격하여 돈 80엔, 칼과 창, 의류 등을 강탈했다. 그리고 같은 마을의 야나기(柳儀作)의 집을 습격하여 돈 10엔과 칼과 창, 물품 등을 탈취했고, 다음날에는 니시노이리무라(西の入村)의 가토(加藤勘一郎)의 집을 덮쳐 돈과

물품 등을 닥치는 대로 강탈했다. 이 과정에서 농민들은 고리대와 그 가족들을 무력으로 협박하거나 부상을 입히기도 했다. 군자금의 확보를 위해 수단과 방법을 가리지 않았을 뿐만 아니라 그동안 고리대업자에게 당했던 울분을 마치 이번 기회에 앙갚음하겠다는 기세로 달려든 것이다. 동시에 간부들의 조직적인 움직임도 바빠졌다. 다시로는 봉기의 방침이 결정되고 나서 자신의 마을을 비롯해 각 마을을 돌면서 「고리대를 무너뜨리고 빈민을 구하는데 진력하고자 하니 동의하는 자는 연락이 가는 대로 응해 줄 것」을 요청하고 다녔고, 각 간부들도 다시로의 지시에 따라 지역을 돌며 빈민들의 규합에 동분서주하였다191). 저마다의 역할과 임무수행에 지도부가 몰입하기 시작한 것이다.

2) 「곤민군」의 조직결성과 지원체제의 구축

치치부에서 간부들을 중심으로 「곤민군(困民軍)」의 조직화

---

191) 오가시와(小柏常次郎)의 심문조서(『秩父・集成』 第三卷 1984)에 의하면, 간부들은 이 무렵에도 채주들을 상대로 한 집단교섭과 경찰이나 군청 등에 청원활동 등을 행하고 있었다. 물론 아무런 소득도 없었고 상황은 갈수록 악화될 뿐이었지만, 그래도 그들은 평화적인 교섭을 수차례 시도하는 모습을 보였다. 이러한 간부들의 움직임은 농민들에게 경찰이나 재판소 등의 국가권력은 결코 자신들의 편이 아님을 다수에게 확인시켜주면서 농민들의 조직적인 동원, 즉 「곤민군」 조직을 보다 더 용이하게 하기 위한 전략적 선택이었다는 느낌이 든다.

가 구체적으로 진행되고 있는 가운데, 인근지역으로부터의 지원태세도 서서히 갖추어지기 시작했다. 나가노현(長野県) 미나미사쿠군(南佐久郡) 기타아이키무라(北相木村)의 기쿠치 코노스케(菊地恒之助)는 10월 20일, 치치부군의 지인(知人)인 오기와라 간지로(荻原勘次郎)192)라는 인물로부터 치치부군에서의 곤민당의 움직임을 상세히 전해 들었다. 오기와라는 치치부의 검객으로서 지난 9월에도 검도 지도를 위해 기타아이키무라를 방문한 적이 있었고, 그 때 이미 치치부군에 있어서「곤민단결의 실상」을 기쿠치에게 전한바가 있었다. 하지만 이번에는 다시로의 지령을 받아「치치부군에서 드디어 부채농민들이 곤민당을 결성했다. 채주에 대해 연부거치의 담판을 행하여, 농민의 궁핍을 구제하려고 계획하고 있다. 그러니 이 지역에 있어서도 당을 결성하여 서로 협력하여 채주에게 담판하면 어떨까」193)라는 뜻을 기쿠치에게 전달하고 실질적인 협력지원체제를 논의한 것이다.

기쿠치는 즉각 찬성의 뜻을 표했다고 한다. 그리고 그는 바로 오기와라를 대동하고 같은 마을의 기쿠치 칸페이(菊地管平)와 이데 타메키치(井出為吉)를 찾아가 치치부에 있어서의

---

192) 그는 치치부군에서는 다시로의 핵심코봉(子分)으로 알려져 있었다. 즉 다시로는 봉기를 결심한 이후 자신의 인맥들을 총 동원하여 각지에서의 지원태세와 봉기준비를 위해 발 빠르게 움직인 것이다.
193) 菊地恒之助裁判言渡書『秩父・集成』第三巻、989頁

곤민들의 동향을 전하면서 협력문제를 토의했다. 두 사람 모두 지역을 대표하는 유지로서 평소 지역사회의 피폐에 커다란 관심을 갖고 지켜보고 있었기에 치치부의 움직임에 적극적으로 동의하기로 했다.

의견을 통일한 그들은 우선 치치부군에서의 동향을 시찰한다는 명목으로 이데를 오기와라에 동행시켜 치치부에 파견했다. 기타아이키무라의 정찰요원으로서 파견된 이데는 10월 26일에 귀환하지만, 기쿠치 고노스케는 이데의 귀환을 기다리지 않고 기쿠치 이치사브로(菊地市三郎)라는 인물과 함께 별도로 치치부로 향했다. 도중에서 돌아오는 이데를 만난 기쿠치는 오기와라가 가토(加藤織平)의 집에 머무르고 있다는 사실을 전해 듣고 바로 가토의 집으로 발길을 돌렸다. 거기서 오기와라로부터 이번에 아와노산(粟野山)에서 밀회(密会)가 있다는 사실을 접하고 이 회의에 참석했다. 그리고 다시로와 가토 등 치치부곤민당의 지도부들과 대면하게 된다.

이른바 확대간부회의라고도 할 수 있는 이 회의에는 나가노현 기타아이키무라의 지원그룹을 대표한 기쿠치, 군마현의 가미히노무라(上日野村)를 중심으로 조직 활동을 전개하고 있던 오가시와(小柏常次郎)를 포함해 곤민당의 핵심간부와 각 마을의 대표자 격인 인물(総代) 등 수십명의 중간지도부들이 거의 모두 참여하여 현재의 상황을 점검하였다. 그들은 여기서 향후에 대한 논의를 하며 격론을 벌였지만 참가자의 대부분은 조기봉기를 원하는 분위기였다. 그러나 다시로는 간부들과 다른 입장을 표명했다. 그는 아직 준비가 충분하지 않을 뿐만 아니라 자칫 경거망동하면 「대망도 수포로 돌아간다」는 주장을 펴면서 30일간의 유예를 주창했다. 그 이유로 다시로는 30일정도의 시간이 더 있으면 사이타마현를 포함해 군마(群馬)현・나가노(長野)현・가나가와(神奈川)현・야마나시(山梨)현 등의 인민이 일제히 봉기할 가능성이 있고, 그렇게 되면 막대한 세력으로 정부에 강원(强願)하려고 하는 우리의 목적도 달성할 수 있다는 취지에서 였다194).

다시로의 주장대로 일개월의 유예기간이 있으면 다른 현의 농민들과 함께 연합전선을 구축할 수 있었을까, 당시의 정황으로 보아 이에 대한 확증은 보장할 수 없었지만 실제 가나가와현에서는 11월을 지나 부소곤민당의 움직임이 표면화되기도 했고, 나가노・이바라기(茨城)・사이타마 등의 각지

---

194) 이 장면은 다시로의 신중함이 돋보이는 국면이었다. 그의 주장을 주의 깊게 분석해 보면, 만약 봉기를 감행하게 되면 경찰과 정부군의 진압을 받을 것이 분명하기 때문에 가능하면 완벽한 준비를 원했다. 지도자로서의 정치적인 감각과 식견, 그리고 사회정세를 냉정히 분석할 수 있는 능력을 겸비한 인물이었음을 확인 할 수 있는 사례이다. 실제 그는 곤민군의 조직과정에서도 자신들의 움직임이 당국에 발각되지 않도록 세심한 주의를 기울이면서 움직이는 등, 곤민당의 리더로서 손색이 없을 만큼 자신의 역할을 다했다. 그럼에도 불구하고 현재의 상황으로서는 봉기를 감행할 수 있는 여건이 아니라고 판단한 것이다.

에서 소작료인하를 둘러싼 농민소요가 잇따라 발생하기도
했다. 다시로의 주장이 설사 실현 가능성이 희박하였다 하더
라도 나름대로 냉정한 현실 판단에 기초하여 주장한 것만은
틀림없었으나, 참가자들은 다시로의 주장을 흔쾌히 받아들이
지 않았다. 특히 자신을 곤민당의 최고수뇌로서 추대하는데
앞장섰던 군마현의 오가시와(小柏常次郞)의 경우는 지난 2개월
간 아무런 준비도 하지 않았다. 이런 사실을 접한 다시로는
「오가시와의 목을 잘라 운집한 많은 사람들에게 유예를 요
청하고 싶었다」195)고 격분하기도 했다. 간부회의석상에서 보
여준 그의 이러한 심리상태는 그만큼 곤민당의 준비상태가
충분하지 않았음을 의미하는 것이었지만 대세는 이미 기울
어진 상태였다.

다른 간부들은 「치치부군 중의 고리대는 남김없이 방화
또는 파괴하고 관의 수배가 있으면 나아가 대항하는 방법
이외에는 득책이 없다」196)고 주장하면서 즉시 봉기를 강하
게 주창했다. 간부들은 「시기가 아직 성숙하지 않았다」는 다
시로의 신중론을 진지하게 검토하기 보다는 「궁민 등이 채
주의 독촉을 피하기 위해 도처로 흩어져 대부분이 집에 돌
아가지 못하는 정황이라 농민들은 연기를 원하지 않는다」197)

---

195) 田代榮助訊問調書 『秩父·集成』 第一卷、35頁
196) 小柏常次郞訊問調書 『秩父·集成』 第三卷、182頁

는 명분을 앞세워 다시로의 연기론을 일축하였다. 국가권력을 상대로하는「전쟁」이기에 지금의 상태로는 도저히 불가능하다고 생각했던 다시로도 악덕고리대의 극악무도한 행위를 이대로 방치할 수 없다는 명분 앞에는 물러날 수밖에 없었다. 결국 결론은 다시로의 의도와는 정반대로 즉시봉기로 결정되었다.

격론 끝에 즉시봉기로 가닥을 잡은 곤민당의 지도부는 놀랄 만한 단결력을 과시하며 일사불란하게 움직였다. 우선 다시로는 중간간부들을 전령사로 각지에 파견하여 치치부군의 촌민들에게 일제봉기의 결정을 알림과 동시에 타 지역에서의 참가와 지원체제의 구축에 돌입했다. 우선 군(郡)내의 전령사로 지령을 받은 호리구치(堀口幸助)는 각 마을을 돌면서「촌민들은 모두 이마와 어깨에 흰색 띠를 두르고 총기를 제휴하여 10월 31일 무쿠진자(椋神社)로 집합하라」[198]고 외쳤고, 다카기시(高岸駅蔵) 등은 마을 대표들의 집을 돌면서 현재의 상황을 알리며 곤민들의 동원상태를 일일이 점검했다. 신슈(信州=長野)쪽의 지원책으로 임명된 가도히라(門平惣平)와 이이즈카(飯塚盛蔵)는 신슈의 사자(使者)로서 전날 아와노산에서의 간부회의에 참가한 이치사브로(菊池市三郎) 고노스케(菊池恒之助)

---

197) 田代栄助訊問調書『秩父・集成』第一巻、53頁
198) 堀口幸助訊問調書『秩父・集成』第三巻、694頁

등과 함께 신슈로 건너가 치치부에의 지원대책을 모색했다.
또 사카모토(坂本宗作)와 온다(恩田宇市)의 경우는 죠슈(上州=群馬)로 건너가 기타간라군(北甘樂郡)과 다코군(多胡郡)의 각 마을을 돌면서 마을 대표들의 포섭과 촌민들의 동원을 촉구했다.

곤민당의 지도부가 이렇게 타현(縣)으로부터의 지원체제의 구축에 전력을 기울이고 있는 가운데, 신슈로부터의 자유당원 2명이 급거 치치부로 달려왔다. 미나미사쿠군(南佐久郡) 기타아이키무라(北相木村)출신의 자유당원인 이데 타메키치(井出爲吉)와 기쿠치 간페이(菊地貫平)가 그 주인공이었다[199]. 간페이의 경우는 이미 10월 23일 경「사이타마현 치치부군의 민중들이 국회기한을 단축하자는 청원을 할 예정이니 도와달라는 사자를 파견해 왔다」는 내용을 이데에게 알린 후, 치치부에 동행할 것을 요청하고 있었던 상태였다. 이미 두 사람은 치치부군에서의 움직임에 적극적으로 협력할 움직임을 보이고 있었던 것이다. 지역의 유식자로서 자유당원이었던 두 사람이 이처럼 적극적으로 동조한 것은, 치치부에서의 움직임이 의외로 자신들의 정치노선과 동일한「정치투쟁」의 성

---

199) 두 사람은 모두 지역에서는 신망이 두터운 인물이었다. 특히 이데의 경우는 혈기왕성한 19세 때에 도쿄로 가 일찍부터 민권사상에 심취하여, 동 군에서는 처음으로 자유당에 입당한 인물이었고, 1883년에는 젊은 나이에도 불구하고 호장에 선출될 정도로 지역에서는 능력을 평가받고 있었다.

격을 띠고 있다고 판단했기 때문이다. 따라서 이들의 자발적인 협력태도는 치치부곤민군에 있어서는 더없는 원군인 셈이었다.

우선 두 사람은 다시로를 만나「들은 바에 의하면 치치부군에 있어서 유지들이 결당하여 11월 1일을 기해 거병을 한다고 하는데 그런 뜻이라면 우리도 가맹하여 진력」하겠다는 뜻을 전하며 상황을 파악했다. 하지만 곤민군의 지도자인 다시로를 만난 두 사람은「동인들은 차금(借金)당으로서 차금의 연부거치」를 위해 모인 집단이 아닌가라는 생각을 하며 크게 실망을 했다. 이들이 곤민군의 현황을 파악하고 매우 실망하는 모습을 보이자 다시로가「이 경우에 이르러 비록 외인이라 하더라도 되돌려 보낼 수는 없다」고 하며 참여를 독촉했고, 다시로의 강요에 두 사람은「어쩔 수 없이 다시로의 뜻에 따랐다」고 한다[200].

이들의 대화내용을 보면 처음에는 서로의 입장에 커다란 차이가 있었음을 확인할 수 있다. 이데와 간페이는 자유민권운동에 대한 탄압에 대항하여 국회개설이나 지조경감과 같은「정치투쟁」을 염두에 두고 있었지만, 다시로의 경우는 농민들의 비참한 현실을 타개해야 한다는「민생투쟁」의 차원에서 봉기를 결심하고 있었던 것이다. 양자의 목적은 결코

---

200) 井出爲吉訊問調書『秩父・集成』第三卷、944頁

동일하지 않았으나, 메이지정부와의 투쟁이라는 공통분모를 갖고 있었기에 결국에는 의기투합 할 수 있었다[201].

3) 부채농민들의 「자유당회의」

일제봉기가 결정되고 곤민군조직이 본격적으로 이루어지기 시작하면서 나타난 특징 가운데 하나가 바로 대량의 비공인 "자유당원"의 양산이다. 치치부군에서 이를 주도한 인물은 오노후쿠지로(大野福次郎)였다. 그는 10월 20일 경 다카기시(高岸善吉)와 가도히라(門平惣平)로부터 「이제 경찰도 우리들의 입장을 들어주지 않고 더 이상 방책이 없는 만큼, 어쩔수 없이 고리대의 집을 파괴 혹은 방화할 생각이니 귀하는 가능한 한 마을 주민들을 선동하라」[202]는 지시를 받았다. 이후 그는 적극적인 조직 활동을 전개하여 불과 2,3일 만에 48명의 비공인 자유당원을 조직하는데 성공한다(표* 참조). 이때

---

201) 비록 두 사람은 「다시로의 뜻에 따랐다」는 형태로 봉기에의 참가를 결정하지만, 다시로의 입장에서 보면 다른 지역과의 동시봉기에의 기대감이 사라진 지금, 사태의 긴박함이나 외부의 지원체제구축의 측면을 고려하더라도 정치적 역량과 지도력을 겸비한 것처럼 보인 두 사람을 그대로 돌려보낼 수는 없었을 것이다. 또한 이데와 간페이의 입장에서 보면 어차피 참여를 고려하고 치치부에 온 이상 봉기를 목전에 둔 치치부의 긴박한 상황과 다시로의 끊질긴 설득과 협조요청을 일방적으로 묵살하기도 어려웠을 것이다. 따라서 양자 간에는 비록 인식의 갭이 존재하였다 하더라도 상황의 긴박함과 메이지정부에의 투쟁 의지가 양자를 결합하게 만들었다고 할 수 있다.
202) 大野福次郎訊問調書 『秩父·集成』 第一卷、346頁

오노로부터 자유당 입당을 권유받은 부채농민들은 어떠한 생각으로 입당에 동의하였을까. 우선 10월 29일「자유당 입당원」를 제출한 가나오무라(金尾村)의 다지마(田島富蔵)의 경우는「자유당원이 이제까지의 부채는 3년간 거치하고 5년간의 연부로 하기 위해 진력하고 있어, 함께 하면 좋을 것으로 생각했으나 스스로 나서기가 곤란하던 차에 함께 있던 촌민들이 그렇다면 자유당에 힘을 합하자고 모두가 결의하여,」203) 자유당에 입당하고 곤민군의 일원이 되었다고 한다.

다지마의 증언을 다시 요약하면 최근 곤민당이라든가 차금당이라고 하는 집단이 피폐한 지역사회를 구하기 위해 부채농민들을 결속하고 있다는 사실을 알고 있었지만, 자신이 적극적으로 그런 움직임에 동조하기에는 다소 용기가 부족하여 망설이고 있던 차에 다행이 자유당이 자신들의 최대의 현안인 부채문제를 해결하기 위해 자신들을 도와준다고 하니, 그렇다면 자신도 협력할 용의가 있음을 밝히면서 곤민군의 일원이 되었다는 것이다. 또 후푸무라(風布村)의 나카가와(中川七彦)의 경우는「호장 야쿠바(役場) 및 고리대에 다수가 난입하여 공증증서를 소각하고 부채를 소멸시키는데 목적이 있었다.」204)고 대답하고 있고, 같은 마을의 사카모토(坂本栄作)

---

203) 田島富蔵訊問調書『秩父・集成』第一巻、309頁
204) 中川七彦訊問調書『秩父・集成』第一巻、378頁

제 3장 치치부자유곤민군의 무장봉기 과정 173

는 「조세 및 학교비를 감면해 받기 위해 히노자와무라에 다수가 집합하여 흉기를 들고 난입하기 위해」205)뜻을 함께 했다고 한다. 오노의 입당권유(조직 활동)를 받고 "자유당에 힘을 합하고자 했던" 대부분의 부채농민들은 한결같이 「고리대를 쳐부수어 이율을 낮추고 각종 세금을 감면」받는 것이 목적이었다고 증언하고 있다.

* 오노에 의해 조직화된 48명의
  비공인 자유당원의 입당연월일

입당연월일 (明治17年)	10월 27일	10월 28일	10월 29일	10월 30일	10월 31일	불명
입당자수	8명	1명	21명	8명	2명	8명

*『秩父・集成』에는 49명이라고 적혀 있지만 실제 확인된 것은 48명이다.

* 치치부군의 마을(村)별 입당자수

村名	大野原	下田野	寄居	桜沢	井戸	皆野	末野	金尾	風布
人數	1	1	1	1	2	4	3	9	26

이 시기에 오노를 비롯한 일부 오르거나이저들이 「자유당 가입」=「부채연부변제」의 등식으로 농민들의 조직화에 성공

---
205) 坂本栄作訊問調書『秩父・集成』第一卷、362頁

한 것은 자유당이 갖고 있었던 반정부의 상징이라는 이미지가 그만큼 농민들에게 희망적으로 다가왔기 때문이다. 이러한 사실은 오가시와(小柏常次郞)의 주도로206) 군마(群馬)현에서 참여한 비공인 자유당원들에게서도 확인할 수 있다. 다코군(多胡郡) 시모히노무라(下日野村)의 쿠로사와(黑沢金四郞)의 경우는 「오가시와가 와서 이번에 국회개설의 청원을 할테니 치치부군 시모히노자와무라의 아라이집으로 오라」207)는 요청을 받았고, 덴피키무라(天引村)의 후루다치(古舘竹次郞)의 경우는 「이번에 치치부군 이사마무라에서 자유당의 회의를 열 예정이니 11월 1일까지 집합하라」208)는 연락을 받고 참여했다고 한다. 치치부에 동원된 군마의 농민들은 치치부군 이사마무라(石間村)의 가토(加藤織平)의 집과, 시모히노자와무라(下日野沢村)의 아라이(新井蒔蔵)의 집을 결집장소로 정하고 달려갔지만, 이때 그들이 생각하는 「자유당회의」는 어떤 것이었을까. 이에 대해 다코군 가미히노무라(上日野村)의 아라이(新井庄蔵)는 다음과 같이 증언하고 있다209).

---

206) 오가시와는 일제봉기를 결정할 때 그동안의 준비부족으로 다시로를 비롯해 간부들로부터 심한 홀대를 받았지만, 봉기결정이후 군마현의 인원을 동원하는 과정에서는 발군의 능력을 발휘하였다. 특히 자신이 동원한 대부분의 군마현의 농민들은 메이지 17년 2월과 3월에 걸쳐 자신의 주도하에 조직한 비공인 자유당원들이 주축을 이루었다.
207) 黒沢金四郞訊問調書『秩父·集成』第三卷、94頁
208) 古舘竹次郞訊問調書『秩父·集成』第三卷、668頁
209) 新井庄蔵訊問調書『秩父·集成』第三卷、127頁

「근년 농민들의 피폐가 극에 달함에 따라 자유당의 총리 이타가키(板垣退助)라고 하는 자가 오사카에서 전국의 인민을 위해 거사를 일으킨다고 하여, 곳곳에서 소요가 발생해 고리대를 쳐부수고 조세 등을 감소하도록 하고 있는바, 치치부군에서도 11월 1일을 기해 인민들이 궐기한다고 하여 …1일이나 2일에 돌아 올 예정으로 생각없이 오가시와 등과 함께 동행했다」

이 내용을 보면 아라이를 비롯한 부채농민들은 자유당의 총리가 전국의 인민들을 구하기 위해 일제봉기를 일으킬 예정이니 우리들도 힘을 합해 목적을 달성해야 하지 않을까라는 생각으로 치치부의 봉기에 참여했다는 것이다. 실제 이타가키가 이끄는 자유당은 치치부사건과 어떠한 관련도 없었음에도 불구하고 자유당이 갖고 있는 이미지 자체만으로 군마현의 부채농민들을 사로잡았고 그들로 하여금 봉기에 자발적으로 가담하게 만들었다. 국가권력과의 대항을 염두에 두어야 하는 농민들의 입장에서 보면 자유당의 환영은 자신들에게 봉기의 권위와 정당성을 확보해주고 자신들의 원망을 달성해 줄 수 있는 가장 적절한 존재였기 때문이다. 자유당에 대한 농민들의 환상적 기대감이 그만큼 컸다는 것을 의미한다. 봉기를 결정하고 난 후 곤민군의 지도부들은 이렇게 자신들이 할 수 있는 모든 수단과 방법을 동원하며 거사를 준비했다.

4) 혁명 전야의 기운

8월부터 시작된 길고도 무거웠던 투쟁레이스도 이제 봉기 전야를 맞이하게 되었다. 그러나 10월 31일 오전에도 다시로는 확대간부회의에서 거사연기에의 미련을 떨치지 못하고 있었다[210]. 그 배경에는 전쟁에의 두려움이 앞섰기 때문이 아니라 「어디까지나 전쟁을 하는 이상 장렬하게 죽음을 택하겠다」는 자신의 신념을 관철시키기 위해서라도 만전을 기해 「인민들에게 부끄럼 없는」 죽음을 맞이하겠다는 확고한 의지 때문이었다. 2보 전진을 위한 1보 후퇴의 전략적 선택이 더 이상 간부들에게 먹혀들어가지 않는다는 사실을 다시 한번 확인한 이상 다시로도 간부들의 투혼을 고려하면서 스스로 전의를 다져갈 수밖에 없었다. 이제 그의 머리에 남아

---

[210] 다시로의 판결문에 의하면 「31일 織平・常次郎・周三郎・善吉・熊吉 등 수명과 가미히노자와무라 고마에경지에서 비밀회의를 할 때 피고는 유예설을 설파하며 伝蔵와 함께 연기를 주장했지만 받아들여지지 않아…드디어 결의를 굳히고…」라고 기록하고 있다(田代栄介判決文 『秩父・集成』第一巻, 54頁). 요컨대 다시로는 최후의 순간에서도 연기론에 집착했지만, 다른 간부들은 전혀 그의 주장에 동의하지 않았다. 그 대신 다시로는 상황이 그다지 밝지 않다는 사실을 인식하고 간부들과 함께 일전불사의 결의를 다지는 한편, 봉기에 이르러서는 최대한 신중하게 행동 할 것을 당부 하였다.

있었던 것은 어떻게 하면 곤민군의 희생을 최소화 하면서 자신들의 목적을 달성할 것인가의 문제였다. 마지막으로 그는 간부들에게 다음과 같이 결의를 토로했다211).

「작년 이래 물가는 계속 내려 고리대는 점점 부를 쌓아가고 빈자(貧者)는 점점 몰락해 가고…치치부군 중의 인민을 대신하여 부자를 폐하고 빈자를 구조하기 위해서는 비상한 조치를 취하지 않으면 안 된다. 만약 이 목적을 달성하지 못하면 형벌에 처해질 것을 모두가 각오해야 한다.」

출진을 목전에 둔 대장의 심경으로서는 다소 박력이 떨어지는 듯한 느낌도 없지 않지만, 내일의 일제봉기를 향해 자신의 마음속에 남아 있는 알 수 없는 미련을 떨쳐버림과 동시에 오로지 일제봉기만을 생각하고 있는 곤민군의 고양된 투쟁의욕을 다시 한번 추스를 필요가 있다고 생각했을 것이다. 그리고 다시로는 최고지휘자로서 일부 핵심간부들과 협의를 거쳐 각자의 지휘체계와 역할분담을 결정했고, 그 결과 (역할편제)를 11월 1일 밤 각지에서 동원된 곤민군이 결집해 있던 무쿠진자(椋神社)에서 발표했다.

---

211) 柴岡熊吉訊問調書『秩父・集成』第一卷、17頁

* 치치부곤민군의 역할편제 일람

직 책	출신지	성 명
総理	大宮郷	田代栄介
副総理	石間村	加藤織平
会計長	下吉田村	井上伝蔵
副会計長	上日野沢村	宮川津盛
大宮郷小隊長	大宮郷	柴岡熊吉
参謀長	信州南佐久郡北相木村	菊地貫平
甲大隊長	西ノ入村	新井周三郎
同副大隊長	風布村	大野苗吉
乙大隊長	下吉田村	飯塚盛蔵
同副大隊長	下吉田村	落合寅市
上吉田村小隊長	上吉田村	高岸善吉
飯田村三山村小隊長	飯田村	犬木寿作
阿熊村日野沢村小隊長	上日野沢村	村竹茂市
下影森村小隊長	下影森村	塩谷長吉
蒔田村小隊長	蒔田村	田弥十郎
三沢村小隊長	三沢村	荻原勘次郎
兵糧方	下吉田村	井上善作
同	石間村	新井繁太郎
同	下小鹿野村	泉田篶
軍用金集方	信州南佐久郡北相木村	井出為吉
同	静岡県平民	宮川寅五郎
弾薬方	阿熊村	彦久保次郎吉
同	西ノ入村	門松圧右衛門
鉄砲大長	石間村	新井悌次郎
同	阿熊村	新井駒吉
小荷駄方	群馬県上日野村	小柏常次郎
同	群馬県三波川村	横田周作
伝令史	上日野沢村	門平惣平
同	上吉田村	坂本宗作
同	本野上村	島田清三郎
同	上日野沢村	駒井享作
同	石間村	高岸駅蔵
同	群馬県渋川村	堀口幸助
其他名前不知者三十人計		

이 역할편제는 총리로 추대된 다시로가 이제까지의 각자의 역량을 최대한 파악하여 결정한 매우 의미 있는 편제였다고 할 수 있지만, 몇 가지 특징적인 부분도 간과할 수 없다. 우선 이이즈카(飯塚盛蔵), 아라이(新井周三郎), 기쿠치(菊地貫平) 등 3인에게는 전투 진행의 전권을 맡겼다고 하는 사실이다(다시로는 훗날 재판정에서 그렇게 진술하고 있다). 특히 기쿠치의 경우는 치치부곤민군의 간부들과 접촉한지 불과 하루 이틀 사이에 참모장이라는 핵심포스트에 임명되었을 만큼 중용되었다. 이것은 짧은 시간에 보여준 그의 언행이 다시로와 다른 간부들에게 그만큼 신뢰감을 주었다는 것을 의미하지만, 한편으로는 전술·전략적인 능력을 발휘하여 곤민들을 리드할 수 있는 뛰어난 인재가 상대적으로 부족했다는 사실을 반증하는 것이기도 하다. 그런 의미에서 이 편성표는 인재부족의 한계를 드러내었다고도 할 수 있다.

 또 하나는 오가시와(小柏常次郎)와 사카모토(坂本宗作)의 역할론이다. 사실 오가시와는 처음부터 곤민당의 조직과정과 다시로의 총리추대에 깊숙이 관여한 인물이었지만 그가 맡은 역할은 비교적 비중이 크지 않은 "장비운반책"이었다. 이는 곤민군의 조직과정에서 자신의 책임을 다하지 못함으로써 다시로와 다른 간부들로부터 완전히 신임을 잃어 버렸기 때문일 것이다. 하지만 다시로는 인재부족으로 인해 그를 간부의 일원으로 올려놓을 수밖에 없었다. 이와 함께 곤민당의 발기인의 한사람이고 곤민당의 초기의 조직결성과정 때부터 결정적인 역할을 한 사카모토를 '전령사'에 임명한 것도 매우 의외의 인선이었다. 그 배경에 대해서는 명확히 알 수 없지만 사카모토의 판결문에 의하면 「폭도의 전체에 주목하고, 진퇴응원의 시기를 감독하고, 동시에 총리 부총리의 대리를 한다」는 기술이 있다. 이에 근거하면 사카모토의 경우는 최고지도부의 유고시에 그 역할을 대신하는 인물로 정해져 있었다는 것이고, 이는 다시로가 만약의 사태에 대비하여 나름대로 치밀한 지휘체계를 구축하고 있었다는 의미이기도 하다.

2. 일제봉기와 「혁명본부」의 설치

1) 「혁명」을 위한 정의의 출진

11월 1일, 드디어 결전의 날이 밝았다. 약 3개월간 축적해 온 곤민당의 에너지가 일거에 폭발 할 것 같은 긴장감이 치치부의 새벽하늘을 뒤덮고 있는 가운데, 다시로는 무쿠진자에 결집하는 시간을 저녁 8시로 결정해 놓고 잠시 발길을 아라이(新井駒吉)의 집으로 돌렸다. 아라이의 집은 그동안 곤민당 간부들의 회의장소로서 자주 애용되었던 곳으로서 다시로도 이곳에서 마지막으로 전체적인 상황을 점검하고자 했을 것이다. 그러나 무쿠진자로 향하는 곤민들의 움직임은 이미 준전시체제에 들어간 것이나 마찬가지의 상태였다.

우선 후푸무라(風村)의 오노(大野福次郎)는 촌민들에게「차금연기를 의뢰, 혹은 없는 것으로 할 테니까 철포나 칼, 창 등을 들고 집합하라」고 총 동원령을 내린 후, 그들과 함께 무쿠진자로 향하던 중 대원들의 일부가 경찰에 체포되는 상황도 발생했고, 이사마무라(石間)의 오치아이(落合寅市)와 오기와라(荻原勘次郎)가 이끄는 그룹은 호장(戸長)과 관청 등을 습격하여 철포 등을 닥치는 대로 탈취하며 기세를 올리기도 했다.

또 갑부대의 대대장(甲大隊長)으로 임명될 예정이었던 아라이(新井周三郎)의 경우는 곤민 30, 40명과 함께 가나사키무라(金崎村)의 금융회사인 에이호(永保)사를 습격하여 지권이나 장부 등을 탈취하여 소각하거나, 고리대의 집을 잇따라 습격하여 돈을 강탈하고 창고 등을 털어 군자금과 식량을 확보하는 전과를 올리기도 했다. 결집 도중에 각지에서는 이미 실질적인 무력행사가 펼쳐지고 있었다. 이 과정에서 곤민들은 민중봉기의 전통이었던 각 호마다 남자 한명씩을 강제로 동원하는 방식으로 대원들을 충당하면서 자신들의 세력을 급격히 팽창시켜 갔다.

각지에서 전개되고 있던 곤민들의 모습을 당시의 『実況秩

父郡記』는「모두가 칼과 창 철포 등을 갖고 있지 않는 자가 없었고, 모두 일제히 괴성을 지르며 나아가는 모습은 마치 용이 승천하는」212)상황과 다를바 없었다고 기술하고 있다. 나름대로의 전투를 승리로 장식했다는 성취감과 모두가 힘을 합하면 자신들의 뜻을 실제 이룰 수도 있다는 향후의 기대감이 곤민들의 사기를 고조시켰던 것이다. 이런 일련의 움직임과 소기의 성과에도 불구하고 이날 다시로를 가장 당혹하게 만들었던 것은 돌발적으로 일어난 경찰과의 유혈충돌이었다.

시모요시다무라(下吉田村)에서 발생한 이 사건은 마츠야마(松山警部)경찰서의 요시미네경부(吉峰警部)가 이끄는 25명의 순사와 오미야(大宮)경찰서의 사이토경부(斎藤警部)가 이끄는 10명의 순찰대로 구성된 경찰연합대에 아라이와 아이키(相木太郎吉)가 이끄는 곤민군이 대항한, 이른바 곤민군과 경찰과의 사이에서 발생한 최초의 전투였다. 이 전투에서 양측은 기선을 제압하려는 의욕이 앞서면서 서로가 사상자를 냈을 정도로 치열하게 맞섰다. 곤민들은 불과 일 개월 전만 하더라도 경찰의 설득에 쉽게 물러났던 오합지졸이었으나 이제는 그들과 일전을 치를 정도로 과격한 전투 집단으로 변해 있었다.

상황이 예상외로 급박하게 돌아가자 다시로는 전령들을

---

212) 『実況秩父郡記』『秩父・集成』第六巻、131頁

급파하여 가능한 한 모두 빨리 무쿠진자(椋神社)로 집합할 것을 지시했다. 그리고 자신도 예정보다 일찍 다른 간부들을 데리고 무쿠진자에 도착했다. 시각은 오후 4시를 조금 지난 무렵이었다. 이 무렵 무쿠진자에는 이미 천여 명이 넘는 곤민들이 무장한 채로 대기하고 있었다. 그들은 각지에서 벌어진 일련의 전투소식을 접하고는 사기가 오를 대로 오른 상태였고, 다시로도 「이미 관리를 살해한 이상 그 죄를 면하기 어렵다는 것을 알고 스스로 전의」213)를 불태우고 있었다. 마지막까지 일제봉기의 연기에 집착했던 다시로도 이제는 완전히 봉기군의 총리로서 자신의 입장을 확고히 하기 시작한 것이다.

이 순간을 위해 지난 수개월간 곤민당의 조직에 혼신의 힘을 쏟았던 치치부의 리더들을 비롯해 군마, 나가노로부터 전제(專制)정부에 일격을 가하기 위해 목숨을 걸고 가담한 일부 자유당원과 열혈투사들에 이르기까지, 각자의 입장과 성장환경은 달라도 이 세상을 개혁하여 곤궁한 빈민들을 구제하겠다는 일념만은 모두가 공유한 상태였다. 약 2~3천여 명의 무장전사들 앞에 선 다시로는 곤민군의 편제를 발표하며 일전불사의 의지를 불태웠고, 참모장인 기쿠치는 어떠한 상황에서도 곤민군이 지켜야 할 「군율」을 낭독하며 기세를 올

---

213) 田代榮助判決文 『秩父・集成』第一卷, 54頁

렸다.

제 1 조 : 금품을 약탈하는 자는 처단한다.
제 2 조 : 여색을 범하는 자는 처단한다.
제 3 조 : 주연(酒宴)을 행사는 자는 처단한다.
제 4 조 : 개인의 원한을 갖고 방화 또는 난폭한 행위를 하는 자는 처단한다.
제 5 조 : 지휘자의 명령을 위반하고 사감을 일삼는 자는 처단한다.

이 5개조의 군율이 출진하는 곤민군에 의해 얼마나 철저히 지켜졌는가는 별도로, 적어도 곤민군이 스스로 높은 윤리성을 확보하고 조직의 명령계통을 확실히 수립하고자 했던 노력은 의미 있는 것이었다. 요컨대 농민전사들이 결코 오합지졸이 아닌 정의의 군대라는 사실을 엄격한 군율을 통해 서로가 확인하면서, 자신들이 원하는 목표(천하의 정치를 바로잡고, 인민을 자유롭게 해방하며, 이 세상을 평등한 사회로 만드는 것)를 달성하기 위해 궐기 했다는 사실을 서로가 공유했다는 것이다. 엄격한 군율과 군대조직으로 무장한 곤민군은 밤 8시 드디어 "정의의 출진"을 감행했다. 이때의 모습을 『実況秩父郡記』는 다음과 같이 기록하고 있다[214].

「폭도들의 대장이 수십명씩 인솔하여 흰색깃발을 앞세워 구름처럼 밀려오고, 폭도들이 지르는 괴성이 산골짜기를 울려 퍼지니 이를 본 경찰들이 대적할 엄두조차 내지 못하고 그 기세에 눌려 바로 퇴각하였다.」

죽창과 철포로 무장한 수천의 곤민군은 이렇게 경찰의 저항을 완전히 압도하며 자신들의 계획대로 갑·을 2개 대대로 나누어 힘차게 출진했다. 선발대는 아라이(新井周三郎)가 이끄는 갑(甲) 부대였고, 당면의 목적지는 고리대가 가장 많이 집결해 있던 오가노마치(小鹿野町)였다. 오가노마치에 진입한 곤민군은 고리대의 집과 호장, 관공서 등을 습격하여 닥치는 대로 불을 지르고 금품을 강탈했다. 전술한 『実況秩父郡記』는 곤민군의 이러한 초반 기세를 「방화는 하늘을 태우고 폭도들의 괴성은 어떠한 대산(大山)도 무너뜨릴 정도」215)였다고 기술하고 있다. 그 여세를 몰아 곤민군은 지역의 상가(商家)·부가(富家) 등을 포함해 오가노마치의 경찰분서까지 습격하는 등, 지금까지 자신들이 적대적 세력으로 간주하고 있던 대상들을 모조리 파괴하는 대담함을 선보였다. 오가노마치는 일거에 곤민군에 점령당했고 시각은 밤 11시를 지나고 있었다.

---
214) 『実況秩父郡記』『秩父·集成』第六巻、131頁
215) 『実況秩父郡記』『秩父·集成』第六巻、132頁

그들은 「지구도 무너뜨릴 기세」를 일단 억누르며 오가노마치의 스와진자(諏訪神社)의 경내(境內)에서 하룻밤을 보내기로 했다.

다음날 새벽 곤민군은 오미야(大宮鄕)를 향해 진격했다216). 아침 6시 경에 작전개시를 시작한 곤민군은 「선두에 철포대를 앞세우고 그 다음에는 죽창대와 칼부대가 뒤를 잇고, 중간 중간에 소대장과 대대장이 지휘를 하고, 그 뒤를 전령사와 총리가 포진하는 2열 종대의 형태」217)로 진군했다. 기세 등등한 모습으로 오가노마치를 출발한 곤민군은 시모오가노마치(下小鹿野町), 나가토메무라(長留村), 다무라(田村鄕) 등의 마을을 거쳐 데라오무라(寺尾村)의 오가노사카(小鹿野坂) 고개에 도착했다. 여기서 곤민군은 오미야의 정황을 탐색하기 위해 파견해 두었던 척후병으로부터 「오미야는 경찰이 사냥꾼들을 모집하여 이들을 지휘하면서 엄중하게 다케노하나와타리바(武の鼻渡場)를 지키고 있어 간단히 접근하게 되면 포격을 당할 우려가 있다」218)는 보고를 받았다. 오미야로 진입하는 길목에 경찰이 삼엄한 경비를 펴고 있다는 소식을 접한 다

---

216) 원래 다시로의 계획은 오가노마치를 제압하고 나서 바로 오미야를 장악하려고 했다. 하지만 밤중에 진격하게 되면 경찰의 기습에 의해 실패할 가능성이 있어 다음날 새벽으로 결정했다고 한다.
217) 井上幸治『秩父事件』中公新書 1968, 110頁
218) 田代榮助訊問調書『秩父・集成』第一巻、40頁

제 3장 치치부자유곤민군의 무장봉기 과정 187

시로는 일단 진군을 멈추고 간부들과 협의를 시작했다.
 이때 시바오카(柴岡熊吉)가 「나는 오미야에 거주하는 몸이니 약간 명을 데리고 오미야에 잠입하여 상황을 살펴보겠다. 만약 상황이 괜찮으면 2발의 포격을 신호로 보낼 테니 후군(後軍)은 오가노사카고개의 23번 관음동의 종을 치고 3개의 부대로 나누어 진격하면 어떻겠는가」219)라는 안(案)을 제안했다. 이에 다시로는 철포부대원 2명과 칼 부대원 2명을 척후병으로 파견하여 우선 오미야의 상황을 정찰하도록 지시했다. 그러나 선발 정찰병들이 다케노하나와타리바를 건너자마자 바로 2발의 총성이 울려 퍼졌다. 최초의 척후병으로부터의 보고는 오보였던 것이다. 총성을 들은 다시로는 즉각 갑·을 양 부대에게 진군을 명령했고 선두에는 부총리인 가토(加藤織平)를 내세웠다. 오미야에 입성할 때까지 곤민군은 어떠한 저항도 받지 않았다.
 일거에 오미야의 침공에 성공한 곤민군은 우선 오미야경찰서에 난입하여 각종서류를 소각하면서 기세를 올렸고, 그 여세를 몰아 오미야치안재판소도 습격하여 모든 서류를 강탈하여 불태워 버렸다. 농민전사들의 한 맺힌 폭거에 완전히 전의를 상실한 경찰서·재판소·군청 등의 공무원들은 보관하고 있던 서류를 전부 건네주고 줄행랑을 쳤다. 이때의 곤

---
219) 田代栄助訊問調書『秩父·集成』第一巻、41頁

민군의 모습을『秩父暴動事件槪略』은「흉도들은 마치 물결이 밀려오듯 난입하여 일제히 고래소리를 지르며 바람처럼 시내를 통과하였고, 선두는 바로 경찰서의 주변에서부터 엽총을 발사하며 재판소와 군청 등을 습격하였다. 서류를 강탈한 후, 찢어 밖으로 폐기하거나 불을 붙여 던지거나 하여 서류의 파편이 시내 전체를 날아다녀 마치 때 아닌 눈이 내리는 것과 같았다」고 기록하고 있다[220]. 농민전사들이 오로지 각종 서류의 파기에 집중하고 있음을 전해주는 이 기록은, 당시 부채의 압박에 시달릴 대로 시달린 농민들의 울분이 얼마나 극에 달해 있었는가를 상징적으로 나타내고 있는 장면이다.

한편 오미야의 함락을 가토에 일임한 총리 다시로는 다소 불안함을 느꼈는지 자신은 오미야주변의 지조인(地藏院)에 본진(本陣)을 설치하려고 했다. 여기서 다시로 일행은 농민전사들의 습격을 피해 이곳에 피신해 있던 고리대 이노우에(井上四郎次)를 만나게 된다. 즉시 그를 체포한 다시로는 이노우에에게 네가 갖고 있는 서류를 모두 건네든지 아니면 목숨을 내 놓든지 둘 중에 선택하라고 명령했다. 이때 오미야의 평정에 앞장섰던 시바오카가 찾아와, 이미 오미야는 완전히 평정된 상태이니 빨리 오미야에 입성해 줄 것을 요청했다. 시

---

220)『秩父暴動事件槪略』『秩父·集成』第六卷、168頁

바오카의 보고를 접한 다시로는 고리대의 취조를 그에게 맡기 후, 즉시 일행을 데리고 오미야로 향했다. 오미야에서 갑·을 양 부대와 합류한 다시로는 전군을 이끌고 치치부진자(秩父神社)로 향한 후 경내에서 일시 휴식을 취하기로 했다. 시각은 오후 4시경이었고 곤민군의 총 수도 각지에서 동원된 수를 합해 여전히 2~3천여 명에 이르고 있었다.

2) 「혁명본부」의 설치

다시로는 곤민전사들이 모이는 장소로서 항상 진자(神社)를 이용했다. 무쿠진자(椋神社), 스와진자(諏訪神社), 온가쿠지(音樂寺), 그리고 치치부진자(秩父神社) 등, 곤민군이 봉기를 일으키고 나서는 항상 진자가 곤민군이 집합하는 중요거점으로 애용되고 있었다. 이는 어느 진자도 넓은 공간을 확보하고 있었는 데다 촌민들의 일상생활에서 진자는 일상의 행복과 희망을 기원하는 신성한 장소로서 기능하고 있었기 때문에, 뜻을 이루고자 하는 많은 곤민전사들을 결집시키는 장소로서는 매우 적절한 곳이었다. 다시로가 곤민군의 본진을 치치부진자에 설치하려고 했던 것은 극히 상식적인 판단이었는지도 모른다.

그러나 참모장인 기쿠치(菊地貫平)는 치치부진자가 아닌 군청에 본진을 설치할 것을 제안했다. 사실 이제까지 곤민군의 행적을 돌이켜보면 이미 메이지정부에 대해 선전포고를 한 것이나 마찬가지였고 앞으로도 정부군과 피할 수 없는 일전을 준비해야 하는 상황이었다. 이런 사실을 감안하여 기쿠치는 정부기관인 군청에 본진을 설치하는 것이 곤민군의 사기앙양에도 도움이 될 뿐만 아니라 자신들의 행동에 대의명분을 부여하는 데도 도움이 된다고 판단했다. 다시로는 기쿠치의 의견을 그대로 받아들였다. 그래서 본영(本營)을 치치부군청에, 분영(分營)을 치치부소학교에 설치하기로 했다. 이 시점에서 이미 오미야는「완전히 폭도의 세계가 되었고 총리 다시로라는 인물은 군청의 3층에 올라가 대원들을 지휘하는」[221] 상황으로 변해 있었다. 이미 날은 저물었고 오미야는 완전히 곤민군에 장악된 상태였다. 이날의 날씨를 『木公堂日記』는「설야대풍(雪夜大風)」이었다고 기록하고 있지만, 이 스산한 한파도 사기충천한 곤민군의 위세 앞에는 어떤 걸림돌도 되지 못했다.

혁명의 밤이 시작되자 다시로는 간부들과 함께 지금부터 무엇을 구체적으로 할 것인가를 다시 논의 했다. 그 결과 지도부는 우선 군자금조달, 고리대습격, 관병격퇴, 곤민전사 확보 등을 당면의 과제로 설정했다. 다시로는 즉각 군자금확보부터 실행에 옮기도록 지시했고, 젊은 투사 이데(井出爲吉)와

---

221) 『秩父暴動略記』『秩父・集成』第六巻、143頁

시바오카(柴岡熊吉)가 이 일을 담당하기로 했다. 시바오카는 10월 중순 무렵에도 군자금확보를 위해 활약한 경험이 있었다. 다시로는 이때 그들에게 「이번에 우리들이 고리대를 쳐부수고 빈민들을 구하기 위해 병을 일으켰으나 경찰관 및 헌병대의 저항에 직면하여, 전투를 하지 않으면 빈민을 구하지 못하는 바, 이로 인해 군자금이 필요하다는 사실을 주지」222) 시키도록 노력하라고 지시했다. 일방적으로 군자금을 강탈할 것이 아니라 자신들의 목적을 분명히 설명하고 설득하여 상대의 동의를 구하기를 주문했던 것이다.

그들의 대상은 주로 지역의 호상(豪商)들이었다. 반드시 다시로의 지시대로 움직였던 것은 아니었지만 「대망을 달성하고 나서 모두 변제할 수는 없겠으나, 불행하게도 전사했을 경우에는 부의금으로 내었다고 생각하라며 일단은 승낙을 받은 후에 돈을 지참하여 본진에까지 동행하게 만들었다」223) 고 한다. 요컨대 자금을 무조건 강탈한 것이 아니라 거사가 성공하면 반드시 갚겠다는 입장을 밝히면서, 한편으로는 군자금에 협조한 사람에게는 「혁명본부」의 명의로 차용증을 발행하는 방법으로 군자금을 모았다. 이런 형태로 8백엔을 각출당한 오모리(大森喜右衛門)을 비롯해 9명의 부호들이 군자

---

222) 田代栄助訊問調書『秩父・集成』第一卷、42頁
223) 田代栄助訊問調書『秩父・集成』第一卷、42頁

금강탈에 피해를 입었고, 총액 약 3천엔이 넘는 자금이 확보되었다.

 이날 밤부터 고리대에 대한 응징도 동시에 진행되었다. 다시로는 고리대에 대한 응징에 있어서도 결코 사원(私怨)을 개입시키지 말도록 당부를 했다. 특히 가옥을 파괴하기 전에는 「부채 잔금을 모두 채무자에게 탕감해주도록 담판을 해 보고 듣지 않을 시에는 가옥을 파괴」224)하도록 지시하기도 했다. 적어도 고리대에게 마지막으로 참회의 기회를 줄 것을 요청한 것이다. 다시로를 비롯한 지도부는 5개조의 군율을 지키기 위해 최대한의 노력을 아끼지 않으려 했다. 그럼에도 불구하고 악명 높았던 고리대 이나바(稻葉貞助)처럼 여전히 자신의 탐욕에 대한 반성이 없는 경우에는 「貞助의 가옥을 파괴하지 않으면 이미 파괴된 자들에 대해 의를 배신하는 것이고 사후에도 오명을 씻지 못할 것이다」225)라고 하면서 철저한 응징을 지시하기도 했다. 의리와 인정을 바탕으로 일생을 살아오면서 봉기 시에도 가능한 한 군율의 유지에 최선을 다하려 했지만, 마지막까지 참회를 하지 않는 고리대는 가차없이 응징에 나선 것이다. 이런 형태로 이날 밤 지도부의 지휘하에 이루어진 고리대의 가옥파괴는 모두 9채에 달

---

224) 田代榮助訊問調書『秩父・集成』第一卷、42頁
225) 田代榮助訊問調書『秩父・集成』第一卷、41頁

했다.
 병력보충도 광역적으로 진행되고 있었다. 병력충원은 일호(一戶)당 한사람씩이라는 강제동원의 전통이 그대로 지켜지고 있었지만, 그 과정에서「자유당」이라는 이름이 빈번히 애용되고 있었다. 병력동원에 진력한 미야카와(宮川寅五郎)와 이누키(犬木寿作) 등은 자신들을「자유당의 일등총리 아무개」라고 위치지우며 자신들의 행동이 정당하다는 것을 설파하고 다녔다. 일부는「우리들은 자유당원으로 이번에 총리 이타가키(板垣退助)의 지휘를 받아 곤민을 돕기 위해 수천명이 동맹을 맺어 고리대를 응징하고 있으니 각호에서는 철포와 칼 창 등을 내 놓아야 한다」[226]고 외치면서, 자신들은 이타가키총리의 지휘하에 움직이고 있다는 사실을 강조했다. 그들은 스스로를 이카가키총리가 이끌고 있는 자유당의 당원임을 내세우며, 지금 고리대를 응징하고 있으나 공교롭게도 경찰병력과의 전투로 부상자가 속출하고 있을 뿐만 아니라 물자부족에도 허덕이고 있으니, 마을의 협력과 여러분들의 동원을 기대한다는 취지로 동원을 촉구한 것이다.
 일제봉기의 결정이후 지도부나 곤민들이 부채농민들을 강제 동원하는 과정에서 자유당의 이미지를 적절히 활용하고 있는 것은 1) 반체제의 심볼인「이타가키자유당」의 이미지를

---

226) 高野寿夫『秩父事件-孫からの報告』木馬書館 1981、250頁에서 재인용

빌려서라도 자신들의 행동을 정당화 시키고 자신들의 행동에 보다 더 권위를 확보하고자 하는 의도가 있었고, 2) 어쩌면 지금까지 자신들을 억압하고 있던 부채나 잡세(雜稅) 등의 문제를 「이타가키자유당」의 권위에 의지함으로써 일거에 해결할 수 있을지도 모른다는 기대감이 있었으며, 3) 비록 정치적 색채는 엷었지만 봉기의 단계에서 널리 인민을 도우고 평화로운 세상을 실현할 수 있는, 소위 현실적 원망(願望)에 어울리는 자신들의 고유한 자유당의 이미지를 창출하고자 하는 의도 등이 복합적으로 작용했다고 할 수 있다.

요컨대 자유당을 자신들의 문제를 해결할 수 있는 유일한 환상적인 이미지로 새롭게 창출함으로써 참가를 강요당하는 농민들에게는 스스로를 「의용병(義勇兵)」으로서 참여한다는 명분을 갖게 만들었고, 자신들의 행동에 대해서는 불평분자들의 반란이 아니라 사회의 정의실현을 위해 일어난 「의거」라는 사실을 공유하게 만들었던 것이다. 봉기참여에의 정당성과 조직의 일체성을 동시에 확보해 가는 매우 효율적인 전략이었다[227]. 봉기 후 이틀 밤을 지낼 때까지의 사태는 일

---

[227] 1883년(明治17) 무렵의 자유당에는 평민들도 다수 입당하여 일반촌민들과의 거리감도 조금은 축소되었다고 할 수 있으나, 촌민들의 입장에서 보면 여전히 자유당원들은 무언가 다른 부류라는 인식을 지울 수 없었다. 따라서 자유당의 이름은 역시 촌민들에게는 쉽게 다가갈 수 없는 이미지였지만, 그것이 오히려 지금의 상황에서는 역으로 촌민들을 흡인하는 중요한 수단으로 위력을 발휘하고 있는 것이다. 왜냐하면

단 곤민전사들의 희망대로 모든 것이「혁명군」의 모습 그대로였다.

3) 정부군의 반격태세와 곤민군 지휘체계의 균열

봉기를 결행하고 나서 3일째, 매사가 비교적 순조로운 듯 했지만 곤민군의 전도는 결코 밝지 않았다. 고리대를 응징한다고 하는 당면의 목표는 달성했으나 곤민군의 궁극적 목적인 "압제정부를 전복하고 세상을 바꾸기"위해서는 근대적인 군비로 무장한 정부군과의 일전이 불가피했기 때문이다. 이제까지는 철포대를 앞세운 곤민군의 수적 우세와 기습공격으로 수십명 규모의 경찰대를 압도할 수 있었으나 향후 대적해야 할 정부군은 자신들의 뜻대로 요리할 수 있는 상대가 아니었다. 게다가 정부군이 일제히 반격에 나섰을 경우 그것을 격퇴할 수 있는 지도부의 전술이나 전략도 결코 충분치 않은 상태였다. 그러나 이에 대한 대책을 강구할 틈도 없이 다음날 새벽 4시경에 야노무라(矢納村)에 파견되어 있던 척후병으로부터「헌병대 및 경찰병력이 동 마을에 머물며

촌민들의 입장에서 보면 지금까지 연이 없었던 자유당의 실체가 지금 이렇게 자신들의 눈앞에 등장하여 함께 반정부의 선봉에 서 준다는 것은 매우 감사하고 흥미로운 사건이었기 때문이다. 이것은 분명 예기치 못한 당혹스러운 일임에는 틀림없지만, 다른 한편으로는 이 뜻밖의 사실이 봉기에 참여하는 촌민들에게는 의외의 동기부여가 되었다는 사실이다.

식사를 하고 있는데 이르면 오전 중에 들이닥칠지도 모른다」228)는 급보가 도착했다.

다시로는 즉각 간부들에게 전열의 정비를 명령했다. 정면으로 대항한다는 생각이었다. 우선 다시로는 전군을 갑·을·병의 3개 대대로 나누어, 갑 부대는 가토(加藤織平)와 아라이(新井周三郎)가 이끌고 다케노하나와타리(武の鼻渡)를 넘어 요시다무라(吉田村)쪽을, 을 부대는 이이즈카(飯塚盛蔵)와 기쿠치(菊地貫平)가 맡아 오노하라무라(大野原村)방면을 전담케 했다. 그리고 병 부대는 오치아이(落合寅市)로 하여금 담당하게 한 후, 자신과 함께 오미야(大宮郷)에 남아 본진을 방어하기로 했다. 이때 각 부대는 모두 철포부대 50명, 칼부대 100명, 죽창부대 500명 정도의 규모로 편성했다. 다시로의 의도는 오미야의 사수를 전제로 3개 대대가 지원하는 형태의 방위태세를 구축한 것이다. 그러나 확고한 전략적 방어태세를 구축하지 않은 상태에서 3개 대대로의 재편은 지휘계통의 혼란과 정세판단의 오판을 불러들일 수 있는 가능성을 내포하고 있었다.

그런 우려는 바로 현실로 나타났다. 오전 9시경 갑 부대에는 헌병대 및 경찰대대가 진격해 온다는 정보가 들어왔다. 급보를 받은 갑 부대는 다케노하나와타리를 뒤로하고 요시

---

228) 田代栄助訊問調書『秩父·集成』第一巻、42頁

다무라쪽으로 나가서 헌병대를 맞이하려고 했다. 당초 다시로의 계획보다 더 적극적이고 독자적인 행동을 취한 것이다. 진군도중 급보가 오보임을 확인한 가토는 퇴각하려고 했지만 대원들의 사기를 생각하여 그대로 진군을 계속했다. 또 을 부대에는 츄산도(中山道)의 구마타니(熊谷)역에서도 봉기가 일어나 요리이(寄居)·노가미(野上)의 경찰서 및 노가미분서 등이 파괴되었기에 구마타니역까지의 통로는 안전하다는 정보가 흘러 들어왔다. 이 정보도 오보였지만 이를 믿은 기쿠치는 일단 기회라고 생각하여 부대원들을 이끌고 방어선을 벗어나 오노하라무라로 발진했다. 그리고 더 나아가 바로 미나노무라(皆野村)에 까지 진격해 버렸다. 이런 움직임도 다시로에게 전해졌다.

당초의 약속을 어기고 독자적인 행동을 감행한 각 부대의 지도부에 다시로는 불쾌감을 감추지 못했으나 달리 방도가 없었다고 한다. 게다가 다시로와 함께 오미야를 지키고 있던 병(丙) 부대원들도 선발대들의 진군내용을 접하고는 기세를 올리며 잇따라 을(乙) 부대의 뒤를 따르고자 했다. 정세가 자신이 통제할 수 없는 상황으로 치닫자 다시로도 어쩔 수 없이 전진을 결심하고 오전 10시 경에 이노우에(井上伝蔵) 등과 함께 을 부대가 진을 치고 있던 미나노무라(皆野村)로 향했다. 다시로는 미나노무라에서 을 부대와 합류한 후 새롭게 전열을 정비할 생각이었다. 그러나 다시로는 여기서 지병인 요통의 재발로 전열을 이탈하게 된다. 다시로는 만사를 기쿠치와 시바오카에게 일임한 후 오노하라무라의 한 민가에서 하룻밤을 지내며 휴식을 취했다. 이때부터 다시로는 급격히 전투의욕을 상실해 갔다.

한편 독자적으로 움직이기 시작한 갑·을 부대는 진군을 계속하면서 인원동원이나 물자의 조달, 그리고 고리대의 응징을 계속해 갔다. 대원들의 사기는 시간이 지날수록 고조되었고 대원들의 수도 거의 두 배에 이를 정도로 급격히 늘어났다. 이때 곤민군들은 자신들의 요구에 응하지 않는 자들에 대해서는 「군청이나 경찰서의 제 관리들과 한패」라고 규정하면서 가차없이 응징을 가했고, 경우에 따라서는 폭력과 방화, 살상도 서슴치 않았다. 군율을 지키지 않는 곤민군의 과격한 행동이 다른 지역사회에는 「어젯밤 도쿄에서 자유당이 봉기하여 부내의 약 7할 정도가 방화 파괴되었다」[229]는 내용이 헛소문으로 떠돌아다닐 만큼 공포감을 주기도 했다. 그로 인해 일부 지역에서는 「그놈들을 복멸해야 한다며 곤봉 등을 들고 나오는 사람들도 있었지만, 그들을 죽이게 되면 어떤 일이 일어날지도 모른다고 하면서 그런 행동을 제지하는 일」[230]이 일어나기도 했다. 루머로 인해 농민들끼리 서로

---

229) 『秩父暴動事件槪略』『秩父·集成』第六卷、172頁

치고받는 최악의 상황이 발생할 뻔 한 것이다.

다행히 최악의 상황은 발생하지 않았지만, 그 대신 오치아이가 이끄는 병 부대의 농민전사들과 헌병대와의 최초의 교전이 미나노(皆野)의 아라가와(荒川) 부근에서 시작되었다. 헌병 1소대는 이날 새벽 1시 반 경에 우에노(上野)를 출발하여 오전 9시 경에 요리이마치(寄居町)에 도착한 후, 바로 정찰대를 파견하여 곤민군의 동정을 살피기 시작했고, 헌병대를 발견한 곤민군이 바로 반격에 나서면서 최초의 교전이 이루어진 것이다. 이 상황은 경찰측은 단순히 정찰의 목적이었기에 간단히 물러났지만, 이를 곤민군측은 정부군과의 서전에서 승리한 것으로 인식하며 기세를 올렸다. 또 2진으로 도착한 헌병 2소대는 이날 밤 가와고시마치(川越町)에서 진을 친 후 진압의 기회를 노렸지만, 양 소대 모두 헌병대의 병세(兵勢)가 예상보다 곤민군의 세력에 비해 열등하다고 판단되자 다시 군의 파견을 요청했다.

한편 갑 부대를 이끌고 요시다무라방향으로 발진한 가토와 아라이는 시모오가노마치(下小鹿野町), 요시다무라(吉田村), 오타무라(太田村) 등의 마을을 거쳐 3일 밤 노마키무라(野巻村)에 도착했다. 갑 부대 다케노하나와타리를 사수한다는 당초의 계획을 포기하고 요시다쪽으로 진군한 것은 경찰대가 습

---

230) 「埼玉県暴動一件書類弐・第八十三号」『秩父・集成』第四卷、139頁

격해 온다는 오보에 의한 것이었지만, 진군과정에서 경찰과의 충돌 같은 것은 전혀 일어나지 않았다. 노마키무라에 도착하여 진을 친 갑 부대는 다가올 관군과의 전투에 대비하는 준비를 시작하려 했으나 도착하자마자 경찰대의 반격이 시작될 것 같다는 정보가 들어왔다. 이에 오치아이는 부대를 다시 250여명씩의 3개편대로 재편하여 정부군이 공격해 올 길목을 지키며 대응할 태세를 갖추도록 지시했다. 그리고 자신은 남은 부대원들을 이끌고 노마키무라를 발진하여 오부치무라(小淵村)로 진입하여 거기서 진을 쳤다.

그러나 다시로의 전선이탈과 각 대대의 분산으로 인해 전체적인 지휘체계는 이미 체계성을 잃어버린 상태였고, 상황에 따라 각각의 지휘부가 현장에서 즉각적인 대응을 해야 하는 형국으로 변해 있었다. 이런 상태는 향후 조직화된 정부군과의 일전을 고려하면 매우 우려할만한 것이었다. 게다가 정부군의 반격태세는 시간이 흐를수록 견고해지면서 언제든지 공격해 올 태세였다. 이에 다카기시를 비롯한 간부들은 전선을 이탈한 다시로를 방문하여 현재까지의 진행상황을 전달한 후, 즉각 본진에 돌아와 다시 전열을 가다듬어 줄 것을 요청했다. 다시로는 상황의 긴박함을 인식하고 본진에 돌아와 현재의 군세를 점검해 보았다. 상황은 「미나노의 와타리바의 부근에는 철포 2대, 그 외 죽창을 소지한 자를 합해 10여명 정도가 경계를 펴고 있고, 기쿠지(菊地貫平), 이데(井出爲吉) 등은 어디로 갔는지 행방이 묘연하다, 죽창을 소지하고 있는 자는 많이 남아 있지만 믿을만한 철포대는 겨우 10여명 남짓」231)이었다. 전열의 분산으로 인해 다시로의 예상을 완전히 빗나가게 하는 군세였다.

4) 「혁명군」 본진의 붕괴

예상외의 상황에 당황한 다시로는 즉각 갑 부대를 이끌고 있는 아라이(新井周三郎)에게 전령을 보내 즉시 미나노(皆野村) 본진으로 귀환해 줄 것을 요청했다. 급보를 받은 아라이가 미나노로 향할 무렵, 마침 그때 수십명의 무리들이 말을 타고 깃발을 흔들며 갑 부대를 향해 오고 있었다. 그들은 앞서 아라이의 지시에 따라 히노자와무라(日野沢村)쪽으로 관군의 동향을 살피기 위해 정찰을 갔던 이이즈카(飯塚盛蔵)일행으로, 무사히 정찰을 마치고 의기양양한 모습으로 귀환하던 중이었다. 그런데 갑 부대의 대원들은 그들을 정부군의 기습으로 오인하여 크게 동요를 일으켰다. 곤민군은 무장봉기이후 항상 오보와 상황판단의 미스로 인해 전력의 분산과 저하를 경험한 바이지만, 이때도 예외는 아니었다. 갑자기 곤민전사들의 동요가 시작되자 그 동안 포로로 잡혀있던 경찰 아오

---

231) 田代栄助訊問調書 『秩父・集成』 第一巻、43頁

키순사(靑木巡査)가 이제까지의 굴욕감을 단 한 번에 해소 하듯 아라이와 다른 부대원 수명을 뒤에서 칼로 내리치는 기습공격을 감행했다. 아오키순사는 부대원들에 의해 즉사 당했으나 이 돌발적인 사고로 인해 지휘자가 큰 부상을 당하는 사태가 발생했다. 아라이가 예상치 못한 부상을 당하자 부대원들의 동요가 심해졌고, 상황은 일순간에 악화되어 버렸다. 부대원들의 이탈이 이어지면서 갑 부대의 사기는 땅에 떨어졌다.

이 소식을 접한 미나노 본진의 다시로와 곤민전사들은 자신들의 거사가 「도저히 성공할 수 없다」는 사실을 공유하기 시작했다. 간부들의 재판진술서에 의하면 대부분의 간부들이 아라이의 부상소식을 접하고는 전의를 상실해 버렸다고 진술하고 있고, 많은 병사들도 「병대의 사기는 바로 침몰하여 응전할 수 있는 상황이 전혀 아닌」232)상태로 추락해 버렸다고 한다. 뛰어난 행동력과 날카로운 판단력, 그리고 탁월한 지도력을 겸비하여 대원들로부터 절대적인 신임을 받고 있었던 아라이였기에 그의 리타이어는 다시로를 포함해 곤민군의 전체사기에 결정적인 영향을 미쳤다.

오후가 되자 전세는 더욱 불리하게 돌아갔다. 최초의 곤민군의 「혁명본부」가 설치되었던 오미야가 간단히 정부군에

---

232) 『秩父暴動実記』『秩父・集成』第六卷, 30頁

함락당한 것을 비롯해 정부군의 포위망이 점점 압축되고 있다는 정보가 각지에서 흘러들어 왔다. 완전히 전의를 상실한 다시로는 모두를 향해 「8방으로 적을 맞이하고 있는 이상 죽는 일밖에 없으니 함께 일시 데라오마을로 후퇴하여 산 속에 잠입하여 운명을 기다리자」고 말하며 후퇴를 종용했다. 그리고 자신은 만사를 이노우에와 시바오카에게 맡기고 마키타무라(蒔田村)를 거쳐 데라오무라(寺尾村)의 산 속으로 들어가 몸을 숨겼다.

곤민군의 중추부가 와해되어 실질적인 작전지휘능력과 전투능력을 상실하고 있었지만 이를 알지 못한 각지의 파견대원들과 일부 농민전사들은 곳곳에서 소규모의 전투를 계속하고 있었다. 이날 오후 4시 경에는 시마자키(島崎嘉四郎)가 아라이의 명령으로 이사마무라(石間村)를 지키고 있던 대원 250 여명과 함께 경찰의 공격에 대항하여 총격전을 벌이다 쌍방 모두 여러 명의 사상자가 속출하기도 했고, 오치아이(落合寅市)가 이끄는 일부 분대는 100여명으로 구성된 정부군과 일전을 벌이다 전력의 압도적인 열세로 퇴각하기도 했다. 전반적으로 전세는 이미 기울고 있었지만 일부전사들은 여전히 전의를 잃지 않고 있었다. 아라이의 뒤를 이어 갑 대대의 대대장을 맡은 사카모토(坂本宗作), 그리고 신슈(信州)에서 참여하여 참모장의 직책으로 봉기를 주도한 기쿠치(菊地貫平) 등이 그런 부류에 속했다. 그들은 마지막까지 저항하겠다는 의지를 피력하고 있었다. 특히 기쿠치는 사카모토로부터 「나는 이제 도울 필요가 없다. 일각이라도 빨리 후퇴하라. 그렇지 않으면 전세는 점점 불리해 진다. 다행히 신슈의 기쿠지 칸페이라면 후일을 기약해도 좋을 것이다. 속히 나의 뜻을 전해 후일을 도모하라」233)는 아라이의 전언을 듣고는 감동한 나머지 「제군들이 나를 믿는 바가 이와 같다면 내가 어찌 제군들을 위해 목숨을 던지지 않겠느냐」234)라고 외치면서 최후의 순간까지 대항할 것을 선언하기도 했다.

또한 미나노에서 다시로의 후퇴명령을 거부한 약 300여명의 농민전사들도 남아 있었다. 그들은 미나노를 출발하여 요리이(寄居)로 이동하면서 전열을 정비하려 했다. 이동 도중에 그들은 아라가와(荒川)를 건너 정찰임무를 마치고 돌아오던 다카기시(高岸駅蔵) 일행과 합류한 후 후지야부치무라(藤谷淵村)에 일단 진을 쳤다. 여기서 다카기시는 대원들에게 식량의 배급과 인원동원을 명령한 후 다음의 전략을 구상하였다. 그리고 얼마 후 히노자와무라(日野沢村)에 파견되어 있던 부대가 합류해 오면서 순식간에 부대원은 5~600명을 넘는 상황이 되었다. 사기가 오른 부대원들은 전열을 분대로 재편성한 후

---

233) 佐藤桜哉『秩父暴動の巨魁-菊地貫平』『秩父・集成』第六巻所収、1093頁
234) 佐藤桜哉『秩父暴動の巨魁-菊地貫平』『秩父・集成』第六巻所収、1094頁

관공서를 습격하여 각종 장부들을 소각하거나, 기물을 파손하며 기세를 올렸고, 고리대를 습격하여 군자금을 약탈하고 모든 서류를 폐기하면서 다시 한번 맹위를 떨쳤다. 얼마 후 요리이로부터 관군이 진격해 온다는 소식을 접하자 그들은 일단 이곳을 빠져나와 여러 마을을 거쳐 가나오무라(金尾)로 향했다. 이때 각 마을을 거치면서 그들이 행한 실태를 보면,

　오타무라(太田村) : 밤 9시 경 수백명의 폭도들이 치치부군 이마자와무라로부터 밀려들어와 민가에 난입하여 물품을 약탈한 후 가우치무라(河內村)로 향했다.
　가우치무라(河內村) : 밤 10시 경 수백명의 흉도들이 오타무라로부터 밀려 들어와 민가 2채에 방화하고 말 한 마리를 죽인 후 가재도구 등을 빼앗아 모토다무라(元田村)로 향했다.
　모토다무라(元田村) : 밤 10시 경(?) 수백명이 가우치무라로부터 쳐 들어와 불을 지르고 협박하여 금품과 물건을 약탈하여 이마오무라로 향했다.
　이마오무라(今尾村) : 밤 11시 경 모토다무라로부터 수백명이 쳐 들어와 민가 3채를 부수고 물건을 약탈하여 고타마무라(兒玉村)로 나아가려 하자, 마침 정부군의 습격을 받아 전투에 임했지만 전력의 열세를 극복하지 못하고 퇴각하였다.

마을 주민들의 증언을 통해 곤민군 잔당의 이동경로를 더듬어 보았지만 이를 보면 본진의 붕괴에 따른 사기저하 같은 것은 조금도 없었다. 오히려 고리대에 대한 철저한 응징을 통해 군자금과 물자를 확보하며 재충전의 기반을 다지는 형국이었다. 곤민군이 기세를 올리며 도주가 아닌 공세의 형태로 전진을 계속하자 정부군의 대응도 다시 강화되었다. 고타마(児玉)에 주둔하며 곤민군의 움직임을 주시하고 있던 정부군 제 3연대의 대대장 히라타대위(平田大尉)는 모토다(元田) 출장소로부터 수백명의 곤민군들이 함성을 지르고 총을 난사하며 몰려오고 있다는 전갈을 듣고 즉각 전투태세를 명령하고 총격전에 돌입했다.

이때 곤민군과의 사이에 격렬한 전투가 전개되었지만 전술한 것처럼 곤민군은 전력의 열세를 극복하지 못하고 30여 분 만에 패퇴하고 말았다. 이 전투로 인해 엔츠지(圓通寺)로 통하는 치치부가도(秩父街道) 부근의 가옥들은 「날아오는 탄환이 멈추지 않을」 정도로 공포감을 느꼈다고 한다. 곤민군의 봉기 이래 가장 격렬한 전투로 기록되고 있는 이 전투에서 곤민군은 즉사자 6명, 부상자 가운데 사망자 4명 등 10명이 사망하고 부상자도 10여명 정도가 나왔을 만큼 희생이 컸다. 하지만 정부측의 군대와 경찰병력에서는 4명의 부상자밖에 나오지 않았다. 곤민군의 완패로 막을 내린 것이다.

전투가 끝난 다음에도 정부군의 히라타대위는 곤민군의 도주를 용납하지 않았다. 그는 병사들로 하여금 주변의 민가를 전부 수색하게 하여 숨어있던 농민전사 수십명을 체포함과 동시에 각 마을에 병사를 배치하여 잔당의 일망타진을 기도하였다. 이미 본진이 설치되었던 오미야(大宮鄕)에서는 경찰들이 앞장서서 「군민들이 모두 폭도가 되어 자수하지 않는 자는 마을 전체를 포박한다고 홀려 대다수가 자수」235)하는 국면으로 흐르고 있었다. 전세는 완전히 기울어졌고 남은 것은 정부군에 의한 체포 수색작업과 주민들의 자발적인 자수만이 남아 있는 듯했다. 하지만 곤민군에는 나가노(長野=信州)로부터 가담한 일부 자유당원과 군마(群馬)현으로부터 가담한 농민전사들이 아직 남아 있었다. 그들은 나름대로 신념을 갖고 치치부곤민군에 가담한 자들이었기에 이대로 허무하게 끝낼 수는 없다고 생각했다.

이 무렵 신슈의 자유당원으로서 이 사건에 참여했던 참모장 기쿠치(菊地貫平)가 새로운 제안을 내 놓았다. 아라이(新井寅吉)의 신문기록에 의하면 「이때 기쿠치가 미나미간라군에서 신슈로 진격하면 어떨까라는 제안을 하여 모두가 그의 말에 동의를 표했다」236)는 내용이 기술되어 있다. 요컨대 기쿠치

---

235) 『秩父暴動雜錄』『秩父・集成』第六卷所收、93頁
236) 新井寅吉訊問調書 『秩父・集成』第三卷、157頁

가 신슈침공을 전격적으로 제안하자237) 일제히 그의 뜻에 찬성했다는 것이다. 기쿠치를 비롯해 곤민전사들은 비록 치치부에서의 전투는 패배했지만 전선을 신슈로까지 확대하면 여전히 승산이 있다는 희망을 갖고 있었던 것이다. 대세는 이미 기울었고 매우 무모한 모험에 불과했지만 비장한 각오로 마지막까지 혁명의 기운을 지피려는 이들에 의해 치치부 사건은 새로운 국면으로 전개되어 갔다.

3. 치치부자유곤민군의 최후

1) 신슈(信州)진군을 위한 지도부의 재구성

자유의 세계를 실현하기 위해 시모요시다무라(下吉田村)의 무쿠진자(椋神社)를 기점으로 동서 약 40리, 남북 약 56리에 이르는 지역에서 맹위를 떨치던 치치부곤민군의 투쟁도 가

---

237) 신슈침공을 제안한 것은 분명 기쿠치였지만, 그가 처음부터 신슈에의 확전을 계산하고 있었는지 아니면 이 시점에서 전격적으로 제안하게 되었는지는 다소 불분명하다. 왜냐하면 다시로의 신문조서에 의하면 「두 사람이 무슨 다른 목적이 있는지는 잘 모르겠지만, 추측컨대 기쿠지와 이데(井出爲吉) 두 사람은 치치부군의 봉기에 가담할 자들은 아니었다. 다행히 치치부군에서 병사를 일으킨다고 하니 이 병사들을 이끌고 신슈로 갈 계산으로 참여한 것은 아닐까」라는 진술을 하고 있다 田代榮助訊問調書 『秩父・集成』第一卷、47頁. 다시로의 진술을 참고로 하면 기쿠지와 이데는 처음부터 신슈진군에의 뜻을 품고 있었던 것처럼 보이지만 이를 뒷받침 할 만 한 확실한 근거는 없다.

나오(金尾)전투에서의 완패를 계기로 거의 대세가 결정 나는 듯했다. 그러나 치치부자유곤민군에는 최후까지 일전을 불사한다는 '혁명아'들이 남아있었다. 기쿠치와 사카모토를 축으로, 이나노(稻野文次郎), 아라이 도라키치(新井寅吉)와 사다키치(新井貞吉)부자, 요코다(橫田周作), 고바야시(小林酉藏), 시마자키(島崎嘉四郎), 무라다케(村竹茂市), 덴본마츠(天本松吉兵衛), 오노(大野長四郎), 아라이(新井繁太郎), 오노(大野又吉), 모리타(森田稻藏) 등이었다. 이들에 의해 신슈에의 확전이 시작된 것이다. 이 가운데는 최초의 곤민군 간부명단에는 들어있지 않았지만, 봉기가 시작되고 나서 보여준 남다른 활약과 투혼으로 주위의 신임을 얻은 전사들도 다수 포진해 있었다.

이들의 봉기참여에의 과정을 더듬어 보면 우선 이나노(稻野文次郎)의 경우는, 아이즈(会津)의 출신으로서 통칭「아이즈의 선생」으로 불려지고 있었다. 용모가 깔끔했던 자로서 와카마츠(若松)에서 고타마로 와 차부(車夫)를 하고 있던 중 곤민군에 가담한 인물이었고, 덴본마츠(天本松吉兵衛)는 치바(千葉)현 출신이자 화가로서 치치부와는 전혀 관계가 없었으나 체포당시 경찰로부터「본 범인은 폭도 중에도 가장 중추적인 임무를 담당한 괴수」로 간주 되었을 만큼 주목을 받았던 인물이었다. 실제 그는 곤민군의 일원이 되고 나서는 미나노습격 때부터 항상 선두에서 공격적 자세를 견지하였고 특히 선발대로서 군자금의 조달에 진력하기도 했다. 군마(群馬)현의 다코군(多胡郡)에서 합류한 아라이(新井寅吉)부자의 경우는 동군의 온다(恩田宇市)로부터 「치치부의 오미야에서 자유당의 식을 올리니, 이 식이 제대로 이루어지면 고리대나 은행을 쳐부수고 평등한 세상을 만들 수 있으니 함께 참여하라」238)는 요청을 받고 농민 10여명을 데리고 참여하였다. 아라이 부자는 주로 을 부대에 편성되어 고리대와 경찰서의 공격에 앞장섰으며 특히 신슈침공을 결정하고 나서부터는 군마세(群馬勢)를 대표하는 맹활약을 펼치기도 했다.

무라다케(村竹茂市)의 경우는 9월 중순경에 곤민당의 조직과정에 참여하여 부채연부변제를 위한 고리대와의 교섭에 임하거나 마을의 대표(總代)로서 경찰에 고리대에 대한 설득을 요청하기도 했다. 그는 가미히노자와무라(上日野沢村)를 대표하는 조직책으로서 봉기에 참여할 때도 「오히려 무정한 채주의 집을 파괴하여 차용금증서 등을 탈취하여 소각하면 부자를 무너뜨리고 빈자를 구할 수 있는 길이 열림으로 찬성하면 어떠냐는 권유를 받고, 동포인민을 구하는 방법으로서는 지극히 좋은 방법이라고 생각하여 이의 없이 동의하였다」239)고 진술하고 있을 만큼 분명한 목적을 갖고 행동에

---

238) 新井貞吉訊問調書『秩父・集成』第三卷、137頁
239) 村竹茂市訊問調書『秩父・集成』第二卷、504頁

나선 인물이었다. 또 후푸무라(風布村)출신으로서 많은 부채를 짊어지고 있던 오노(大野長四郎)는 3~4명의 곤민당조직책과 함께 후푸무라의 촌민들을 일치단결시켜 대부분의 촌민들을 봉기에 동원시킨 핵심적인 조직책이었다. 그는 곤민군의 전투편제에서도 50여명을 이끄는 소대장의 직책을 맡아 항상 선두에서 공격을 지휘하였다.

이사마무라(石間村) 최고의 조직책이었던 아라이 시게타로(新井繁太郎)도 여기에 포함되어 있었다. 그는 평소 군내의 고리대의 횡포로 인해 마을의 촌민들이 잇따라 파산에 이르자, 이를 매우 심각하게 받아들이고 있던 차에 마침 가토(加藤織平)로부터「이번에 부채가 있는 자는 4년 거치 40년 연부로 하고자 하니 귀하도 참여하면 어떠한가」라는 권유를 받고… 지금 말한 대로 하려면 많은 사람들이 모이지 않으면 안 되니 이를 위해 귀하가 각 마을에 전령을 맡아 달라」[240]는 부탁을 받고 바로 곤민당에 입당하여 누구보다도 조직 활동에 앞장섰던 인물이었다. 그는 곤민당에 가입하고 나서는 이사마무라의 조직 활동을 거의 홀로 담당했으며, 자신의 결의를 재판과정에서「본인은 스스로 이번의 폭동에 가담하여 처음부터 참여했다」라고 당당하게 진술하고 있을 만큼 빈민구제에 목숨을 걸었던 인물이었다.

---

240) 新井繁太郎訊問調書『秩父・集成』第二卷、45頁

다카기시(高岸善吉)로부터 곤민당의 조직과정에 참여할 것을 요청받고, 후지야부치무라(藤谷淵村)를 대표하여 고리대와의 집단교섭이나 경찰 등에의 청원활동을 주도해 왔으며, 봉기 후에는 항상 선두에서 투쟁심을 불태웠던 오노(大野又吉), 치치부군 이고타무라(伊古田村)에서는 유일하게 신문기록이 남아있는 고바야시(小林酉藏) 등도 매우 주목할 만한 전사들이었다. 고바야시는 1883년(明治16) 3월에 도박전과로 오미야치안재판소에서 중금고(重禁固) 3개월 15일에 벌금 7엔의 처벌을 받은 전력을 갖고 있던 인물로서 그의 봉기에의 참여 동기는 분명치 않다. 그러나 11월 3일부터 봉기에 참여하고 나서는 마에가와경부(前川彦六警部)를 살해하거나 고리대의 강탈과 방화에 앞장서는 행동을 보임으로써 다른 곤민전사들로부터 커다란 주목을 받았고, 그로 인해 경찰에 체포된 이후에는 매우 강도 높게 조사를 받았던 특이한 이력의 인물이었다.

150여 명의 잔군을 이끌고 신슈침공을 결의한 이들 지도부의 면면을 보면 모두가 확고한 목표의식을 갖고 봉기에 참여하였을 뿐만 아니라 목표달성을 위해 한결같이 투쟁심을 불태웠던 전사들이었다. 이들 이외에도 후푸무라, 이사마무라, 가미히노자와무라, 가나오무라 등, 소위 봉기의 중심세력군을 형성하고 있던 마을의 리더격의 인물들도 다수 포진하여 잔존세력을 구성하고 있었다. 이들은 지난번처럼 지도부의 체계를 확립한 것은 아니었지만 총리만은 만장일치로 기쿠치(菊地貫平)를 추대하였다. 일단 신슈확전을 위한 체제는 정비된 것이다.

기쿠치와 온다(恩田宇市)를 핵으로 하는 신슈세(信州勢)와 죠수세(上州=群馬)는 그렇다 하더라도, 치치부세(秩父勢)의 신슈침공은 삶의 터전을 뒤로하고 새로운 결사(決死)의 진군을 의미하는 것인 만큼, 한편으로는 돌아올 수 없는 강을 건너는 것이나 마찬가지였다. 하지만 그들은 조금도 흔들리지 않았다. 이렇게 미나노본진의 해체이후 여기까지 남게 된 곤민전사들은 곤민군의 잔당이기는 하였지만, 그들의 식지 않은 투쟁심이라는 관점에서 보면 "잔당"이라기보다는 오히려 "특공대"에 가까운 정예의 전투 집단이었다고 해도 과언이 아니었다.

승리를 향해 최후의 순간까지 투쟁할 것을 결의한 곤민전사들은 가미요시다무라(上吉田村)의 가와라(河原)에서 일박을 보낸 뒤, 다음날 이른 아침부터 움직이기 시작했다. 그들은 히오(日尾), 후지쿠라(藤倉), 야큐(屋久)고개를 넘어 일거에 죠슈(上州)의 산츄타니(山中谷)쪽으로 진군했다. 이때 죠슈의 경찰은 오니시(鬼石)에 선발대를 두고 80여명의 경찰을 배치했다. 「폭도」들의 진로로서는 요리이, 가와고시(川越) 방면 이외에는 없다고 판단했기 때문인지, 아니면 전략적인 방편이었는지는 모르지만 산츄타니의 경비는 매우 허술했다고 한다241).

산츄타니로 진군한 곤민군은 우선 요노오무라(魚尾)를 거쳐 가미가하라무라(神ヶ原村)로 바로 진군했다. 이때 대오는 2개 편대로 나누어 각각 시차를 두고 진입했다. 가미가하라지역 연합(神ヶ原, 魚尾, 平尾, 尾附村)은 이미 지난 2일쯤 미나미간라 군청으로부터 치치부군의 폭도들이 이쪽으로 몰려올 가능성이 충분히 있으니 그에 대한 방어태세를 정비하도록 지시를 받아 둔 상태였다.

이에 가미가하라 연합도 각 마을의 요로에 정찰대를 파견하여 방어태세를 취해보려 했으나, 밀려오는 폭도의 수가 천 명이 넘는다는 오보에 휘말려 방어태세를 포기하고 경찰에 지원요청을 했다. 그러나 경찰도 병력이 부족하여 도움을 받지 못하게 되자 방어태세를 포기했다. 이런 상태에서 곤민군의 선발대 3명이 정찰을 겸해 기습적으로 입성했다. 곤민군은 우선 야쿠바(役場 : 동사무소 같은 곳)에 가서 「지금부터 어느 쪽으로 가든 고리를 일삼은 자들은 인민을 위해 처단할 예정이다. 이를 위해서는 인원동원이 필요하니 이에 응해주기를 부탁한다」242)고 하면서, 일단은 한 가구 당 한 사람씩의 인원차출부터 요구했다. 치치부에서의 인원동원에 비하면 비교적 부드러운 형태로 동원을 요청했지만, 그럼에도 불구하

---

241) 井上幸治『秩父事件』中公新書 1968、147頁
242) 松岡寬伍訊問調書『秩父·集成』第三卷、328頁

고 야쿠바의 공무원은「그 형상은 언어라기보다는 협박과 같았다, 거절하면 죽인다고 하여」243) 어쩔 수 없이 순순히 요구에 응했다고 한다.

뒤를 이어 나머지 선발부대가 들이닥쳐 3명의 선발대의 임무 등을 확인한 후 대장격인 아라이(新井寅吉)가 연합마을의 의장인 미호카(三保家源太)에게 인원동원을 다시 한번 강조했다. 이에 미호카는「동 야쿠바는 4개 마을이라고 하지만 가장 큰 마을인 요노오마을은 마음대로 되지 않고 우리 마을은 겨우 28호가 일촌 5향으로 분열되어 있다. 또 히라하라마을은 100여호 정도이지만 4리의 거리에 있으며, 오후마을은 이 야쿠바로부터 20쵸(丁)정도 떨어져 있어 즉각 답을 주기는 어렵다」244)고 설명하면서 일단 시간을 부탁했다. 그러자 곤민군은「그렇다면 진슈(鎭守)의 사내(社内)에 머물러 있을 테니 내일 아침까지 답을 하라」고 하며 의장에게 시간을 주었다. 그 후 곤민군은 진슈로 가서 진을 치려고 했지만 갑자기 비가 내려 장소를 가까운 소학교로 이동했다. 얼마 후 후발대인 기쿠치가 나머지 대원들을 이끌고 들어와 소학교에서 선발대와 합류하여 일박을 머무를 준비를 했다.

---

243) 가미가하라 지역연합에서는 곤민군의 요구에 적극적으로 임함으로써 지역 전체가 어떠한 피해도 입지 않았다.
244) 三保家源太訊問調書『秩父・集成』第二巻、338頁

2) 곤민군과 자경단(自警団)의 충돌

 5일 밤부터 가미가하라 지역에서는 곤민군의 요구에 따라 물자 충당과 인원 동원이 이루어졌다. 인원 동원은 야쿠바의 공무원이었던 마츠오카(松岡寬伍)가 주로 담당했다. 그는 인원을 동원할 때마다 「한 가구당 한 사람씩 안됐지만 적(賊)에게 가담하라, 그리고 틈을 봐서 도망갈 수 있을 때 도망가라」고 하면서 동원을 주도했다. 그의 이런 노력으로 이 마을에서는 약 50여명의 촌민들이 곤민군에 가담했다. 마츠오카의 진술에 의하면 「가미가하라 마을에서는 남자 호주 50여명이 나왔지만, 그 면면을 보면 부자가 있는 집에서는 아들이나 아버지 둘 중에 한사람이 나오고 형제가 있으면 둘 중에 한 사람이 나왔다」245)고 하면서 반드시 한 가구 당 한사람씩은 동원되었다고 한다. 그의 증언을 뒷받침 하듯이 이 마을의 시이야(強矢亀吉)라는 인물은 「가미가하라에서는 일동이 폭도에 참여했다」라고 진술하고 있고, 다카하시(高橋久作部栄)라는 인물은 「우리 마을은 한 가구 당 한사람씩은 반드시 참여했다」246)고 각각 진술하고 있다. 앞에서도 언급했듯이 일본의 민중운동에 있어서 전통적으로 행해져오던 동원양식247)이

---

245) 松岡寬伍訊問調書 『秩父・集成』 第三巻、330頁
246) 高橋久作部栄訊問調書 『秩父・集成』 第三巻、309頁
247) 전통적으로 일본의 민중운동(一揆)에 있어서 참여형태는 무라(村)를 단위로 하여 이루어지고 있었다. 이 과정에서 참가 형태는 강제동원의

그대로 적용되고 있었다.

다음날 아침 동원된 촌민들과 하루 밤을 지낸 곤민전사들이 동사무소에서 합류했다. 아침식사를 전부 마치고 다음의 목적지로 이동하려 할 때 적이 공격해 온다는 급보가 들어왔다. 이때 기쿠치는 일부를 차출하여 즉각 응전했다. 당시의 모습을 가미가하라무라의 쿠로사와(黒沢源平)는 「6일 아침 폭도의 대장급이 일제히 정열을 지시하여 출발준비를 하고 있는데…때마침 사카오무라 방향에서 적이 밀려온다고 하여 대원의 3분의 1을 차출하여 적이 오는 방향으로 나아갔다」[248]고 증언하고 있다. 기쿠치는 이 전투의 지휘를 고바야시(小林酉蔵)와 사카모토(坂本宗作), 이나노(稲野文次郎) 등에게 맡겼다. 곤민군의 선발대는 철포대를 앞세워 전투를 개시했다. 적은 정부군이 아닌 촌민들로 구성된 자경단(自警団)이었다. 이 전투에서 양쪽은 한 시간 정도 치열하게 맞섰고, 다수의 부상

형태를 띠고 있는데, 이는 민중운동에 참여한 책임을 첫째, 강제로 이루어졌다는 사실을 둘째, 운동에의 참여가 마을의 대세(大勢)라는 사실을 셋째, 운동이 끝난 후 마을 공동체에 귀속할 수 있고 개인으로서 책임을 질 필요가 없다는 사실을 강조할 수 있다는 점에서 이점이 있었다. 따라서 강제참가의 형태는 사람들이 쉽게 민중운동에 참여할 수 있는 하나의 동원방식으로서 활용되었고, 이러한 전통은 근대의 민중운동에 있어서도 예외가 아니었다. 이에 대한 연구는 安丸良夫『日本の近代化と民衆運動』「第2編 民衆運動の意識過程」(青木書店、1974)에 상세히 분석되어 있다.

248) 黒沢源平訊問調書『秩父・集成』第三巻、278頁

자도 속출했으나 승리는 자경단이 거두었다. 조직적으로 훈련된 집단이 아니었음에도 불구하고 수적 우세로 곤민군을 압도한 것이다.

자경단과의 전투에서 패한 곤민군은 가미가하라무라에 머물러 있기보다는 되도록 많은 인원을 동원하여 신슈쪽으로 이동하려고 했다. 이때 이 지역에서 강제동원 된 대부분의 촌민들은 「폭도가 죽이거나 태워버리겠다고 협박하여 어쩔 수 없이 동행」했다고 하나, 게 중에는 「처음에는 어쩔 수 없이 응했지만, 점차 세력이 강해지는 것을 보고 마지막에는 폭도에 가세할 생각으로 동행했다」[249]는 촌민들도 다수 있었다. 봉기에 참여하는 과정에서 의식의 고양(高揚)이 스스로 이루어진 예로서, 이른바 현실의식의 세계에서 가능의식의 세계로 새로운 형태의 의식전환이 이루어진 것이다. 가미가하라무라에서 동원된 촌민들 중에서만 약 십 수명이 "도중에 폭도에 가세하게 되었다"는 진술을 하고 있지만[250], 실제

---

249) 黒沢良平訊問調書『秩父·集成』第三卷、296頁
250) 예를 들어 히라하라무라(平原村)의 야마구치(山口重次郞)의 경우는 「처음에는 한 사람의 인부의 생각으로 나왔지만 폭도의 세력이 왕성해지는 것을 보고 나도 모르게 가담하게 되었다」고 진술하고 있고(『秩父·集成』第三卷、391頁), 니바무라(新羽村)의 쿠로사와(黒沢庄吉)의 경우는 「처음에는 가세할 생각이 없었지만 폭도의 맹위에 자신도 모르게 편승하여 신슈까지 동행했다」는 등의 진술이 잇따르고 있다(『秩父·集成』第三卷、426頁).
　농민들이 불이익을 감수하면서도 이러한 진술들을 재판과정에서 당

로 동원된 전체 곤민전사들 중에는 이런류의 의식고양에 의해 강력한 저항에너지를 분출한 촌민들이 상당수 존재하고 있었다.

정부군이 아닌 자경단과의 전투에서 패배한 곤민군은 일단 신슈로 진로를 결정한 이후 이동하는 과정에서 각 마을에 들러 매우 과격한 형태로 인원 동원을 꾀하기 시작했다. 오토후무라(乙父村)의 고스기타(小杉田庄藏)의 경우는 「7일 새벽 두시 경에 문을 두드리며 일어나라고 하는 자가 있어, 무슨 일이냐고 묻자 빨리 나오지 않으면 불태워 버리겠다고 하여 무조건 참여했다」[251]고 한다. 강력한 형태로 인원동원이 이루어지고 있었고, 특히 이동과정에서 인원동원에 소극적인 마을호장과 야쿠바(役場=동사무소) 등에 대해서는 파괴와 방화를 서슴지 않았다. 이 과정에서 각 마을의 촌민들은 자신들도 곤민군에게 당하지 않을까라는 두려움에 자발적으로 참

당히 밝히고 있는 것은, 한편으로 생각해 보면 자신들의 참가동기와 그 행위가 결코 맹목적인 부화뇌동이 아니라 최소한의 정당성은 확보하고 있다는 사실을 권력 측에 당당히 전달하고 싶었기 때문일 것이다. 요컨대 이러한 사태에 도달하기까지 그 책임이 누구에게 있는가를 확인시키기 위해서라도 권력측에 적극적인 자기 의사 표시를 했을 가능성이 높다는 것이다. 기쿠치가 신슈에의 확전을 기도한 배경에는 이렇게 각지에서 경제적·정치적·사회적으로 곤궁에 처해 있는 다수의 농민들이 자신들의 행동에 동조해 줄 것이라는 확신이 있었기에 가능했다.

251) 小杉田庄藏訊問調書 『秩父·集成』 第三卷、503頁

여하는 자가 늘어나기도 했고, 마을에 따라서는 곤민군에 대항할 것인가 협력할 것인가를 두고 마을 주민들 간에 의견 조율을 행하는 곳도 있었다. 실제로 마을주민들의 의견을 들어 응전을 준비한 마을도 있었으나[252], 대부분은 응전을 포기하고 곤민군의 요구에 순응했다. 그 결과 곤민군의 총수는 450여명에 이르는 예상외의 세력으로 팽창되어 갔고, 사기도 신슈침공을 결정하고 나서 가장 높은 수준에 이르고 있었다.

3) 신슈본진의 설치와 곤민군의 최후

11월 7일, 이날은 쾌청한 가을 하늘이었다고 한다. 각지에서 동원된 인원으로 전열을 재정비한 곤민군은 긴 종대로 고갯길을 넘어 신슈로 향했다[253]. 도중에서 도망간 대원들도 일부 있었지만 대부분은 진군을 계속했다. 밤 11시 경에 쥬

---

[252] 예를 들어 오토모무라연합(乙母村)에서는 촌민들의 의견을 모아 응전을 결의한 후, 곤민군의 진입을 방어하기 위해 무기를 들고 직접 행동에 나서기도 했다. 그러나 밀려오는 곤민군의 기세가 자신들의 예상 이상으로 강하다는 사실을 느끼자 방어의지는 일순간에 꺾이면서 오히려 곤민군의 강제동원에 가담하게 되는 경우가 더 많았다. 이로 인해 곤민군은 의외로 각 마을의 저항없이 쉽게 전진할 수 있었다.

[253] 곤민군이 치치부를 출발하여 군마, 신슈(信州)로 이동하는 길은 지형적인 특징으로 인해 대부분 고개를 넘어가야 했다. 따라서 이동하는데 상당한 시간과 피로가 누적될 수밖에 없었다. 또 이들이 이동한 경로는 3개의 현(県), 즉 사이타마(埼玉)・군마(群馬)・나가노(長野=옛 지명이 신슈)를 걸치고 있지만, 이것은 이들의 이동 경로가 생활 지형상 밀접한 관련을 갖고 있었다는 것과 무관하지 않다.

고쿠(十石)고개가 멀리 보이는 시라이(白井)라고 하는 봉우리에 도착했다. 치치부와 군마(群馬) 그리고 신슈의 사쿠(佐久)지역의 주민들은 쥬고쿠 고개를 중심으로 생활권을 유지하고 있었기 때문에 고개를 왕래할 때에는 대체로 이곳에서 쉬어 가는 것이 일반적인 관행이었다고 한다. 여기서 지도부는 대원들에게 휴식을 취하게 한 후 술 한 잔씩을 나누면서 향후의 진로와 포로로 잡아온 순사를 어떻게 할 것인가에 대해 협의를 했다[254].

특히 이 회의에서는 순사처리가 집중적으로 논의되었다. 간부들은 지난 4일 치치부의 오부치무라(大淵村)에서 아오키순사에게 살해당한 아라이(新井周三郞)사건을 떠올리며 「살려두면 반드시 한사람씩 감시를 하고, 만약 해가 된다고 하면 살해하는 편이 좋을 것」이라는 방향으로 의견을 모았다. 이때 마에가와(前川)순사는 포박된 채로 밖에서 대기하고 있었는데, 이 모습을 본 주인이 그를 불쌍히 여겨 술 한 잔과 약간의 안주를 대접하자 「가미가하라마을에서도 여기서도 밖에

---

254) 당시 시라이 봉우리에는 아사지로(浅次郞)라고 하는 인물이 운영하는 찻집이 있었다. 이 찻집의 주변에 대원들을 쉬게 한 후 기쿠치는 간부들과 함께 회의에 들어갔다고 한다. 이때의 모습을 이 찻집에 놀러 온 아사지로의 사촌인 히노(日野ウタ)라고 하는 인물은 「방안 쪽에는 대장격으로 보이는 인물과 견(絹)으로 된 띠와 흰색의 두건을 머리에 두르고… 합계 6명이 있었다」고 진술하고 있다(日野ウタ訊問調書『秩父・集成』第三卷、503頁).

서 서있었고 비가 와도 그대로 있었다」255)고 하면서 포로가 되고 나서 계속되고 있는 자신의 한심한 처지를 토로하기도 했다. 마에가와순사의 살해를 결정한 간부들은 마에가와에게 「너를 죽일 것이다」라고 소리치면서 바로 죽일 것처럼 협박했지만, 여기서 바로 살해하지는 않고 시라이봉우리를 출발하고 나서 살해했다256).

대열을 정비하고 시라이봉우리를 출발한 곤민군은 쥬고쿠고개257)를 넘어 드디어 신슈로 입성했다. 그들이 도달하고자 했던 곳은 우선 신슈 미나미사쿠(南佐久)의 오히나타무라(大日向村)였다. 치치부에서 야큐(屋久)고개를 넘어 간나가와(神流川)를 따라 산츄타니(山中谷)로, 그리고 시라이봉우리와 쥬고쿠고개를 넘어 최종목적지인 신슈의 미나미사쿠까지, 소위 신슈확전을 결행하고 나서 만 3일 만이었다. 산츄타니(山中谷)의 제 마을에서 동원한 많은 대원들도 상당수가 이탈하여 현재

---

255) 日野ウタ訊問調書 『秩父・集成』 第三巻、501頁
256) 마에가와순사는 찻집을 출발하고 나서 얼마 후 바로 살해했지만, 당시 대원들도 그의 살해를 원하는 분위기였다. 특히 간부들은 서로가 나서서 그를 살해하는데 앞장서고자 했다. 최종적으로 살해 역할을 맡은 자는 고바야시(小林酉蔵)였으나, 그가 두 번이나 칼로 쳤는데도 즉사하지 않자 마지막으로 아라이(新井寅吉)가 칼로 찔러 살해했다.
257) 쥬고쿠(十石)고개라고 하는 말은 신슈의 사쿠(佐久)분지로부터 하루에 10석(十石)정도의 쌀이 고개를 넘어 곤민군이 지나온 산츄타니(山中谷)쪽으로 운반되어졌기 때문에 "쥬고쿠고개"라고 하는 이름이 붙여졌다고 한다.

의 대원은 약 200여명에 불과했다. 이탈자가 많았다는 사실은 이동경로가 결코 간단한 도정이 아니었다는 사실을 반영하고 있다. 그래도 남아있는 대원들의 사기는 결코 떨어지지 않았다.

기쿠치는 우선 곤민군의 본진을 류코지(竜興寺)에 설치하고 선발대를 마을에 파견하여 인원 동원과 물자 확보를 지시했다. 오히나타무라에 진입한 선발대는 우선 야쿠바(役場)에 가서 유이(由井)호장에게 곤민군의 식사와 한 가구당 한 사람씩의 인원 동원을 요구했다. 칼로 무장한 곤민군이 갑자기 들이닥쳐 살기어린 어조로 협박하자, 호장은 즉각 물자준비와 인원 동원을 마을 주민들에게 지시했고 기쿠치도 일부 대원들을 동원하여 본진의 주변을 강화하도록 지시하면서 하룻밤을 보냈다.

다음날 곤민군은 아침 일찍부터 움직이기 시작했다. 우선 기쿠치는 이 지역의 고리대부터 공격했다. 고리대의 공격은 이 지역 주민들의 요망도 반영하였다고 한다. 3건의 고리대의 공격을 통해 곤민군은 5~6백엔 정도의 금전과 칼, 철포 등을 탈취했다. 신슈에서의 최초의 전과(戰果)로서는 매우 만족할 만한 성과였다. 그 이후 기쿠치는 곤민군을 다시 2개 대대로 나누어 진군하기로 했다. 1개 대대는 아라이(新井寅吉)가 지휘하였고, 또 다른 1개 대대는 기쿠치와 사카모토 등이 지휘하였다. 아라이가 이끄는 대대는 각 마을을 지나칠 때마다 고리대와 은행을 잇따라 파괴하고 다량의 재물을 탈취했다.

아라이대대가 고리대와 은행을 공격할 때에는 지역민들의 의견을 상당부분 반영하였다고 한다. 예를 들어 호세키무라(穗積村)에 위치하고 있던 쥬큐고쿠리츠은행(十九国立銀行)의 경우는 지역민들의 의사를 반영한 것으로서「마을 주민들이 저 은행은 파괴하지 않으면 안 된다는 부탁」258)이 있어 공격했다고 한다. 닥치는 대로 공격한 것은 아니라는 것이었다. 나름대로 전과를 올린 아리이대대는 의기양양한 모습으로 기쿠치대대와 우미세무라(海瀨村)에서 합류했다. 여기서 점심식사를 마치고 잠시 휴식을 취한 곤민군은 다시 마나가세(馬流)방면으로 발진했다.

곤민군의 선발대가 마나가세259)에 도착한 것은 거의 저녁 무렵이었다. 그들은 뒤이어 도착한 후발대와 함께 히가시마나가세(東馬流)의 호장인 이데(井出直太郞)의 집에 본진을 설치했다. 지도부는 여기서 내일의 진행에 대해 협의를 했다. 그 결과는「내일은 반드시 적과의 전투가 있을 것이니 만약 전

---

258) 新井貞吉訊問調書『秩父・集成』第三卷、143頁. 아라이는 이 은행을 습격하여 금품을 탈취하고 나서 그 돈을 군자금으로 쓰지 않고 지역의 곤민들에게 나누어 주었다.
259) 마나가세(馬流)는 동쪽에 있는 히가시마나가세(東馬流), 서쪽의 마나가세의 2개의 마을로 나누어져 있었다.

투가 시작되면 일제히 대항하되 패하면 기타아이키(北相木)방향으로 도망간다」260)는 것이었다. 이를 위해 지도부는 우선 인원동원과 물자조달부터 시작했다. 전날 밤의 한가했던 휴식과는 전혀 다른 상황이었다. 각 마을에서 강제 동원된 촌민(村民)들을 합해 군세는 대략 6백여 명을 초과할 정도였다. 지도부는 요소에 경비병을 파견해 만약의 사태에 대비하는 한편, 대원들에게는 「오늘밤은 분주할 테니 잠을 자지 말라」는 지시까지 내리며 일전을 준비했다. 지도부도 경찰의 동향을 나름대로 예상하고 있었기에 내일이 마지막 전투가 될지도 모른다고 판단하고 있었던 듯했다. 대원들도 내일의 일전이 간단치 않음을 인식한 탓인지 밤늦게까지 주연을 열어 많은 대원들이 「통음(痛飮)」을 했다고 한다.

11월 9일, 마나가세 일대는 짙은 안개에 휩싸여 있었다고 한다. 이날 다카사키(高崎)를 출발한 정부군은 곤민군의 완전 진압을 기도하고 대대를 2개 대대로 나누어 주력부대는 요시노(吉野)대위가 병사 10명과 경찰 50명을 이끌고 동쪽 방면을, 다른 부대는 병사 40명에 경찰 30명의 규모로 서쪽 방면을 각각 공략하기로 했다. 이른 아침 주연의 여흥이 아직 남아있던 곤민군 진영에 척후병으로부터 적이 쳐들어온다는 급보가 도착했다. 적은 동쪽 방면으로 침투해 오던 주력부대

---
260) 長浜仙太郎訊問調書『秩父・集成』第一卷、183頁

였다. 당시의 모습을 이나노(稻野文次郎)는 다음과 같이 증언하고 있다.261)

「새벽이 되자 적이 온다는 연락을 받고 경계지역으로 가보았으나 아직 적이 보이지 않아 잠시 대기하고 있자, 한 발이 머리 위를 휙 날아가 깜짝 놀라 일어서니, 다시 5,6발이 머리 위를 날아가 두려움에 빠졌었다. 급한 탓에 주변에 있는 묘의 비석을 2개 갖고 와 방패막이로 한 다음 잠시 포성이 멈춘 틈을 타 총리에게 달려갔으나, 본인이 허겁지겁 도망 오는 모습을 보자 모두가 도망가 버렸다.」

이나노의 증언내용을 보면 바로 수 시간 전만 하더라도 정부군과의 일전을 예상하고 최후까지 맞설 것을 결의했던 지도부의 모습은 온데간데 없고 모두가 도망가는데 급급했음을 알 수 있다. 가나오(金尾)전투와 같은 총격전은 전혀 일어나지 않았지만 포탄 수발에 전 대원이 혼비백산하여 줄행랑을 치고 만 것이다. 그럼에도 불구하고 정부군의 예상치 못한 새벽 기습공격은 곤민군진영에 13명의 사망자를 내는 참화를 초래했다. 정부군은 도주하는 곤민군의 일망타진과

---

261) 稻野文次郎訊問調書『秩父・集成』第二卷、998頁

조직의 완전해체를 노려, 그들의 도주로를 향해 계속 포탄을 발사했다. 어제의 회의에서 나름대로 패주로를 결정해 두고 그에 따른 대비책을 강구해 두기도 했지만, 이를 실행할 겨를도 없이 모두가 뿔뿔이 흩어지고 말았다. 치치부로부터 쥬고쿠고개를 넘어 머나먼 신슈까지 보이지 않는 희망을 품고 원정길에 나섰던 자유곤민군의 "정의의 횃불"이 여기서 완전히 꺼져 버린 것이다. 약 3개월간의 준비기간과 관동일대를 격진 시킨 치치부 자유곤민군의 무장봉기가 9일 만에 허무하게 막을 내리는 순간이었다.

4) 치치부민중봉기에 있어서 「자유관」의 실체

치치부사건은 메이지 10년대의 자유민권운동이 막바지에 이르렀을 때 발생했다. 그러다보니 종래 이 사건은 항상 자유민권운동과의 관련성상에서 논의되어 온 한계를 안고 있었지만, 실은 자유민권운동의 본류와는 전혀 관계가 없는 민중운동이라고 할 수 있다. 그럼에도 불구하고 이 사건은 시대적인 사상 상황을 반영하듯, 사건이 진행되는 동안 끊임없이 "자유"라는 단어가 민중들의 입을 통해 전파되고 있었다. "빈곤으로부터의 자유" "중세로부터의 자유" "부채로부터의 자유" "압제로부터의 자유" 등, 민중들은 자신들을 속박하고 있는 각종의 억압으로부터 해방하기 위한 원망(願望)을 "자유"라는 이름하에 응집하고자 했다. 곤민군이 오미야(大宮鄕)를 제압했을 때의 모습을 전하고 있는 당시의 언론보도에 의하면「대장격으로 여겨지는 자는 모두가 흰색의 지휘 깃발을 갖고 있었고, …또 선혈이 배어나온 자유혼(魂)이라는 문자가 적힌 깃발도 보였으며, 어깨에 두른 흰색의 띠에는 자유사(社)라고 쓰여 있었다」262)고 한다. 인민을 안락하게 할 수 있는 "자유의 세계"를 실현하기 위해 봉기를 일으켰다는 메시지이다.

곤민들의 주의 주장을 보면 그들이 현실에 대한 불만과 동시에 "자유의 이상향"을 구현하기 위한 열망이 얼마나 강하게 표출되고 있었는가를 한눈에 알 수 있다. 그런데 이 무렵 "자유"라고 하는 말은 민권운동의 의식세계에 있어서는 물론이고, 민중들의 일상성의 세계에서도 비교적 광범위하게 애용되고 있었던 단어이다. 마치 이 시대 사람들의 해방욕구를 반영한 유행어와 같은 것으로서 거의 계층을 불문코 사용하고 있었다고 해도 과언이 아닐 정도다. 이 단어가 독특한 시대적 배경에 촉발되어 민중들의 일상성을 장식하고도 남음이 있을 만큼 보편화 되었던 것은 의미심장한 일이 아닐 수 없지만, 여기서 한 가지 중요한 것은 일반 민중들은 이 "자유"라는 개념을 자신들의 일상성에서 어떻게 이해하

---

262)『秩父・集成』第六巻、308頁

고 있었을까 라고 하는 점이다.

 이 부분에 대해 야스마루(安丸良夫)씨는 "자유"라고 하는 말의 원뜻은 자신의 원망이나 욕구를 어떠한 제약도 받지 않고 충분히 실현한다고 하는 것에 있으나, 전통적으로 일본인은 이러한 자유를 억제해야 하는 것, 즉 정신주의적인 것으로 받아들이고 그렇게 해야 하는 것으로 이해해 왔다고 지적하고 있다. 그런데 민권=국권형의 정치사상은 자유야말로 인간의 권리이자 문명의 원리이고, 또 그의 실현에 의해서만 국권이 확립된다고 호소함으로써 전통적인 자유관에 새로운 변화를 불러 일으켰다고 한다263). 이른바 일본인의 자유관의 전통적인 의미가 사람들의 본원적인 해방원망이었다고 한다면, 자유민권기에 탄생한 새로운 정치문화는 이런 정신적인 해방욕구를 실천적인 행동원리로 정착시켜 새로운 가능성과 의미를 부여했다는 것이다.

 일본인에 있어서 억제해야 할 가치로 받아들여졌던 전통적 자유관이 이 시기에 이르러 민중들에게 새로운 해방적 이미지로 다가서며 일상성에 정착해 가는 모습은 당시의 언론보도를 통해서도 확인할 수 있다. 당시의 기사에 의하면 「근래에는 소학교 아동들도 이전의 데라코야(寺子屋)와는 달리 자주자유, 자유행복, 쾌락통고 등을 붓으로 쓰고 있는 모

---

263) 安丸良夫「民衆運動における'近代'」『民衆運動』(前揭書)、471頁

습을 본다」264)고 하면서, 지금은 소학교 아동까지도 "자유"라는 말을 즐겨 쓰며 이를 자주, 행복, 쾌락이라는 개념으로 폭넓게 사용하고 있음을 전하고 있고, 고치(高知)현 등에서는 새로 태어나는 아이들의 이름에까지-예를 들어 지유타로(自由太郎), 지유키치(自由吉), 지치노스케(自治之助) 등-"자유자치"라는 단어가 빈번하게 애용되고 있었다고 한다265). 또 니가타(新潟)현의 다카다(高田)지방에서는 「민권자유필」이라는 이름의 붓이 날개 돋친 듯이 팔리는 등266), 자유민권운동의 사상적 영향에 힘입어 자유라는 개념이 매우 폭넓게 전파되고 있었음을 전하고 있다. 이러한 현상은 "자유"라는 말이 다양한 형태로 민중들의 의식세계를 사로잡고 있었음을 확인해 주는 주목할 만 한 사례들이다. 당시의 『자유당사』의 기록을 보면267),

「자유주의는 이미 시대의 대세로 자리 잡아 전국이 모두 그런 분위기에 휩싸여 있다. … 오로지 정치사회에서만 이것을 관용(慣用)하고 있는 것이 아니라, 욕탕에 자유탕, 자유온천이 있고, 활어점에 자유정이 있고, 그 외 자

---

264) 『自由新聞』 1883年 6月 1日
265) 『朝野新聞』 1882年 7月 22日
266) 『朝野新聞』 1883年 5月 2日
267) 『自由党史』(中) 岩波書店 1958、206頁

유강석(講釈), 자유 춤, 자유모자 등 일일이 열거할 수 없을 정도다. 이것이 민심 향배의 일반을 나타내고 있다」

고 했다. 사람들의「본원적인 해방욕망」으로서의 내면의 세계에 잠복해 있던 일본인의 전통적인 자유관이 어느 사이에 시대를 선도하는 실천적 개념으로 등장하여 모든 가능한 형태로 민중들의 일상생활을 지배하고 있었던 것이다. 이렇게 대다수 민중들의 마음을 사로잡았던 자유관이 시대를 대변하는 해방환상으로서의 의미를 띠고 광범위하게 등장하게 되면, 그 과정에서 변혁사상에의 잠재적 가능성이 민중들의 일상성에서 잉태하고 있었을 가능성 또한 배제할 수 없을 것이다. 그 가능성을 점화시킬 계기만이 남아 있었을 뿐이었지만, 시대적 상황은 이미 그런 계기를 민중들에게 제공하고 있었다.

1884年 10月 7日자의『自由新聞』의 사설「国家心腹の病」에 의하면「사람에게 지우(智愚)의 분별이 있으면 빈부의 차를 만들고, 빈부의 차가 또 스스로 귀천의 차별을 만드는 것이 사회자연의 자유이니, 이를 오늘날 평균화 시키는 것은 애초부터 어려운 일이다」라고 언급하고 있다. 사람의 지혜로움과 어리석음이 빈부의 차를 가져오고 그것이 또 신분의 귀천을 낳고 있기 때문에 그것을 없애고 평등한 사회를 만

든다는 것은 원천적으로 불가능하다는 논지이다. 인간의 사회에 있어서 발생하는 다양한 차별을 있는 그대로 인정하는 것이 소위 「사회자연의 자유」일지도 모른다는 것이지만, 그렇다 하더라도 그것이 인위적으로 왜곡된 "자유"라면 문제는 완전히 달라진다는 것이다. 사설은 이런 사회현상을 규탄하고 있다.

> 「그런데 오늘날의 사회를 보면, 부자는 오로지 빈민을 억압하고, 지주는 오로지 소작자(者)를 억압하고, 지자(智者)는 오로지 우자(愚者)를 억압하는, 이른바 뛰어난 자가 못난 자를 억압하는 것이 사회의 풍조이다.」

치치부자유곤민군에 의한 민중봉기는 바로 이렇게 인위적으로 왜곡된 「사회자연의 자유」를 타파하기 위한 최후의 수단이었던 것이다. 많은 민중들이 이에 적극적으로 가담할 수 있었던 것은 모든 것이 가능하다고 하는 해방환상으로서의 독특한 자유관이 일상생활에 팽배해 있었기 때문이고, 그것이 왜곡된 사회구조 속에서 변혁에의 기대감을 촉발시키며 전사로서 의식변화를 가능하게 했기 때문이다. 자신들의 힘으로 악정(惡政)을 타파하고 양정(良政)을 회복할 수 있다는 기대감은 바로 일상성에서 배양된 다양한 「자유행복」관에 근거하고 있다. 이것이 비일상적인 봉기의 단계에서는 「천병(天兵)을 향해 발포하면 너희들은 자유의 병사가 된다」는 신념으로 이어지면서, 한편으로는 악정권력에 대항할 수 있는 정당성의 근거로서 작용하기도 했다. 이를 통해 궁극적으로는 자신들이 원하는 「자유의 세계」를 실현하고자 했던 것이며, 그 과정에서 민중들은 부채에 대한 「상각(償却)의 자유」를 요구하거나 자유의 깃발을 펄럭이면서 스스로의 저항의식을 떠받쳐 갔던 것이다.

이 무렵 지역의 유지 자유당원들이 주장한 「귀중한 자유」가 일반적으로 민중들의 지지를 받지 못한 제한적이고 배타적인 "자유관"이었다고 한다면, 일상생활 속에서 배양된 민중의 "자유관"은 자본주의의 물결에 매몰되어 버린 도덕의 상실을 회복하고 왜곡된 「사회 자연의 자유」를 타파하고자 하는 해방의 이미지였다. 이것은 자유민권기라고 하는 특수한 정치상황 속에서 민권사상이라는 정치사상의 환영(幻影)이 민중의 의식세계에서 일상성을 반영한 형태로 새롭게 점화되어 「중세로부터의 자유」「부채로부터의 자유」「압제로부터의 자유」라고 하는, 그들 나름대로의 사회적 원망에 적합한 형태의 "자유"로 승화되어 나타났음을 의미한다. 치치부 민중봉기를 통해 분출된 "자유"의 환상과 그와 결부된 사회적 원망은 일본의 근대사회 형성기에 있어서 민중사상이 표출한 또 하나의 가능성이었음을 인지할 필요가 있다.

4. 치치부민중봉기의 의의와 금후의 과제

1) 치치부민중봉기의 시대사적 의미

　메이지유신이후 일본의 지배계급은 해마다 전국에서 수십 건에 이르는 민중운동으로 골머리를 앓고 있었다. 이마니시 (今西一)씨의 연구에 의하면 메이지 초년부터 10년간 발생한 민중운동건수가 근세시대 270여년간의 150%에 이른다고 하니[268], 그 실태를 가늠하고도 남을 것이다. 이 무렵의 민중운동은 공격의 대상이나 요구, 그리고 민중들의 의식세계 등이 그 이전의 민중소요와는 비교할 수 없을 만큼 진전된 형태를 보이고 있다. 그 배경에는 민중들의 일상성과 의식세계에 있어 국가권력과 근대문명이 적대적 타자로 둔갑해 등장했다는데 원인이 있었다. 메이지 정부는 서구의 뛰어난 선진문명을 적극적으로 섭취하면서 그 문명의 우월성을 배경으로 자신들의 지배체제의 정당성을 확보해 갔다. 이로 인해 서구의 근대문명은 메이지 권력과 일체화한 형태로 민중들에게 다가왔고, 그 과정에서 민중들의 문화는 「구습일신(旧習

---

[268] 今西一 『近代日本の差別と性文化』 雄山閣出版　1998, 427頁

一新)」「구폐일세(旧弊一洗)」「완우고루(頑愚固陋)」라는 미명하에 철저하게 파괴되어 갔다.

 메이지정부의 강력한 문명개화 정책으로 인해 처음으로 서구문명을 접한 민중들의 당혹감은 클 수밖에 없었고 그 충격도 이만 저만이 아니었지만, 메이지 권력과 지식인들은 민중들의 정신적 혼미상태를 오로지 문명과 야만의 대립구도로 몰아갈 뿐이었다. 지배층 인사들에 의해「인심(人心)의 개화」와「사물(事物)의 개화」가 시대적 명제로 떠오르고 그 대극에 민중들의「불문명(不文明)」「불개화(不開化)」가 놓여지면서, 소위 이것이 타파되어야만 문명국가로 발전할 수 있다는 논리가 일거에 조장된 것이다. 이 비극적인 대립구도의 형성은 필연적으로 양자의 충돌을 초래하여 민중 측은 다대한 정신적 피해와 충격을 입었고, 지배계급이나 지식인 등은 끊임없이 "문명"으로 포장된 폭력적 권력과 억압적 사고를 갖게 하였다. 메이지시대의 대표적 계몽 사상가인 후쿠자와 유키지(福沢諭吉)의 현실인식을 보면 그 실태를 짐작할 수 있다. 그는 메이지유신 이후 문명개화기를 풍미한『学問のすすめ』를 통해[269],

「무릇 이 세상에 무지문맹한 백성은 슬퍼할 필요도 없

---

269) 福沢諭吉『学問のすすめ』講談社文庫 1972、18頁

고 미워할 필요도 없다. 지혜가 없으면 결국은 부끄러움
을 모르게 되고, 자신의 무지로 인해 곤궁에 빠져 기아
에 이르면 제멋대로 부유한 자를 증오하여 결국에는 도
당을 맺어 강소(強訴)나 잇키(一揆)를 일으키는 난동을 부
린다. 이 어찌 부끄러움을 모르고 법을 두려워하지 않는
짓인가」

문명의 대극에 존재하는 무지몽매한 민중, 지식인에 있어
그들은 그저 법도 모르고 부끄러움도 모르는 단순한 바보에
지나지 않는다는 것이다. 이것이 당시 지배계급의 일반적인
민중관이었다. 민중 측의 강소나 잇키(一揆, 근세시대의 집단적인
민중소동의 형태)는 자신들의 생존권을 확보하는 최후의 정당한
수단이고 공동체의 안녕과 평화를 유지하기 위해서는 지배
계급도 일정부분 용인해 주었던 것이 과거의 관행이었다. 그
런데 그 관행이 어느 사이에 사회질서를 파괴하는 폭동으로
밖에 비쳐지지 않는다는 것이니, 「어일신(御一新)」에 나름대로
기대를 모았던 민중들의 입장에서 보면 너무나 완벽한 배신
이었다.

근대국가의 출현이 이렇게 폭력성을 띠고 민중들에 다가
옴으로써 그에 대한 민중 측의 저항강도와 성격도 당연히
변화할 수밖에 없었다. 자신들의 생활기반을 파괴하는 모든

세력을 절대 악으로 간주한 민중들은 정부의 관리를 비롯해 「본 적도 들은 적도 없는 것만 가르치고 있는」 학교와, 알 수 없는 이상한 것들만 게시하고 있는 게시판, 새로운 문명을 상징하는 전신주, 그리고 천민계급이었던 피차별민270)에 이르기까지, 사람과 사물을 가리지 않고 신정부와 관련성이

---

270) 신정반대운동의 전개과정에서는 피차별민이 일반민중들로부터 집중적으로 공격을 받고 있는 사례가 많다. 이것을 필자가 문명이라고 하는 이름으로 다가오는 폭력적인 근대의 논리에 대항해 가는 과정에서 발생한 "돌발적인 충돌"로 간주하는 것은, 필자가 신정반대운동에 나타난 일반민중의 피차별민에의 살상행위를 변호하거나 혹은 그 행위를 가볍게 보고 있어서가 아니다. 피차별민에의 살상행위에는 일반민중들의 의식세계에서 오랜 기간 배양되어온 배타적 차별의식이 중요한 원인으로 작용하고 있고, 그 사실은 반드시 규명되어야 할 역사학적 과제이기는 하지만, 그렇다고 해서 그것이 피차별민에의 살상행위를 가능하게 하는 본질적인 요인은 아니라고 생각한다. 필자는 신정부의 근대화정책들이 지역공동체의 급격한 변화를 초래하고 있는 가운데 신정부의 중요한 정책 중의 하나였던 "천민폐지령"도 민중들의 반신정(新政)무드를 촉진시키는데 일조한 것으로 판단하고 있고, 그 결과가 민중봉기라는 비일상적인 상황에서 피차별민을 공격하는 배경이 된 것으로 해석하고 있다.

今西一는 민중운동 속의 "폭력"의 문제를 적극적으로 거론하면서 종래의 민중운동사연구가 민중운동의 "전진성"만을 강조한 것을 비판적으로 지적하고 있다. 필자도 제 1장에서 이 문제를 종래의 민중사연구가 안고 있는 문제점으로 정리한바 있고 동감을 표하는 바이다. 요컨대 민중의식의 네거티브한 측면에 대한 분석시좌를 확보하는 것은 민중사연구의 폭과 문제의식의 확대라는 측면에서도 적극적으로 고려되어야 한다는 것이다. 하지만 그것이 근대민중운동사를 규정하는 핵심적인 시좌일 수 있겠는가에 대해서는 다소 회의적이다. 따라서 필자는 이 시기의 민중운동의 특성을 피차별민에의 살상행위에 초점을 맞추고 그 인과관계만을 분석하는 시점에 대해서는 다소 비판적인 견해를 갖고 있다.

있는 것이면 무엇이든지 공격의 대상으로 설정하였다. 그로 인해 이 무렵의 민중소요(신정반대운동)는 역사적으로 그 성격과 의미부여를 논하기 어려운 측면이 있는 것이 사실이다. 하지만 필자는 우선 신정반대운동은 근대문명이 지역공동체의 근간을 근본적으로 변화시켜 가는 가운데, 민중의 전통적 관념세계가 심각한 영향을 받아 그것이(일종의 심리적 공황상태) 민중운동을 야기시킨 근원적인 요인이 되었다고 생각하고 있고, 그 역사적인 의미에 대해서는 "근대"의 논리를 부정한 민중의 전통적 가치관이 역으로 근대의 논리를 전면에 세워 돌진하는 국가권력과 충돌한 최초의 민중봉기로 규정하고 있다[271].

이를 계기로 근대일본은 강력한 근대화를 추진하는 국가권력과 이에 저항하는 민중들의 긴장관계도 점차 강도를 더해가지만, 이 과정에서 연속적으로 발생했던 일련의 민중봉기[272]를 보면, 각각 당해의 특징적 성격을 갖고 있는 개별민중운동처럼 보이기 쉬우나 거시적 관점에서 보면 실은 "폭력성"을 감추고 하강하는 "근대"의 논리에 일관하여 저항한

---

271) 이 무렵의 민중소요의 특징과 그 성격에 관해서는 졸저 『근대일본의 출발』(일본어뱅크, 1999) 제 2부에 상세히 기술되어 있으니 참조를 요하는 바이다.
272) 신정반대운동, 콜레라 소동, 부채농민소요, 부소곤민당사건 및 치치부사건에 이르기까지의 일련의 민중운동을 가리키고 있음.

민중항의라고 하는 공통점을 보유하고 있다. 그 가운데에서
도 근대사회형성기의 민중운동의 대미를 장식했다고 할 수
있는 치치부사건의 경우가 바로 대표적인 사례이다. 봉기를
유발시킨 직접적인 원인이었던 부채문제의 실상이 그것을
여실히 대변해 주고 있다.

 이 사건의 직접적인 계기가 된 부채문제는 과거의 일반적
인 부채의 성격이 아니라, 근대사회가 성립하는 과정에서 매
우 가혹한 형태로 등장해온 새로운 성격의 대차관계였다. 츠
루마키씨에 의하면 그것은 민중 측의 곤경을 초래한 단순한
부채액의 증대에 의한 것이 아니라, 새로운 대차(貸借)가 성
립하는 시대에 고유한 어려움·위기를 의미하는 것이었다고
한다[273]. 요컨대 민중 측이 종래의 지역공동체에서 정당시해
왔던 대차관계가 완전히 무너지고 근대의 논리로 무장한 가
혹한 대차관계가 지역에서 이미 뿌리를 내렸다는 사실이다.
그로 인해 부채농민들은 자신들의 생활기반을 근저에서부터
파괴하는 악덕고리대와 은행 등을 응징하고 과거의 전통적
인 질서(仁政)를 회복하기 위해서라도 민중봉기라고 하는 최
후의 수단을 선택할 수밖에 없었다.

 그러나 "부자"를 응징하고 "빈자"를 구하고 나아가 세상을
요나오시(世直し, 세상을 바꾼다는 의미) 하기 위해서는 가혹한 대

---

273) 鶴巻孝雄 『近代化と伝統的民衆世界』 東京大学出版部 1992, 3頁

차관계를 방임하는 국가권력과의 대립이 불가피하였다. 이것은 결코 간단한 문제가 아니었지만 치치부민중들은 안으로는 통속도덕을 진지하게 실천한 강인한 정신력이 있었고, 밖으로는 "전제정부 전복" "국회개설" 등을 외치며 지역 민중들의 갈채를 받았던 자유당의 환영(幻影)이 있었다. 특히 치치부자유곤민당의 일부지도부도 자유당에 정식으로 입당한 당원이었던 만큼, 자유당의 환영은 민중들에게 있어 자신들의 원망을 달성할 수 있는 버팀목 같은 존재였다. 일부자유당원이 혁명을 꿈꾸고 치치부곤민당에 참여한 것이나, 자유당에 가맹하면 당면의 과제가 해결될지도 모른다는 희망을 갖고 있었던 것, 그리고 자신들을 스스로 "자유곤민당"으로 규정하고 있는 것 등은, 자유당의 환영을 빌려서라도 목적을 달성하고자 하는 부채농민들의 의지가 강하게 반영되어 있었음을 의미한다. 이상의 시대적 배경을 종합적으로 고려하면 치치부민중봉기의 역사적 의의를 다음과 같이 논할 수 있을 것이다.

첫 번째로, 우선 무엇보다도 치치부지역에 있어서 자유민권운동의 전개과정과 민권의식의 실태, 그리고 광범한 민중들의 자유관의 실체 등을 구체적으로 분석함으로써 치치부사건을 자유당이 주도하는 자유민권운동이나 그 사상의 연장선상에서 파악하려고 하는 기존의 논리[274]를 극복하고 소위 「복합 운동론」이라는 관점에서 이 사건을 재정립하였다는 점이다. 즉 선험적 논리에 사로잡혀 스스로의 시야를 폐색(閉塞)화 시키기 보다는 당해의 정치·사회사상이 저변의 민중들에게 어떠한 형태로 영향을 미쳤는가를 중시하는 입장을 취하면서도 다른 한편으로는 철저하게 민중운동의 고유한 내면세계의 분석이라는 관점을 견지했다는 것이다275). 이를 통해 치치부민중의 투쟁과정과 반 권력사상의 형성 및

---

274) 대표적인 연구동향으로서는 1)자유당 급진파에 의한 지도·동맹관계로부터 치치부사건을 파악하려고 하는 연구군, 2)자유민권사상의 부활론을 통해 치치부사건의 사상적 기반을 파악하려고 하는 연구군, 3)치치부사건에 있어서 자유당의 위치부여 및 그 조직과정을 사회경제기반의 분석을 통해 자유당과 곤민당의 양자를 사상적으로 일체화시켜 파악하려는 연구군 등으로 나눌 수 있다. 1)의 연구군으로서는 江袋文男 『秩父騷動』(秩父新聞出版部 1950), 後藤靖「明治十七年における激化緖事件について」『自由民權期の研究 Ⅱ』(有斐閣 1959), 下山三郎「明治十七年における自由党の動向と農民騷擾の景況」『自由民權期の研究 Ⅲ』(有斐閣 1959) 등이 있고, 2)의 연구군으로는 井上幸治『秩父事件』(中公新書 1968), 色川大吉『自由民權』(岩波新書 1980) 中沢市朗『自由民權の民衆像』(新日本新書 1974) 등이 있으며, 3)의 연구군으로서는 佐藤政憲「人民闘争と社会経済的基盤」『人民の歷史学』(43号 1975), 若狹藏之助「秩父事件における自由党·困民党の組織過程」『歷史評論』(260号 1972), 長崎浩「秩父事件の中の党」『情況』(52号 1972) 등이 있다.

275) 민중의 전통적인 사상위에 그 시대를 상징하는 사상적 특징이라고 하는 것이 혼합되었을 때, 민중사상의 새로운 가능성이라고 하는 것이 열린다는 것을 의미한다. 이 사건에 있어서는 많은 민중들이 "자유당"이나 "자유"를 외치며 봉기에 참여하고 있지만, 그 내면을 들여다보면 그것은 자유민권운동의 정치사상의 직접적인 영향이 아니라, 민중들의 전통적인 정신주의적 "자유"관이 메이지 10년대의 자유민권운동이 지배하는 정치·사회적 배경과 절묘하게 결합하여 새로운 민중의식의 해방 사상으로서 표출되고 있음을 알 수 있다.

그 실체를 명확히 해명할 수 있었고, 나아가 불특정 다수가 각각의 인식의 차를 극복하고 어떻게 봉기의 주체로서 거듭나게 되었는가를 확인할 수 있었다.

두 번째는, 민중운동의 전통적 행동양식의 하나인 "동원 강제"의 원칙이 근대사회의 민중봉기에서도 그대로 지켜지고 있었다는 것이다. 이 동원 강제의 원칙은 단순히 민중봉기의 인적자원을 확보하기 위한 하나의 수단으로서 이용되고 있는 것처럼 보이기 쉽지만, 실은 민중들의 투쟁의식을 고양시키는 또 다른 동기부여의 한 형태로도 작용했다는 사실이다. 이 사건에서 강제 동원된 민중들 가운데 상당수가 "도중에 봉기세력에 가세할 생각이 들었다"고 대답하고 있는 것은, 비록 동원 강제라는 원칙에 따라 응하기는 했으나 실은 내면적으로 잠재되어 있던 저항의식을 전면에 표출시킬 수 있는 중요한 계기를 민중들에게 만들어 주었다는 것을 의미하고 있다. 또 엄격한 군율의 제정 같은 것도 살상을 금하는 민중운동의 전통적인 행동양식의 연장선장에서 결정되었다는 사실 등을 감안하면, 시대의 변화와 상황에 따라 민중 측이 추구하는 이념적 지향과 투쟁의 대상은 달라도 민중운동의 내면적 행동원리는 변함없이 전통으로서 계승되고 있다는 점이다.

세 번째는, 일반민중의 국가에 대한 인정(仁政)요구와 그에 대한 역사적 의미 부여이다. 민중 측이 제기한 인정은 통속 도덕의 진지한 실천에 의해 떠받혀지고 있는 관념으로서 그것은 전근대 일본의 전통적인 가치관임에는 틀림없지만, 다른 한편으로는 근대국가의 국민으로서 국가에 대한 적절한 견제수단을 갖고 있지 않았던 민중들에 있어서는 국가권력에 대한 정당하고도 비판적인 견제수단이 될 수 있었다는 점이다. 국가권력에 대한 견제나 항의의 수단으로서 인정관념을 표출하지 않았다면 민중들의 광범한 반 권력사상을 통합하기가 결코 쉽지 않았을 것이고, 동시에 봉기에의 정당성의 근거를 스스로 확보하지도 못했을 것이다. 치치부민중들의 인정요구는 국가권력의 철저한 탄압과 일방적인 근대의 논리에 의해 무참하게 무너지고 말았지만, 그것이 근대사회 형성기의 민중 측의 저항논리를 떠받치는 근거로 작용했다고 하는 것은 의미 있는 일이 아닐 수 없다.

네 번째는, 치치부사건을 최후로 "근대"의 논리가 지역민중의 의식세계를 완전히 지배해 버렸다는 사실이다. 치치부민중봉기의 결과는 허무하게도 봉기에 가담한 민중 측의 자기책임의 문제로 일방적으로 귀결되어 버렸다. 사건 후 재판 측의 엄격한 판결과 법 집행, 사건이 종료된 이후 오랫동안 사건에 관련된 이야기가 마을에서 완전히 묻혀버렸다는 자손들의 증언, 그리고 대차관계와 사회질서에 있어서의 법의 논리의 침투 등이 이를 뒷받침하고 있다. 이것은 근대사상으로 무장한 국가권력의 완벽한 승리를 의미하는 것이지만, 다른 한편으로는 민중 측도 과거의 전통적인 가치관으로는 더 이상 새로운 시대를 살아갈 수 없다는 사실을 스스로가 확인했다는 사실이다. 이 엄연한 역사적 변화를 치치부사건을 통해서 민중들이 직접 체험했다고 하는 것은 치치부사건의 감추어진 또 하나의 아픔일 것이다.

2) 금후의 과제

이상 치치부사건의 성격과 그 역사적 의미 등에 대해 정리해 보았지만, 이 사건과 관련하여 향후의 과제로 남은 것이 있다면 우선 "치치부사건 그 이후"의 연구이다. 특히 사건 이후 고리대와 부채농민들의 관계가 실제 지역사회에서 어떻게 변화해 갔는가, 또 빈사 직전의 상황에 빠진 농민들이 어떠한 형태로 난국을 극복해 갔는가, 양잠·제사업의 재건을 위한 치치부인들의 열정은 다시 열매를 맺을 수 있었는가, 국가권력은 사건이후 지역민중의 질서회복에 어떠한 형태로 대응해 갔는가 등에 대한 연구사가 아직 공백상태로 남아 있다.

두 번째는, 신정반대운동과 콜레라 소동, 그리고 지조개정반대운동과 부채변제소동 등을 비교연구 하여 이를 "지역민중사의 관점"에서가 아니라 "근대일본의 민중운동"이라고 하는 관점에서 민중의식의 성장과정이나 민중과 국가권력과의 긴장관계의 변화과정, 그리고 민중사상의 가능성 같은 것을 각각의 운동사를 통해 구체적으로 분석하는 작업이다. 새로운 분석시점을 특정의 사건에 적용하여 종래의 연구사의 폭을 넓혀가는 것도 바람직한 일이지만, 필자는 통사적인 관점에서 근대일본의 민중사를 연속적으로 그리고 전체적으로 분석하는 시점을 추구해보고 싶다.

세 번째는, 치치부민중의 자기근대화과정을 통해 확인한 것처럼 "일상적 생활자로서의 민중"이라는 관점에서 근대문명에 적극적으로 대응해 가는 전향적인 민중상을 전국적인 시점에서 발굴해 내는 것이다. "운동사"적인 관점에서 보면 근대는 항상 민중의 의식세계를 억압하는 것으로 보이기 쉽지만, "생활사"적인 관점에서 보면 또 하나의 "근대"가 보일 수 있다는 점이다. 치치부의 민중들은 이 상반된 두 개의 "근대"의 논리를 직접 체험했지만, 시야를 전국적으로 넓혀보면 생활자로서의 민중이 "민부(民富)"의 꿈을 품고 자기근대화에 분투하는 모습을 얼마든지 발견할 수 있을 것이다. 이상을 필자는 금후의 과제로 인식하면서 근대일본의 민중사연구에 매진할 생각이다.

필자후기

한국의 민중사연구의 활성화를 기대하며

> 필자후기
> 한국의 민중사연구의 활성화를 기대하며

1. 근대민중운동을 분석하는 한국사의 시각

 19세기 한국사회의 정치정세는 정치기강의 문란과 국가재정기반의 파탄, 신분제의 동요, 광범한 민중봉기, 사상적 갈등과 대립, 제국주의 침략위협 등으로 인해 극도의 혼란기를 맞이하고 있었다. 이로 인해 한국사회는 자주적인 근대 국가체제를 자율적으로 형성하지 못한 채, 민족적 위기상황을 극복하기 위한 민족의식이 전면에 등장하는 형태로 봉건체제의 해체를 경험하게 된다. 근대사회 이행기에 표출된 정치·경제·사회적인 혼미, 그리고 그와 동시에 진행된 민족적 위기는 필연적으로 민중운동의 성격에도 커다란 영향을 미쳐 이 무렵의 민중운동으로 하여금 체제에 대한 저항의 성격을 넘어서게 만드는 특징을 낳았다. 19세기 한국 민중운동의 정점을 이룬 동학농민전쟁이나 민족자주와 독립투쟁의 성격을 띠고 전국적으로 확산된 의병운동 등이 대표적으로 그러했다[1].

19세기말의 민중운동이 표명한 반봉건·반외세투쟁의 성격은 일제의 식민지로 전락하면서부터 보다 더 민족의식을 전면에 내세우는 방향으로 나아갔고, 그 결과는 3.1운동을 필두로 만주독립투쟁, 물산장려운동, 민족문화수호운동에 이르기까지 다양한 형태의 민족주의 운동으로 나타났다. 그러다보니 한국 근현대사의 주류적 관심은 항상 외세의 침략에 대항하는 민중을 핵심적 주체로 하는 민족으로서의 결집과정, 즉 민족형성과정[2]에 초점이 맞추어져 왔고, 그 과정에서 반봉건·반외세·반제국 민족해방투쟁의 핵심적 주체 세력인 민중 및 민중운동에 대한 연구가 한국 근현대사 연구의 숙명적인 과제로 인식되는 현상을 초래했다. 민족의 혼이나 정신을 강조하면서 민족의식을 고취시키는데 주력한 민족주의 역사학을 필두로, 사적유물론에 입각하여 조선사의 발전

---

1) 한국의 민중사연구영역에서 이루어지고 있는 이러한 평가는 19세기 후반부터 빈번하게 발생한 민중소요의 경험과 투쟁을 배경으로 하고 있다. 즉 전국 각지에서 발생한 광역적인 농민소요를 통해 축적된 농민들의 저항의식과 비판정신의 성장이, 19세기 말이 되면 지역적 한계나 반봉건투쟁의 영역을 넘어 전국적으로 외세의 경제적 수탈에 저항하는 반침략운동의 형태로 발전해 갔다는 인식이다.
2) 한국사연구회편『한국사연구입문』지식산업사 1981.「근대사회」총론참조

과정을 해명하고 민족해방의 구체적인 전략을 수립하는데 앞장섰던 사회경제사학, 자유주의와 민주주의 정신에 의거하여 다원적인 문화양상의 발전을 중시하면서 기본적으로는 민족과 민중중심의 역사관을 전개시킨 문화주의 역사학 등이 바로 1920년대부터 한국근현대사의 필연적 과제에 주력해온 대표적인 연구동향이었다[3].

이들의 제 연구는 조선후기의 역사발전 단계에 있어서 농민항쟁의 의미를 적극적으로 평가하면서 식민사학이 주도하는 일제시대의 한국사연구의 한계를 극복하기 위해 고군분투한 노력은 인정되나, 기본적으로는 식민사학의 영향으로부터 결코 자유로울 수 없었다는 것이 일반적 견해이다. 그로 인해 해방이후에는 식민사학을 극복하고 민족의 주체적인 입장에서 새로운 「한국사상(像)」을 확립하는 것이 무엇보다도 절실한 과제가 되었다. 새로운 민족국가의 건설을 위해 한국민족사의 당당한 흐름을 파악하는 것, 그리고 미래에의 발전방향을 적극적으로 제기하는 것, 그것이 역사학의 필수적인 과제로서 인식된 것이다. 19세기 농민항쟁을 한국사의 발전과정 속에 위치 지우려고 하는 문제의식에 의거하여 분석하기 시작한 것도 바로 이 때문이다. 즉 농민항쟁에 대한 연구시각이 한국사의 발전과정을 주체적으로 파악하려고 하

---

3) 박인호 『한국사학사대요』 이회 1996. 「제 4장 계몽사관의 시대」 참조

는 역사학계의 기본적인 인식과 맞물리면서 소위 「농민항쟁을 포함한 시대에 대한 인식, 요컨대 한국사 안에서의 "근대"라고 하는 역사상을 어떻게 설정할 것인가」4)라는 문제와 결부시켜 농민항쟁을 인식하기 시작한 것이다.

그 성과는 1960, 70년대를 거치면서 구체적으로 나타났다. 이 무렵 민족주의 역사학과 사회경제사학을 발전적으로 계승하려는 연구군이 한국사의 주도적 흐름으로 등장하면서5), 19세기의 농민항쟁에 대한 연구도 과거의 반봉건투쟁과 반침략운동이라고 하는 원론적인 성격규정으로부터 일보 전진하여, 사회변동 속에서 구성된 운동주체의 계급구성과 사상적 지향, 그리고 농민항쟁이 한국사 안에서 담당해온 역사적 역할 등이 주목받기 시작했다. 즉 농민항쟁의 사회경제적 배경에 대한 이해의 폭이 확대되어 가는 가운데 한국근대사의 시대상을 어떻게 설정할 것인가 라는 문제의식과 농민항쟁이 갖고 있는 반봉건·반침략투쟁의 성격을 밀접하게 관련지워 파악하려고 하는 인식이 한국사학계의 공감대를 형성한 것이다. 이러한 경향은 1980년대가 되면, 시대적 상황을

---

4) 김선경 「농민전쟁 100년, 인식의 흐름」,『농민전쟁100년의 인식과 쟁점』 거름 1994, 60頁
5) 한국사연구에 대한 그들의 문제의식은 근대사회로 이행해 가는 역사발전 과정을 한국사회의 내부에서 구하려고 하는 「내재적 발전론」에 모아졌고, 이러한 인식은 19세기 농민항쟁의 연구에도 영향을 미쳤다.

등에 업고 등장한 「민중사학」의 융성에 의해 근대사회 형성기의 농민항쟁은 이미 한국역사학계의 중심적인 과제로서 인식되었고, 그 중에서도 동학농민전쟁6)은 한국의 근대민중운동사의 핵으로 간주되어 대부분의 민중사연구가 여기에 집중하는 기이한 현상까지 나타났다.

특히 1990년대는 동학농민전쟁의 100주년이라는 역사적 의미와 맞물려 이를 기념하는 다양한 학술회의와 연구총서가 발간되면서 이에 대한 분석시각도 다양해 졌을 뿐만 아니라 그 평가에 대해서도, 한국근현대사가 안고 있는 민족모순과 계급모순의 해결을 목표로 한 최초의 변혁운동7)이었다거나, 혹은 봉건모순을 극복하고 민족주의적 지향을 실현하려고 한 사회변혁 주체로서의 민중과, 제국주의 지배에 반대하는 민족해방투쟁의 주체로서의 민중이 동시에 형성된 과정이었다8)는 등의 해석이 보편성을 확보하기도 했다. 이미 동학농

---

6) 이런 흐름 속에서 1945년 이후의 동학농민전쟁에 대한 연구들은 남북한을 막론하고 기본적으로 조선후기에서 말기의 사회발전의 결과물로 보고 있다. 이에 따라 농민전쟁은 조선후기에서 말기의 사회경제적 발전과 제국주의의 경제적 침투에 따른 사회모순의 심화 속에서 모순의 주요한 담지자인 농민들이 사회변혁운동, 침략에 대한 저항운동, 즉 반봉건 반제투쟁을 전개한 것으로 규정하고 있다. 김선경「전게논문」101頁
7) 이영호「1894년 농민전쟁의 사회경제적 배경과 변혁주체의 성장」『1894년 농민전쟁의 연구 1』역사비평사 1991, 13頁
8) 고석규「18·19세기 농민전쟁의 추이」『1894년 농민전쟁의 연구 2』역사비평사 1992, 30頁

민전쟁은 한국의 민주주의와 민족주의의 정화(精華)이고, 근대사회 이행기에 표출한 가장 강력한 사회개혁의 시원(始原)이라는 평가에 이론을 달수 없는 상황이고, 최근에는「세계화시대의 민족과 문화」라는 명제9)와 결부하여 해석하려고 하는 움직임까지 대두되고 있다. 한국 근대사회 형성기의 민중운동사 연구가 민중사학의 등장에 힘입어 민중사연구에의 관심과 폭이 넓어지고 접근방법과 문제의식이 다양해지면서, 민중사연구에 새로운 전기가 마련되고 있다는 것은 어쨌든 바람직한 현상이라고 하지 않을 수 없다.

2. 한국의 민중사연구의 과제

한국의 민중사연구를 통해 필자가 나름대로 확인한 것은 기본적으로는 사회경제사 연구방법론을 바탕으로 다양한 수탈체계 속에서도 끊임없이 자립적 생산기반의 확보를 위해

---

9) 이러한 문제의식은 동학농민전쟁의 사상적 배경의 분석에 주력하고 있는 일부의 연구자들에 의해 제기되고 있다. 그들은 근대민족국가와 자본주의의 성립과정 속에서 밑으로부터의 변혁운동에의 이념적인 틀을 제공한 동학사상은 결국 농민전쟁의 실패로 인해 미완의 사상으로 남아버렸지만, 이에 대한 음미는 오늘날 한국사회가 세계화·개방화의 흐름 속에서 사상적 혼란을 경험하며 새로운 변혁이론을 모색하고 있는 사람들에게는 많은 것을 시사하고 있다고 한다. 이에 대해서는 영남대학교의 민족문화연구소가 발간한 『동학사상의 새로운 조명』(1998)을 참조해 주었으면 한다.

투쟁하는 강인한 민중상의 설정에 초점이 맞추어져 있다는 사실이고, 그 과정에서 흡수한 다양한 사상적 영향과 자기단련에 의해 획득한 주체의식의 성장이 전제권력에 대항할 수 있는 원동력이라는 사실을 강조하고 있다는 것이다. 뿐만 아니라 역사변혁의 주체세력으로 자기변모를 거듭해 가는 동안에 축적된 투쟁경험과 의식성장은 역사 속에 허무하게 매몰된 것이 아니라, 그 후의 외세의 침략에 결연히 대항할 수 있는 광역적·지속적·조직적인 민중항쟁을 가능케 하는 기반이 되었으며, 이에 힘입어 19세기 말 농민전쟁의 성격도 반봉건·반제국주의 운동으로 치달을 수 있었다는 것이다.

이 과정에서 연구자들의 관심이 상대적으로 동학농민전쟁에 집중되어 있었다는 사실은 다소 아쉬움으로 남지만, 전반적으로 연구자들의 문제의식이 1) 사회경제적 배경에 관한 연구, 2) 농민군의 주체형성과정에 관한 연구, 3) 농민군의 계급구성과 조직 활동에 관한 연구, 4) 농민군의 적대세력에 관한 연구, 5) 농민전쟁의 전개과정을 추적하는 연구 등으로 확대되어 상당히 새로운 논점을 제시하고 논쟁을 불러일으킨 것, 그리고 한국의 민중사연구에 일찍이 없었던 활력을 불어넣은 것 등은 평가하지 않을 수 없다[10]. 각각의 연구

---

10) 역사학연구소 『농민전쟁 100년의 인식과 쟁점』(1994) 및 한국역사연구회편 『1894년 농민전쟁연구·1-5』(1994) 참조.

성과에 대해 필자가 일일이 열거할 여력은 없지만, 그럼에도 불구하고 한국의 민중사연구의 저변을 확대하고 문제의식의 발굴 및 방법론의 단련을 위해서는 극복해야 할 과제 또한 적지 않다는 것이 필자의 느낌이기도 하다. 이에 필자는 다음과 같은 몇 가지 제언을 통해 민중사연구의 활성화에 조금이라도 기여하고자 한다.

우선 농민항쟁에 대한 분석방법론이 지나치게 사회경제주의에 경도되어 있는데 이로부터 좀 더 자유로워질 수 있는 방법론의 단련이 필요하다는 느낌이다. 민중사연구가 한국사연구의 주류적 위치를 차지하고 있던 사회경제주의사학을 생육(生育)기반으로 하고 있음을 고려할 때 이런 현상을 전혀 이해하지 못할 바는 아니지만, 여전히 이에 머물러 있다는 것은 역시 문제라고 생각한다. 일상의 생활자로부터 비일상의 투쟁주체로 변모해가는 민중상을 단지 사회경제적 배경이나 경제구조의 분석, 그리고 운동주체의 경제적 기반이나 그 변화과정에 중점을 두는 시점만으로는 변혁주체의 사상형성과정이나 민중봉기의 전체상의 해명 및 그 역사적 의미를 논하기에는 한계가 있을 수밖에 없다. 따라서 사상사적인 연구방법론이나 민속학적인 접근방법, 혹은 민중문화사적인 시각 등 다양한 인접학문과의 연계성을 통해 민중운동의 고유성과 자율성의 해명을 전제로 한 새로운 연구방법론을 단련해야 한다11).

 두 번째는, 농민항쟁의 역사적 평가나 의의에 대한 인식은 강한 편이지만, 그와 함께 농민항쟁의 내면세계에의 분석과 일련의 농민항쟁의 내재적 관련성을 체계적으로 분석하려는 문제의식은 부족하다는 느낌이다. 농민항쟁의 문화적 사상적 배경의 성장과정이라든가, 장기간에 걸친 농민들의 조직과 동원과정의 결집양식12), 그와 관련지워 농민사회에 내재하고 있는 고유의 전통문화의 역할과 존재의미 등, 소위 문화나 의식구조의 해명과 같은 내면세계의 분석을 통해서 농민항쟁의 역사적 의미를 평가하려는 문제의식을 확보해야 한

---

11) 예를 들면 최길성씨는 한국의 민속연구에 있어서 민족주의적 경향이 학문의 객관성·합리성의 발전을 저해하고 있다고 지적한 후, 한국 민속학 연구의 발전을 위해서도 식민지적 피해의식이나 자기 방어적 메커니즘, 정치적 이데올로기나 정책으로부터 초연할 수 있는 학문적 능력을 고양하는 일에 정진해야 한다고 주장하고 있다(『한국 민간신앙의 연구』 계명대학교출판부 1989, 42頁). 이러한 지적은 역사학계에 있어서도 마찬가지라고 생각한다.
12) 본론에서도 언급한 바이지만 일본의 전통적인 민중운동의 한 형태인 햐쿠쇼잇키(百姓一揆)의 경우는 그 동원형태가 통상 마을단위로 동원되고, 참가를 거부하는 마을과 각호에 대해서는 파괴나 방화를 통해 강제 동원하는 형태를 취하고 있다(각 호당 한 사람씩, 혹은 15세 이상 60세까지의 모든 남성이 동원된다). 그런데 일단 봉기가 시작되면 참가자들에게 예상외의 활동력을 발휘하게 만드는데, 이는 잇키의 결집양식이나 의식형태가 광범한 민중들의 공감대를 확보했기 때문이고, 그 이면에는 당해사회의 구조적 모순과 깊은 관련성을 갖고 있음을 알 수 있다(安丸良夫 『一揆·監獄·コスモロジ-』 朝日新聞社 1999, 4頁 參照). 요컨대 잇키의 결집양식이나 의식형태를 분석함으로써 그 이면에 감추어져 있는 지역사회의 구조적 모순의 특질을 해명할 수 있다는 것이다.

다. 농민항쟁의 조직 활동에 관한 분석이 대체로 경제적 측면과의 관련성을 중시하는 형태로 전개되고 있다는 것은 바로 이런 한계로부터 벗어나지 못하고 있기 때문이다.

세 번째는, 봉기주체의 의식이나 사상의 문제에 대한 분석이 보다 더 구체적으로 이루어져야 한다. 농민들의 의식세계에 있어서는 "의식의 성장"이라는 관점에서 이미 문제제기가 이루어져 있는 것은 사실이지만, 이는 어디까지나 일부연구자의 문제의식의 영역에 머물러 있다는 느낌을 지울 수 없다13). 구체적으로 그것을 분석할 수 있는 방법론의 단련과 광범위한 객관적 자료의 발굴 없이, 단지 물적 토대와의 관련성에서, 혹은 거듭되는 투쟁의 경험에서 얻은 사회비판의식의 성장14)이라고 하는 획일적 관점에서 이 문제를 다루

---

13) 이 부분에 대해서는 김용섭씨의 「철종조 민란발생에 대한 시고」(『역사교육 1』1956)가 문제제기를 하고 있다. 여기서 그는 농민항쟁발생의 원인을 단지 지배층의 수탈과 그에 의한 피지배층의 빈곤화의 문제만으로 접근할 것이 아니라, 당시의 농민층의 내면적인 의식세계의 확대로 인해 나타나는 지배층에 대한 저항의식, 자아의식의 성장 등으로부터 생각하는 것이 타당하다는 논리를 제기했다. 그러나 그의 선구적인 문제제기는 그 후 발전적으로 나아가지 못한 것 같다. 그러다 1980년대에 들면서 안병욱씨의 「19세기 민중의식의 성장」(『1894년 농민전쟁의 연구 3』 역사비평사 1993), 정창렬씨의 「조선후기 농민봉기의 정치의식」(『한국인의 생활의식과 민중예술』 성균관대학교출판부 1983), 최윤오씨의 「18,19세기 계급구성의 변동과 농민의식의 성장」(『1894년 농민전쟁의 연구 1』 역사비평사 1991) 등의 연구가 잇따라 주목을 받으면서 이 부분에 대한 문제의식도 높아지고 있는 듯하다.
14) 예를 들면 안병욱씨는 「19세기 민중의식의 성장」이라는 논문을 통해, 19세기 후반의 전국적인 항쟁경험은 민중의식을 새로운 차원으로 전환

고 있는 것은 무리라고 생각한다. 당해의 사회를 지배하는 시대적 사상이 민중들에게 어떠한 형태로 영향을 미치고 있으며(혹은 민중들이 어떻게 받아들이고 있는가), 그 결과가 어떠한 형태로 민중봉기를 떠받치며 변혁사상으로 승화되어 가는가를 실증 구체적으로 밝히는 노력을 통해, 이른바 민중사상이나 의식의 자율적 성장과정과 봉기와의 상관관계15)를 세밀히 분석할 수 있다는 것이다.

네 번째는, 한국의 민중사연구는 시종일관 투쟁사의 분석에만 집중되어 있어, 그런류의 연구가 아니면 민중사연구의 영역이 아니라는 착각이 들 정도로 한쪽방향으로 경도되어 있다. 운동사연구와는 별도로 생활사적인 관점에서 민중들의 자기근대화에의 열정과 그 성과 같은 것을 적극적으로 발굴

시키는 기반이 되었음을 강조하고 있다. 즉 광범위한 항쟁경험은 민중들에게 유교적인 명분론을 거부하고, 체제의 모순에 대한 올바른 인식을 민중들에게 갖게 하여 사회분위기를 개혁의 방향으로 몰아가게 만들었다는 것이다. 그로 인해 19세기 말의 민중들은 지역단위의 분산성을 극복하고 전국적 집합을 조직할 수 있었고, 의식의 측면에 있어서도 반봉건의식뿐만 아니라 외세의 침략을 저지하는 과제에 까지 민중의식이 성장할 수 있었다고 한다. 이것은 지역공동체를 넘어 민족의 문제에까지 민중의식이 성장해 갔다는 것을 강조하고 있는 것으로서 그런 점에서는 의미 있는 지적이라고 생각하지만, 그 의식 성장과정을 투쟁경험의 축적만으로 설명하고 있는 것은 다소 납득하기 어렵다.「전게논문」참조

15) 이 과정에서 주의할 점은, 예를 들면 농민봉기의 사상적 배경을 생각할 때에도 봉기군을 구성하고 있는 제 세력의 사상적 통합과정 등이 구체적으로 분석되어야 하며, 또 사상을 분석할 때에도 일부의 유력한 지도자의 사상분석에만 집중하고 있는 문제점 등도 반드시 극복되어야 한다.

하거나, 또는 그러한 자기근대화의 과정이 사회・경제적 요인으로 인해 붕괴되어 가는 과정, 그리고 그 난관을 민중들이 어떠한 형태로 극복해 가는가 등에 대한 전 과정을 연속적으로 분석하는 시점을 확보해 가야 한다. 민중사연구가 계속 투쟁사연구에만 집중하게 되면 역사의 무대에서 의미 있는 역할을 다한 일부 소수의 민중들만 부각시키게 되고, 상대적으로 일상적 생활자로서 자신의 직분에 충실하면서도 역사변혁의 가능적 계기를 항상 잉태하고 있는 광범위한 민중들의 존재의미를 간과하게 되는, 이른바 민중사연구의 학문적 폐색(閉塞) 상황을 스스로 초래할 수도 있다.

다섯 번째는, 소위 일상적인 공동체의 세계로부터 벗어나 있는 일탈적 사회층, 예를 들면 무숙자나 부랑자들과 같은 일면 정상적인 사회로부터 도외시 된 존재들, 피차별민이나 잡용일용직과 같은 최저변의 극빈층 등에 대한 분석시좌를 가져야 한다. 요컨대 역사에 있어서 일상성으로부터 비교적 주연적(周縁的)인 존재로 살아가고 있던 그들이 19세기의 농민항쟁의 시대를 포함한 근대사회의 이행기에 즈음하여 어떠한 형태로 자신들의 존재감을 드러내고 있는가 등에 대한 분석이다. 이를 통해 민중사연구의 문제의식의 확대와 민중사연구의 저변확대를 추구하는 한편, "근대"의 문제에 대해서도 보다 더 다양하게 인식하는 노력을 기울여야 한다. 특히 차별과 같은 민중내부의 상극(相剋)의 문제나 근대사회 이행기에 일상성에서 나타난 일반 민중들의 대외관과 같은 문제들이 민중들의 투쟁과정에서 혹은 민중들의 민족의식의 형성과정에서 어떠한 형태로 나타나고 있는가를 구체적으로 파악하여 민중의식의 부정적인 측면과 그 실태에 대해서도 가감없이 메스를 가하는 자세를 견지해야 한다.

3. 다양한 민중상의 창출에 주력해야 한다

 생산수단을 공유하였던 본원적 공동체사회를 기초로 공동소유와 사적소유가 공유하는 공동체의 제 형태로부터 다수가 소수에 의해 지배당하는 자본제사회가 성립하지만, 계급투쟁을 거쳐 다시 사회적 공유에 의한 사회주의 사회로의 이행을 전망한 마르크스의 구상은 실로 장대한 역사의 법칙을 가장 과학적으로 해명했다는 평가를 받기에 충분하다. 오랜 기간 역사학자들이 마르크스사학에 안주하여 그로부터의 일탈을 거부한 이면에는 역사의 법칙성을 가장 과학적으로 해명한 유일한 이론이라는 전제에 스스로를 함몰시켜 버렸기 때문이다. 마르크스역사학을 생육의 기반으로 성장한 투쟁사연구가 민중사연구를 리드해올 수밖에 없었던 것도 계급투쟁연구가 사회구성체내부의 모순심화나 사회구성체의 이행을 규명함에 있어 필수불가결하다는 인식에 이의를 달지 않았다는 사실과 결코 무관하지 않다. 하지만 마르크스역사학에서 추구되어지고 있는 계급투쟁사가 역사를 동태적으로 분석할 수 있는 매우 유효한 접근방식이라 하더라도 그 속에서 전개되고 있는 민중의 역사는 계급투쟁이 잉태하는 각종의 사건사의 연결에 의한 영광의 역사일 뿐이고, 그 과정에서 주목받는 존재는 정치적 성장을 통해 오로지 권력에 대항하거나 또는 권력을 지향하며 투쟁하는 능동적인 민중(이를 인민이라고 부르기도 한다)들 뿐이었다.

특히 한국의 근대사는 외세침략과 봉건지배체제의 모순심화라는 최악의 상황에서 근대민족국가를 형성해 가다보니 당연히 그 과정에서 변혁주체로서 민족적 위기를 극복해 가는데 가장 앞장섰던 민중세력이 주목받지 않을 수 없었고, 이 역사적 당위성이 민중사연구로 하여금 투쟁하는 민중상의 설정(그 중에서도 농민투쟁)을 정당화하고 당연시하게 만드는 배경이 되었는지도 모른다. 이에 대한 한국민중사연구자들의 문제의식은 평가받아 마땅하고 특별히 멘트를 하고 싶은 마음은 없지만, 한국의 민중사연구는 유럽이나 일본에 비해 그러한 경향이 가장 현저하게 나타난 경우였다고 해도 과언이 아니다. 그러나 냉정히 생각해 보면 수탈과 투쟁은 어찌 보면 인간의 역사를 관통하는 하나의 일관된 주제이고 동시에 역사학의 영원한 주제라고도 할 수 있다. 그로 인해 투쟁사연구는 시대를 넘나들며 역사학자들의 깊은 관심 속에 민중사연구의 주류적인 위치를 차지하곤 했지만, 그것이 언제까지나 민중사연구의 핵심적 과제가 되어서는 곤란할 것이다.

이제는 한국의 민중사연구도 제 외국의 민중사연구의 흐름을 적극적으로 공유하고 교류하면서 투쟁사연구만을 역사학(민중사연구)의 주제로 부각시키는 한계로부터 벗어나야 한다. 그리고 역사의 무대에 등장하는 다양한 민중상의 창출에 좀 더 역량을 집중해 가야 한다. 계속 이에 머무르고 있으면 자칫하면 「역사의 입체성」을 파악하는 길을 스스로 상실해 버릴지도 모른다. 유럽의 사회사16)연구나 일본의 「민중사」연구17)는 바로 이러한 한계를 극복하며 등장했다는 사실을 주

---

16) 역사의 입체성이라고 하면 사적유물론의 사회구성체론이 바로 상기될 것이다. 즉 물적재화(財貨의 생산양식·생산관계의 총체인 토대 내지 하부구조와, 그에 의해 규제되면서 그 위에 구축되는 상부구축물 내지 상부구조와의 2차원으로부터 이루어지는 사회구성체의 구상이다. 그러나 민중사로서의 사회사가 지향하고 있는 것은 인간의 내면에 잉태하고 있는 입체적이고 다원적인 가능성을 어떻게 개시(開示)해 왔는가, 그 궤적을 인과관련(因果關連)적으로 해명하는 것이고 이것이 바로 역사의 입체성이라고 할 수 있다. 따라서 이 과정에서 중시되어야 하는 것은 토대위에 위치하는 인간의 사회생활이고 거기서 전개되는 장으로서의 일상적인 차원(습속의 차원)이라는 것이다(中井信彦 「史学としての社会史」『思想』 663号 1979, 30~32頁 参照). 유럽의 사회사연구는 이러한 문제의식을 발판으로 역사의 입체성의 파악에 주력해 왔다.
17) 60년대의 민중사연구의 성과는 우선 전후역사학이 의식·사상의 영역을

목할 필요가 있고, 여기서 축적된 성과는 현대역사학의 내용을 풍요롭게 하면서 동시에 인간중심의 역사학의 구성에 적지 않은 공헌을 해 왔음을 상기할 필요가 있다. 필자가 한국의 민중운동사연구의 활성화를 위해 제시한 몇 가지 과제들이 한국의 민중사연구의 성과를 충분히 파악하지 못한 상태에서 제시되었다는 반론에 직면할 수 있을지 모른다. 비록 그렇다 하더라도 향후 한국의 민중사연구가 새로운 연구방법론의 단련과 문제의식의 확대를 통해 끊임없이 자기변화를 추구해 가야 한다는 당위성만은 모두가 공감하고 있을 것이다. 필자의 문제제기는 바로 이 점을 다시 한 번 강조한 것에 불과하다. 비판과 반성을 통해 한국의 「민중사학」이 새로운 사실(史實)을 지속적으로 발견하면서 가일층 발전해 가기를 진심으로 기대해마지 않는다.

이데올로기적 상부구조로서 파악하는 것을 자명의 전제로 하고 있었던 것의 문제점과 기성의 정치이론적 개념이나 경제과정으로부터의 설명을 선험적으로 가져온 종래의 운동사연구의 문제점을 극복했다. 요컨대 민중사연구는 전후역사학의 방법론적인 틀 안에서는 도저히 흡수할 수 없는 새로운 문제의식을 바탕으로 의식이나 행동양식의 분석에 메스를 가하였고, 이를 통해서 운동주체의 일상으로부터 운동과정, 그리고 그 내적과정 속에 잉태하고 있는 예상 밖의 가능성이나 활력을 발굴하여 그것을 "살아 있는 현실" = 민중의 역사로 파악한 것이다.

参考文献

【資料編】

『明治文化全集・文明開化編』日本評論社、1967
『明治文化全集・別巻』「軍事編」1969
『自由民権機密探偵資料集』三一書房、1981
『自由党史』(上・中・下) 岩波文庫、1958
『自由党員名簿』明治資料研究連絡会、1955
『群馬県史』「資料編 20・事件騒擾」1980
『埼玉県史』「資料編 19・政治・行政1」1983
『埼玉県史』「資料編 11・近世2・騒擾」1981
『埼玉県史』「資料編 23・社会労働1」1982
『埼玉県史』「資料編 21・産業経済1」1982
『神奈川県史』「通史編 4・政治・行政1」1980
『秩父事件資料集成』第一巻～第六巻 二玄社、1984～1989
『秩父事件資料』第一巻～第六巻 埼玉新聞社出版局、1971
『田中千弥日記』埼玉新聞社出版局、1977
『明治ニュースの事典』毎日コミュニケーションズ出版部、1983
『朝日新聞社史』「明治編」朝日新聞社、1995
『史料大系 日本の歴史』「第六巻・幕末維新」大阪書籍、1979

『日本地誌』「第六巻・群馬県・埼玉県」二宮書店、1968
青木虹二『百姓一揆総合年表』三一書房、1971
　　　　『明治農民騒擾の年次的研究』新生社、1967
荒木昌保『新聞が語る明治史』岩波書店、1970
色川大吉外編『三多摩自由民権資料集』(上・下) 三一書房、1979
小野武夫編『維新農民蜂起譚』刀江書院、1975
小野秀雄『新聞資料・明治話題事典』東京堂出版、1968
芝原拓自外『近代日本思想大系・対外観』岩波書店、1988
鶴巻孝雄編『明治建白書』第六巻 筑摩書房、1984
遠山茂樹『天皇と華族』岩波書店、1988
中村尚美外『資料日本近現代史1』三省堂、1985
ひろた まさき『差別の諸相』岩波書店、1990
安丸良夫外『民衆運動の思想』岩波書店、1970
　　　　　『民衆運動』岩波書店、1989
宮地正人外『宗教と国家』岩波書店、1988
歴史学研究会編『日本史史料』「近代」岩波書店、1997

【文献編】

阿部恒久「『国民的歴史学』における民衆史構想」
　　　　『民衆史の課題と方向』三一書房、1978
阿部謹也『中世の窓から』朝日新聞社、1981
　　　　『逆光の中の中世』日本データースクール出版部、1986
　　　　『中世賎民の宇宙』朝日新聞社、1987
　　　　『自分の中に歴史を読む』筑摩書房、1988
飛鳥井雅道『文明開化』岩波新書、1985
網野善彦『無縁・公界・楽』平凡社、1978
　　　　『日本中世の民衆像』岩波新書、1980
　　　　『日本中世の非農業民と天皇』岩波書店、1984

新井佐次郎『秩父事件-震源地からの証言』新人物往来社、1979
　　　　　『秩父事件の妻たち』東京書籍、1984
　　　　　『秩父困民軍会計長 井上伝蔵』新人物往来社、1984
飯坂良明訳『近代国家における自由』岩波文庫、1974
家永三郎『日本思想史学の方法』名著刊行会、1994
板根義久『論集日本歴史10・自由民権』有精堂、1973
稲田雅洋「秩父事件断草-その蜂起の論理の系譜を中心に」『歴史評論』296号、1974
　　　　「秩父事件像再構成のための試論」『歴史評論』415号、1984
　　　　「秩父事件の歴史的位置」『一橋論叢』第70巻 第3号
　　　　「民権運動と士族-上毛自由党論」『一橋論叢』第71巻 第6号
　　　　『日本近代社会形成期の民衆運動』筑摩書房、1990
石井寛治『日本蚕業史分析』東京大学出版会、1972
石井進「『新しい歴史学』への模索」『歴史と会社2』リブロポート、1983
石滝豊美編『筑前竹槍一揆論』海鳴社、1988
井出孫六『自由自治元年-秩父事件資料・解説』現代史出版会、1975
　　　　『秩父困民党紀行』平凡社、1978
　　　　『私の秩父地図』たいまつ社、1979
　　　　「秩父の歴史と風土に学ぶ」『歴史地理教育』369号、1984
　　　　『秩父困民党群像』教養文庫、1986
井上幸治『秩父事件』中公新書、1968
　　　　「井出為吉の沈黙」『伝統と現代 16』1972
　　　　『近代史像の模索』柏書房、1976
　　　　「秩父事件研究の今後の課題」『自由民権運動と現代』三省堂、1975
　　　　「秩父事件-その社会的基盤」『歴史評論』26号、1950
井上清『部落の歴史と解放理論』田畑書店、1976
今西一「形成期天皇制国家と農民闘争-『解放令』反対一揆の評価をめぐって」
　　　『部落史の研究』部落問題研究所、1984
　　　『近代日本成立期の民衆運動』柏書房、1991

『近代日本の差別と村落』雄山閣、1993
『近代日本の差別と性文化-文明開化と民衆世界』雄山閣、1998
色川大吉『明治精神史』(上・下) 黄河書房、1964
「天皇制イデオロギーと民衆意識」『歴史学研究』341号、1968
『明治の文化』岩波書店、1970
『民衆憲法の創造』評論社、1970
「自由民衆運動の地下水を汲んだもの」『歴史評論』259号、1972
『新編明治精神史』中央公論社、1973
『近代国家の出発』中公文庫、1974
『燎原のこえ』筑摩書房、1976
『ユーラシア大陸史索行』中公文庫、1976
『歴史の方法』大和書房、1977
『三多摩自由民権資料集』三一書房、1979
『流転の民権家』大和書房、1980
「民権運動における秩父事件」
『秩父事件研究顕彰』秩父事件研究顕彰研究会、1981
『自由民権』岩波新書、1981
『同時代への挑戦』筑摩書房、1982
『民衆史の発見』朝日新聞社、1984
『困民党と自由党』揺籃社、1984
『日本人の再発見』小学館、1986
色川大吉編『多摩の歴史散歩』朝日新聞社、1975
岩井忠熊「書評『明治精神史』」『歴史学研究』301号、1965
岩根承成「負債農民騒擾から群馬・秩父事件へ」
『自由民権運動と現代』三省堂、1985
「群馬事件の構造」『歴史評論』296号、1974
上野利三『明治初期騒擾裁判の研究』北樹出版社、1995
江口朴郎『世界史における現在』大月書店、1980
江袋文男『秩父騒擾』秩父新聞出版社、1950

江村栄一「自由民権と秩父事件」『文芸秩父』第30号
　　　　「自由民権運動とその思想」
　　　　『岩波講座日本歴史・15』岩波書店、1976
　　　　「近現代思想史研究の方法によせて」
　　　　『歴史科学大系20・思想史』校倉書房、1983
　　　　「自由民権革命と激化事件」『歴史学研究』第535号、1984
　　　　『自由民権革命の研究』法政大学出版局、1984
大江志乃夫『徴兵制』岩波新書、1981
小沢浩『生き神の思想史』岩波書店、1988
大久保利謙編『体系日本史叢書・政治史Ⅲ』山川出版社、1967
大塚久雄『社会科学における人間』岩波新書、1977
大槻健『学校と民衆の歴史』新日本出版社、1980
奥井智之『近代的世界の誕生』弘文堂、1988
小野文雄『埼玉県の歴史』山川出版社、1971
オールコック『大君の都』(上・中・下) 岩波文庫、1962
柏原祐泉『日本近世近代仏教史の研究』平楽寺書店、1969
鹿野政直「"近代"批判の成立」『歴史学研究』341号、1968
　　　　『資本主義形成期の秩序意識』筑摩書房、1969
　　　　『日本近代化の思想』研究社、1972
　　　　「『民衆思想』研究の歴史と課題」
　　　　『長野県近代史研究』第5号、長野県近代史研究会、1973
　　　　「国民の歴史意識、歴史像と歴史学」
　　　　『岩波講座日本歴史 24』岩波書店、1977
　　　　「書評『出口なお』」『歴史評論』363号、1980
　　　　『戦前「家」の思想』創文社、1983
　　　　『「鳥島」は入っているか』岩波書店、1988
　　　　『歴史の中に個性たち』有斐角選書、1989
鹿野政直編『近代日本の統合と抵抗』日本評論社、1982
鹿野政直外『近代日本の民衆運動と思想』有斐閣、1977

勝俣鎮夫『一揆』岩波新書、1982
上條宏之『民衆的近代の軌跡』銀河書房、1981
　　　　「信州自由民権運動と北相木の人びと」
　　　　『自由の雄叫び』ほおずき書籍、1985
上條宏之編『秩父事件<佐久戦争>を行く』銀河書房、1984
上杉聡「『解放令』反対一揆研究の前進のために」『部落解放研究』41号、1984
　　　　『明治維新と賎民廃止令』解放出版社、1990
川村邦光『幻視する近代空間』青弓社、1990
川元祥一『被差別部落の構造と形成』三一書房、1985
菅孝行『戦後思想の現在』第三文明社、1978
　　　　『現代の部落差別と天皇制』明石書店、1978
　　　　『現代天皇制の統合原理』明石書店、1984
　　　　『賎民文化と天皇制』明石書店、1984
菊池邦作『徴兵忌避の研究』立風書房、1977
喜安朗『民衆運動と社会主義』草書房、1977
金原左門「現代史と民衆」『現代と民衆』30号、青木書店、1977
栗原彬『歴史とアイデンティティ』新曜社、1982
黒田俊雄『歴史学の再生』校倉書房、1983
小池喜孝他『民衆史運動-その歴史と理論』徳間書店、1978
　　　　　「近現代史の中で井上伝蔵をどう扱うか」『歴史地理教育』176号
　　　　　『北海道民衆の歩み』札幌商科大学、1982
小島晋治『アジアからみた近代日本』亜紀書房、1978
小谷汪之『歴史の方法について』東京大学出版会、1985
後藤総一郎『庶民の思想ー民衆思想史への視角』風楳社、1974
　　　　　『天皇制国家の形成と民衆』恒文社、1988
後藤靖「明治十七年の激化諸事件について」
　　　　『自由民権期の研究Ⅱ』有斐角、1959
　　　　「士族反乱と民衆騒擾」『岩波講座日本歴史近代1』岩波書店、1975
　　　　『自由民権』中公新書、1972

　　　　『天皇制形成期の民衆闘争』青木書店、1980
後藤靖編『天皇制と民衆』東京大学出版部、1976
小林茂編『人権の歴史』山川出版社、1981
斎藤博『民衆史の構造』新評論、1975
　　　　『民衆精神の原像』新評論、1977
佐々木潤之助『幕末社会論』塙書房、1969
　　　　　　『世直し』岩波新書、1979
　　　　　　『近世民衆史の再構成』校倉書房、1984
佐藤和彦『中世民衆史の方法』校倉書房、1985
佐藤政憲「秩父事件研究 社会・経済的基盤の考察」『歴史評論』296号、1974
　　　　「人民闘争と社会経済的基盤」『人民の歴史学』43号、1975
　　　　「激化事件」『自由民権と明治憲法』(江村栄一編、吉川弘文館) 1995
柴田三千雄『近代世界と民衆運動』岩波書店、1983
柴田三千雄編『民衆文化』岩波書店、1990
芝原拓自『日本近代化の世界史的位置』岩波書店、1981
　　　　『日本近代史の方法』校倉書房、1986
芝原拓自他『日本近代思想大系・対外観』岩波書店、1988
清水武甲『秩父事件の心と風土』春秋社、1971
下山三郎「民権運動ノート」『歴史評論』51号、1954
　　　　「明治十七年における自由党の動向と農民騒擾の景況」
　　　　『自由民権期の研究Ⅲ』有斐角、1959
　　　　『近代天皇制研究序説』岩波書店、1976
庄司吉之助『近代民衆思想の研究』校倉書房、1979
ジョージ・リューデ『イデオロギーと民衆抗議』法律文化社、1984
城塚登『近代社会思想史の』東京大学出版社、1960
高島千代「秩父事件における現状と課題『名古屋大学法政論集』152号
高野寿夫『秩父事件―孫からの報告』木馬事館、1981
田崎哲郎「書評『明治精神史』」『史学雑誌』第74編2号、1965
田中彰『明治維新と歴史教育』青木書店、1970

谷山正道『近世民衆運動の展開』高科書店、1994
手塚豊編『近代日本史の新研究 五』、北樹出版社、1986
寺崎修『明治自由党の研究』(上・下) 慶応通信、1987
戸居昌造『秩父事件を歩く―困民党の風土と人』新人物往来社、1978
　　　　『秩父困民軍の人と闘い』新人物往来社、1980
　　　　『秩父困民軍の闘いと最期』新人物往来社、1982
遠山茂樹『戦後の歴史学と歴史認識』岩波書店、1968
　　　　『明治維新と現代』岩波新書、1968
　　　　『天皇と華族』岩波書店、1988
　　　　『明治維新と天皇』岩波セイナーブックス、1991
豊泉益三『近代世態風俗誌』近代世態風俗誌刊行会、1951
長崎浩「秩父事件の中の党」『情況』52号、1972
中沢市朗「秩父事件に関する資料」『歴史評論』61号、1954
　　　　「自由民権運動と政治思想」『前衛』NO330、1971
　　　　『自由民権の民衆像―秩父困民党の農民達』新日本新書、1974
　　　　『埼玉民衆の歴史』新埼玉社、1974
　　　　「秩父事件の歴史的意義」『文芸秩父』9号、1974
　　　　「幕末・明治維新から自由民権へ」『歴史評論』296号、1974
永原慶二『歴史学序説』東京大学出版会、1978
永原慶二編『日本史研究入門 IV』東京大学出版会、1975
中村政則『日本近代と民衆』校倉書房、1984
中村光夫「日本の近代化」『近代日本思想史講座・近代化と伝統』筑摩書房、1959
中丸和伯『神奈川県の歴史』山川出版社、1973
西田文四郎『明治の文明開化・事始め』金園社、1979
二宮宏之『全体を見る眼と歴史家たち』木鐸社、1986
野間宏編『差別その根源を問う』(上・下) 朝日新聞社、1977
芳賀登『地方史の思想』NHKブックス、1972
　　　『民衆史の創造』NHKブックス、1974
　　　『民衆史観』第三文明社、1976

長谷川昇『博徒と自由民権』中公新書、1977
林基『百姓一揆の伝統』新評論、1955
  「前近代の人民闘争史研究」『歴史を学ぶ人々のために』三省党、1970
  『続百姓一揆の伝統』新評論、1971
畑中康雄「鹿野史学との出会い」『日本近代化の思想』講談社学術文庫所収、1986
原田伴彦『差別と部落』三一書房、1984
  『被差別部落の歴史』朝日新聞社、1975
平野一郎編『近代民衆教育史』黎明書房、1971
ひらた・まさき『文明開化と民衆意識』青木書店、1980
  『差別の諸相』日本近代思想大系・22 岩波書店、1990
布川清司『農民騒擾の思想史的研究』未来社、1970
  『近世日本の民衆倫理思想』弘文堂、1973
  『近世民衆の倫理的エネルギー』風媒社、1976
  『近世町人思想史研究』吉川弘文館、1983
  『近世庶民の意識と生活』農文協、1984
深谷克己『日本近代史』筑摩書房、1971
  「百姓一揆の思想」『思想』574号、1972
  『日本近代史』筑摩書房、1971
  「前近代のイデオロギー研究」
  『現代歴史学の成果と課題2』青木書店、1974
  「幕藩制社会と一揆」『一揆・1』東京大学出版社、1981
  「世直し一揆と新政反対一揆」『民衆運動』岩波書店、1989
副沢諭吉『学問のすすめ』(土橋俊一校注) 講談社文庫、1972
古沢聡司「秩父事件と大田部村」『一橋研究』1986、7月号
堀江栄一・遠山茂樹『自由民権期の研究』I～IV 有斐角、1959
本郷隆盛・深谷克己『近世思想論』有斐角、1981
牧本憲夫『明治七年の大論争』日本経済評論社、1990
増田四郎『社会史への道』日本エディタースクール出版社、1981
松下芳男『徴兵令制定史』五月書房、1986

丸山真男「思想としての現代社会科学」『新しい歴史学のために』1960、10月号
　　　　　「思想史の考え方について―類型・範囲・対象」
　　　　　『思想史の対象と方法』武田清子編　創文社版、1961
　　　　　『日本の思想』岩波新書、1961
　　　　　『日本政治思想史研究』(新装版) 東京大学出版会、1983
　　　　　『現代政治の思想と行動』(増補版) 未来社、1964
　　　　　『「文明論の概略」を読む』(上・中・下) 岩波新書、1986
見田宗介編『明治の群像5・自由と民権』三一書房、1986
宮城公子「前後日本思想史の研究史―近代化程にかぎって」
　　　　　『歴史評論』250号、1971
宮田登『ミロク信仰の研究』未来社、1975
民衆史研究会『民衆史の課題と方向』三一書房、1978
　　　　　　『民衆生活と信仰・思想』『民衆運動と差別・女性』雄山閣、1985
　　　　　　『民衆史を考える』校倉書房、1988
村上重良・安丸良夫『民衆宗教の思想』日本思想体系・67 岩波書店、1971
茂木陽一「新政反対一揆と部落攻撃」『部落問題研究』92輯、1987
　　　　「民衆運動の構造(上)―福岡県竹槍一揆を例に」『三重法経』NO・79
森山軍治郎『民衆精神史の群像』北大刊行社、1974
　　　　　「秩父事件の現代的意味」
　　　　　『現代と秩父事件』同志社大学アッセンブリ出版会、1976
　　　　　『民衆蜂起と祭り』筑摩書房、1981
　　　　　「困民党と現代」『困民党を語る』多摩近代史研究会、1982
　　　　　「秩父事件の評価をめぐって―色川氏の批判に答えながら」
　　　　　『歴史学研究』535号、1984
安丸良夫「日本の近代化についての帝国主義的歴史学」
　　　　『新しい歴史学のために』81・82、1962
　　　　「近代日本の思想構造―丸山真男著『日本の思想』を読んで」
　　　　『新しい歴史学のために』76号、1962
　　　　『日本の近代化と民衆思想』青木書店、1974

「シンポジウム現代における民衆意識研究-その方法と課題」
『現代と思想』24号、1976
「思想史研究の方法-方法的検討をかねて」
『歴史を学ぶ人々のために』第二集 三省堂、1977
「『民衆思想史』の立場」『一橋論叢』第78巻5号
『出口なお』朝日新聞社、1977
『日本ナショナリズムの前夜』朝日新聞社、1977
「前近代の民衆象」『歴史評論』363号、1980
『神々の明治維新』岩波書店、1981
「困民党の意識過程」『思想』789号、1984
『天皇と天皇制を考える』青木書店、1986
「『近代化』の思想と民俗」『風土と文化』小学館、1986
「近代転換期の天皇象」『思想』789号、1990
『一揆・監獄・コスモロジ-』朝日新聞社、1999
『現代日本思想論』岩波書店、2004
安丸良夫外『宗教と国家』岩波書店、1988
山住正己『教育勅語』朝日出版社、1980
山田武麿『群馬県の歴史』山川出版社、1974
山之内靖『社会科学の現在』未来社、1986
山本武利『近代日本の新聞読者層』法政大学出版部、1981
弓削達『明日への歴史学』河出書房新社、1984
柳田国男『明治文化史』第13巻・風俗編 洋々社、1954
横井清『中世民衆の生活文化』東京大学出版会、1975
吉田光邦『お雇い外国人②蚕業』鹿島出版社、1978
好並隆司『明治初年解放反対一揆の研究』明石書店、1987
頼祺一「『世直し』情勢下の『支配』の特質と緒階層の動向」
　　　『村方騒動と世直し』青木書店、1973
良知力『向う岸からの世界史』未来社、1978
若狭蔵之助「秩父事件における革命思想の展開」『農民の蜂起』合同出版、1971

「秩父事件における民衆の政治思想」
『明治前期における政治史料の研究』1971
「秩父事件における自由党・困民党の組織過程」
『歴史評論』260号、1972
和歌森太郎『天皇制の歴史心理』弘文堂、1973
信州の民権百年実行委員会編『信州民権運動史』銀河書房、1981
日本歴史学会編『日本史研究の新視点』吉川弘文館、1986
歴研アカデミー『天皇と天皇制を考える』青木書店、1986
歴史科学研究会編『思想史・近現代』校倉書房、1983
谷川健一編『日本民俗文化大系Ⅰ・風土と文化』小学館、1986
『民衆大学 秩父事件＜佐久戦争＞』銀河書房、1984
『多摩の百年』(上・下) 朝日新聞社、1976
『一揆』第一巻~第五巻 東京大学出版部、1981
『折口信夫全集』第二巻・第二十巻 中央公論社、1965
『学制百年史』文部省、1972

김필동『근대일본의 출발』일본어뱅크, 1999
　　　　『일본사상의 이해』(공저) 시사일본어사, 2002
민족문화연구소편『동학사상의 새로운 조명』영남대학교출판부, 1998
박인호『한국사학사개요』이회, 1996
신일철『동학사상의 이해』사회비평사, 1995
역사학연구소편『농민전쟁100년의 인식과 쟁점』거름, 1994
조상제외『한국 근대농민 항쟁사』도서출판 느티나무, 1993
최길성『한국 민간신앙의 연구』계명대학교출판부, 1989
한국역사연구회편『1894년 농민전쟁연구Ⅰ』역사비평사, 1991
　　　　　　　　『1894년 농민전쟁연구Ⅱ』역사비평사, 1992
　　　　　　　　『1894년 농민전쟁연구Ⅲ』역사비평사, 1993
한국정치외교사학회『갑오동학농민전쟁의 쟁점』집문당, 1994
한국사연구회편『한국사연구입문』지식산업사, 1981

저 자 약 력

· 김필동(金弼東)
  http://www.kimsjapan.com

  히토츠바시(日橋)대학 석·박사과정 및
  히토시마(広島)대학 박사과정 수료. 박사학위(Ph.D) 취득
  일본사상·문화전공.
  현재 세명대학교 일본어학과 부교수

· 주요저서
  『일본적 가치로 본 현대일본』
  『리액션의 예술 일본대중문화』
  『근대일본의 출발』
  『일본의 정체성』
  『일본사상의 이해』(공저)
  『21세기 길목에서 생각하는 전후일본』
  『日本語で日本を歩く』

근대 일본의 민중운동과 사상

초판1쇄 발행 2006년 7월 17일
초판2쇄 발행 2007년 7월 25일

저 자 김필동(金弼東)
발행처 제이앤씨

132-040 서울시 도봉구 창동 624-1 북한산 현대홈시티 102-1206
TEL (02)992-3253 | FAX (02)991-1285
http://www.jncbook.co.kr | e-mail, jncbook@hanmail.net

ISBN 89-5668-235-6 93830
정가 14,000원

· 저자 및 출판사의 허락없이 이 책의 일부 또는 전부를 부단 복제·전재·발췌할 수 없습니다.
· 잘못된 책은 바꿔 드립니다.